榎本　渉著

東アジア海域と日中交流

――九～一四世紀――

吉川弘文館

目次

第三部　元明交替と人的交流

凡例

一　本書は日本・中国・朝鮮各地域を考察対象にし、史料も各国にまたがる。その場合に一つの年号や年代表記法（日本・中国の場合、分裂期は複数の年号が存在）のみを用いることは、時に妥当でない場合がある。しかし同時にすべての年号・年代表記法を併記すると、はなはだ煩雑となる。そこで本書では、年代はすべて西暦換算する（ただし太陰暦・太陽暦の差による日付のズレは考慮しない）。ただし典拠として史料を引用する場合は、史料で用いられている年号で表記する。

二　引用史料について、日記・随筆・語録や個人の詩文集などの場合は、史料名の前に記主・作者を明記した。ただし文脈などから明らかな場合は、煩雑を避けて記主・作者名を省略することもある。

三　引用文献に関しては、巻末の文献目録にまとめてある。配列は、著者をアイウエオ順に並べ、同一著者によるものは年代順とする。中国・台湾・韓国人名は日本の音読みで、英語名はカタカナ読みで、日本人名に準じて配列した。

四　本文中で文献目録中の文献に言及する場合、著者＋刊行年で表記し、頁も特定する場合は「：」の後で示す。また著書中の論文を引用する場合は、その著書の章・節や初出年も併記する（煩雑さを避けるため、初出年に関して一度示したものは省略する場合がある）。たとえば石井正敏 二〇〇一年『日本渤海関係史の研究』吉川弘文館の第四部「日本・渤海関係と外交文書」の第二章「大宰府の外交機能と外交文書」（初出一九七〇年）の五七五頁から五七八頁を引用する場合、石井正敏 二〇〇一年 第四部第二章：五七五―七八頁（初出 一九七〇年）と表記する。

五　引用史料のテキストに関しては、巻末の史料目録にまとめてある。配列はタイトルに従ってアイウエオ順に並べてある。中国・朝鮮史料の場合は日本の音読みに準じる。

六　典拠として史料・文献を挙げる場合、［　］で括って典拠であることを明示する。

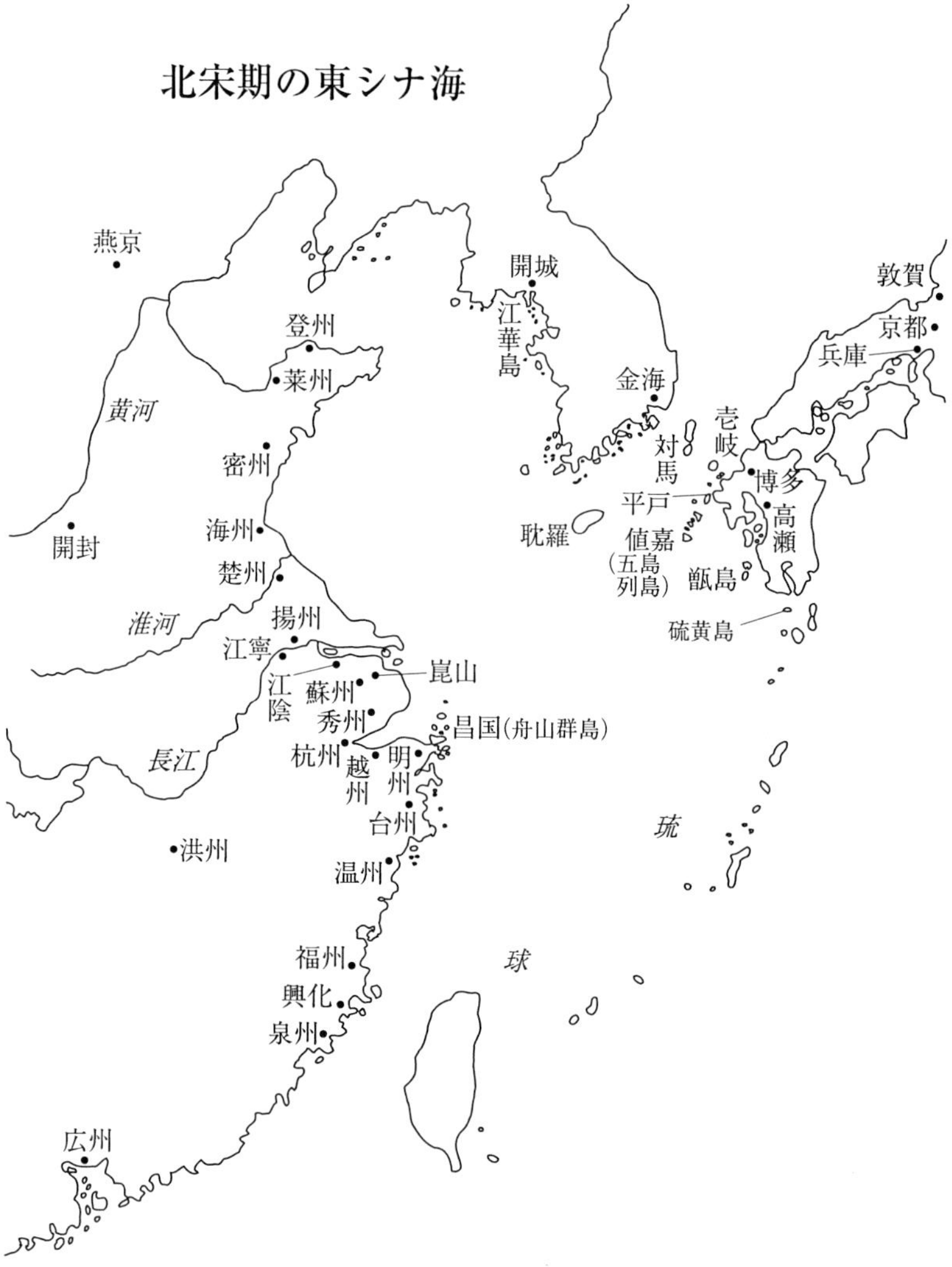
北宋期の東シナ海
燕京
開城
敦賀
京都
兵庫
登州
萊州
江華島
金海
黄河
壱岐
対馬
密州
博多
平戸
高瀬
海州
開封
耽羅
値嘉（五島列島）
楚州
甑島
淮河
揚州
硫黄島
江寧
崑山
江陰
蘇州
秀州
昌国（舟山群島）
杭州
越州
明州
長江
台州
琉
洪州
温州
福州
球
興化
泉州
広州

◇地名変遷

燕京：中都（金）・大都（元）

　　　順天＝北京（明～）

海州：海寧州（元）・海州（明～）

楚州：淮安（南宋～）

江寧：建康（南宋）・集慶（元）

　　　応天＝南京（明）・江寧（清）

蘇州：平江（南宋～元）・蘇州（明～）

秀州：嘉興（南宋～）

杭州：臨安（南宋）・杭州（元～）

越州：紹興（南宋～）

明州：慶元（南宋～元）・寧波（明～）

昌国：定海に属す（明）

　　　定海（清．定海は鎮海に改称）

洪州：隆興（南宋）・龍興（元）・南昌（明～）

耽羅：済州（1294年に元から高麗へ返還後に改称）

序章　研究の現状と問題関心

一　時代と地域

本書は、九―一四世紀東アジアにおける海域世界の歴史を扱い、特に宋元代中国と日本との間の経済的・人的交流を中心のテーマとする。日本史の時期区分では、平安時代から南北朝時代までに当たる。

前後の時代と比較した時、九―一四世紀東アジアの海域世界の特徴は、海商が中心的役割を果たした点にある。すなわち八世紀日本では、漂流民や帰化目的の渡来人来航はあるものの、少なくとも貿易に関しては、おおむね日本・唐・新羅・渤海等の国家使節によって担われた。総勢七百余人に及んだ七五二年の新羅使が貿易を目的の一つとし、九世紀の渤海使が「実是商旅」と言われているように［石井正敏　一九八七・二〇〇一年　序説補論・第三部第四章補論一］、国家使節派遣は貿易活動と両立したが、一方で国家使節と関わらない貿易は、文献の上からは八世紀の段階で確認できない。海商の活動として文献上で最初に確認できるのは、八一四年来着の新羅海商である(1)。考古学の側では、日本での貿易陶磁器の出土を八世紀末以降とする［亀井明徳　一九九二年］。海商が貿易を担うようになるのは、八〇〇年前後からと見て良いだろう。

その後九世紀半ばからは、中国系海商（唐海商・呉越海商・宋海商・博多綱首）が中心となって日中間、さらには東シナ海規模での交流を担うことになる。一方で海商の往来が頻繁になったことで、少なくとも貿易を目的に使節を派遣する必要はなくなり、新羅使や遣唐使の往来は途絶する〔石井正敏 一九八七年・森克己 一九七五年b 第十一章（初出 一九五一年）〕。中国においては、貿易管理機関として宋元代に市舶司が置かれ、海商の往来を奨励した〔陳高華他 一九八一年〕。日本や高麗・東南アジアなど中国周辺の沿海諸国においても、これを合法的に受け入れる体制が構築される。彼ら海商は国家権力間の連絡役として登用されるなど、政治的な役割を果たすこともしばしばだった〔荒野泰典他 一九九二年・山内晋次 二〇〇三年 第二部第三章（初出 一九九六年）〕が、それが海上往来の必須条件であったわけではない。以後日中貿易は、軍事的緊張など環境の変化を蒙ることはあっても、海商の往来をベースとし、人・物の移動や情報の伝達がそこに付随して行なわれたという点においては変わらなかった。

これに根本的な変化をもたらしたのは、一四世紀後半における明朝の海禁である。檀上寛氏が主張するところに拠れば、明朝建国の一三六八年には海禁＝沿海民向け海洋統制策が発令されていた可能性が高いが、これは民間貿易禁止を含意せず、海防を目的として制定された。具体的には元末において朱元璋のライバルだった張士誠・方国珍の残党に備えたものであり、市舶司管理下での海商下海を禁じたものではない。しかし一三七四年に市舶司が廃止されると、海商の出海全体が「違禁下海」として監視の対象となり、これと海禁が結びつく。以後貿易の機会は朝貢船に限られ、朝貢制度・朝貢貿易・海禁が一体のものとして機能するようになるという〔檀上寛 一九九七・二〇〇四年〕。洪武期の日明関係は必ずしも安定しておらず、密貿易商人の活動も見られた〔橋本雄 一九九八年a：二七頁〕が、一五世紀に入り永楽期になると、安定した日明関係が構築され、日本も明朝を中心とした国際秩序を受け入れるようになる。これにより日明間に関しては、海商の活動の機会は国家使節派遣という限られたケースを除き失われる。しかも一五世紀初頭においては日明間に頻繁な往来が見られたものの、足利義満死後は、義持によって日明貿易は断絶する（一四一一—三二年)。やがて足利義教期に日明国交は復活するが、明使送還の遣明使を除くと一〇—二〇年間隔となり、(2)海商にとって合法的かつ恒常的な貿易活動は事実上不可能になった。もちろん密貿易・海賊行為の存在に見るように、海外貿易の欲求自体が失われたわけではない。明代における日中貿易がそれ以前と性格を大きく異にするのは、こうした欲求を受け入れ、民間貿易を公的にバックアップする体制が存在しなかった点にある。こうした中、平安期以来日中間交通に大きな役割を果たした博多商人の取引先として、明ほど厳格な貿易制限を設けなかった朝鮮や、琉球の存在が大きくなってくる〔伊藤幸司 二〇〇二年a 結語:三一九頁・佐伯弘次 二〇〇五年:六五頁・橋本雄 一九九八年c:九二—九四頁〕。

国家使節から離れた海商が存在しなかった八世紀以前と、海商独自の貿易活動が認められなかった一五世紀。この間に挟まれた九—一四世紀の東アジアの海域世界は、海商が中心の世界であり、公権力もその活動を認めていた点で共通の性格を持つ。この時期の東シナ海は、いわば海商の海だった。海商の海は一五世紀の中断を経て一六世紀半ばに、より広域的かつ高密度の世界として復活し、公権力による再編を経て清代へとつながっていくが、本書で扱うのは、この第二次「海商の時代」に先立つ第一次「海商の時代」ということになる。(3)

この変化は、日中間の人的交流のあり方についても影響を及ぼす。日本僧は九世紀前半までは請益僧・留学僧として遣唐使船で入唐したが、それ以降は貿易船に便乗することで渡海が行なわれた。僧侶の渡海は、一一世紀までは天皇の勅許を受けた国家的事業として行なわれ、それ以降は私的な渡航となったが、いずれにしても海商の往来を利用したものだった。しかし一五世紀になると、僧侶の渡海は遣明使の一行としてのみ行なわれるようになる。遣明船以外に中国へ行く手段がなくなった以上、当然の結果だった。つまり九—一四世紀という括りは、貿易という経済的交流のみならず、人的交流、ひいては文化交流のあり方を考える上でも、意味がある区分といえる。

さて、時代とともに考えておくべきは、地域の問題である。今述べたように、本書で対象とするのは、日中交流が海商の活動をベースとして機能した時代である。政治的・文化的交流も彼ら海商の活動によって実現した。したがってこの時代における日中間の交流を追うためには、彼ら海商の活動圏を場として設定し、考察せねばならない。

その舞台としては、冒頭から海域世界という言葉を用いているが、これについて説明しておかなくてはなるまい。海域とは言っても、人間が陸上で生活する生物である以上、すべてが海で構成される地域はあり得ず、つまり海を介して結びついた陸上世界（沿岸部・島嶼部）で構成された世界を指す概念である。陸域がしばしば国家の支配領域に包摂されるのに対し、海域はしばしばそれを超えた地域として現れる。国境と一致しない領域を地域として成立させる条件は、人・物・情報などを移動・流通させるネットワークの存在である。[4] そのネットワークは、陸域世界の交通路・流通網に接続する港湾の間を恒常的に結ぶ関係性として形成される。その前提となるのは、海商による安定した取引を可能にする港湾施設や商慣行、および海商の活動を保証する人や組織の存在である。中世日本の港湾都市などがもっとも思い浮かべやすい形だろうが、平安期日本の大宰府による滞在・取引施設の提供（鴻臚館）や公的管理なども、この点では同様の機能を果たす。

第一部第一章で述べるが、日宋・日元間をつなぐ主要なネットワークは、九州の博多と浙江の明州（慶元・寧波）との間に結ばれた。明州は海上を通じて華北や福建・広南、あるいは高麗との間にも太いネットワークを有し、また運河を通じて中国内地ともつながっていた。この時代の明州は、日本列島・中国大陸・朝鮮半島の沿岸部・島嶼部と、中国内陸部を結ぶネットワークの核となっていたと言える。日本列島や中国大陸周辺の海上には、必ずしも明州を介さないネットワークも多く存在したが、それらと比較して、明州を介して移動する人・物・情報の規模は圧倒的であった。明州を核としたネットワークの集積体は、しばしば東シナ海海域と呼ばれる。本書の考察となる場とは、具体的にはこの東シナ海海域ということになる。

東シナ海は地理的に見ると、東アジア―政治的に中国大陸・日本列島・朝鮮半島（時には沿海州・ヴェトナム・琉球列島・台湾なども含む）の政権の影響が及ぶ領域―に面する海域である。東アジアには他にもいくつかの海域を措定することができる。東シナ海海域に隣接する小海域としては、山東半島・渤海湾と朝鮮西海岸、壱岐島・対馬島と朝鮮南海岸、南九州・トカラ列島から奄美諸島・琉球などが挙げられる。沿海州からサハリン・千島列島・北海道、さらに津軽海峡を越えて東北地方につながる交易網の連鎖体も、東アジアと北アジアを結ぶ海域として挙げられよう。また本書で扱う時代においてどの程度の評価が可能かは慎重になるべきだが、日本列島の日本海沿岸部や沿海州・朝鮮半島東海岸などを含む広大な海域を措定することも可能である。村井章介氏が環日本海地域と呼ぶ海域である［村井一九八八年　Ⅲ章：一二五―一二八頁（初出　一九八五年）］。

これらに対して東アジアと東南アジアを結ぶ海域としては、広州・泉州を核とする南シナ海海域を挙げることができる。南シナ海海域は浙江・福建沿岸で東シナ海海域と重なり合い、中国系海商の活動圏という点、核が中国王朝の管理下に置かれているという点などからも、東シナ海海域と一つに括ることも可能である。しかし九―一四世紀には、日本列島・朝鮮半島と泉州以南を直結するネットワークは必ずしも強固ではなく、東シナ海海域と南シナ海海域は別個の地域として把握した方が、むしろ実態に即している。(5) 家島彦一氏が南シナ海を、インド洋西海域と同じリズムと風向きでモンスーンの卓越する地域で、インド洋西海域・ベンガル湾海域とともにインド洋海域世界を構成する要素とする［家島　一九九三年　第一章（初出　一九八九年）］ように、南シナ海と東シナ海は航海条件も異なり、航海の多くを自然条件に頼った時期において、両海域間の交通は明州なり泉州・広州などの中継地を介する間接的なものとならざるを得なかった。

以上見たように、九―一四世紀の東アジアにはいくつかの海域世界が並存しており、本書はその中で、もっぱら東シナ海海域を扱うことになる。しかし特に中国側の政策を見る場合、南シナ海と東シナ海の情勢は連動する場合も多く、そのため時には必要に応じて、南シナ海など他の諸海域の動静にも目を向けざるを得ない。本書の表題にある東アジア海域世界とは、この諸海域をまとめて扱うために便宜的に設定した呼称である。

以上、日中交流の舞台としての東シナ海海域・東アジア海域世界について述べてきたが、最後に日中関係が、九―一四世紀の東シナ海海域を構成するネットワークの中で、分析にもっとも適した素材であることも述べておきたい。それは史料上の事情による。中国史料は海外との通交に関する制度的な側面は詳細に伝える一方で、具体的な通交事例に関しては、暴動・漂流など何らかの事件が起こらない限り、語ることは稀である。これに対し、後に述べるように日本史料では、一二世紀までは朝廷の貿易管理を受けた宋海商の往来状況、それ以降は渡海僧の往来状況が、朝廷・貴族の記録や仏教史料などからかなり詳細に知られる。もちろん知られる事例ですべてというわけではないが、有力なサンプルであることは疑いない。高麗でも一二世紀半ばまで個別の宋海商来航事例が『高麗史』『高麗史節要』で数多く確認できるが、それ以降は中国同様、何らかの事件に関係しない限り史料に現れなくなる。(6) つまり九―一四世紀の東シナ海において、海外との通交状況を具体的に把握する上でもっとも良好な史料状況にあるのは、日本なのである。

そしてその日本では、高麗・琉球などと比較して、中国、特に江南との間に圧倒的な頻度・規模で往来が行なわれた。(7) 日本の文献史料に関しても、宋元代を通じて高麗について触れるものは少なく、琉球に関しては数える程度しか存在しない。もちろん高麗・琉球の検討も今後必要であるが、当面の分析の対象を一つ挙げるならば、中国と日本との関係がもっとも適当であると考えられる。

二　研究の動向

以上のように設定した時代と地域における経済的・人的交流が、本書のテーマとなる。この分野に関しては、一九四八年に『日宋貿易の研究』が刊行されて以来（一九七五年に『新訂日宋貿易の研究』として再刊）、森克己氏の独壇場だったと言ってよい［森 一九七五年ａｂｃｄ］。日中朝の史料を博捜し、唐―元代の中国や新羅・高麗時代の朝鮮半島と日本の関係を描き出した点は見事であり、その枠組みについては長く受け入れられてきた。だが皮肉なことに、森氏の存在の大きさゆえに、これを継ぐ新たな研究者は長く現れず、研究の停滞を招くことになった。その所説について再検討が加えられるようになったのは、森氏逝去後の一九八〇年代からと言ってよい。八世紀以前、及び一五世紀以降の日中関係史研究と比較すると、当該分野の研究状況は立ち遅れているといわざるを得ない。しかし近年、その遅れを取り戻すべく様々な研究が発表されている。その背景としては、発掘による新資料の呈示、および日本中世後期の対外関係史研究の新動向があった。

まずは発掘の成果から。一九七七年に市営地下鉄の工事を受けて福岡市博多地区で発掘調査が開始され、驚くべき量の宋磁が出土した。博多は古代・中世を通じ日本最大の貿易港であったが、度重なる戦乱もあり中世以前の博多の状況を物語る文献史料は乏しく、その実態は曖昧模糊としたものだった。それがこの発掘により、具体的な姿を垣間見ることができるようになったのである。さらに一九八七年、福岡市平和台球場で、大宰府鴻臚館跡が発見された。鴻臚館はもと律令国家の迎賓館だったが、平安時代に入ると海商の接待にも用いられた。遺跡からは大量の唐末―北宋期の青磁が発掘されている。これらの成果は、日宋・日元貿易への関心を高める契機となった［川添昭二編 一九八八年」。全国的な開発の進展に伴い発掘の機会も増え、博多・大宰府以外にも鎌倉・平泉をはじめ全国的に貿易陶磁器のデータは増加した。一九八〇年に貿易陶磁研究会が発足し、翌年から雑誌『貿易陶磁』が刊行されたように、貿易陶磁器研究は考古学の上でも重要な研究テーマとなった。早くから大宰府の発掘にたずさわった亀井明徳氏は、貿易陶磁器を素材に対外貿易の構造を古代から中世まで分析し、特に日宋貿易に関しては、一一世紀前半以前においては海商を大宰府鴻臚館に収容し行なわれる「波打際貿易」、一一世紀後半以降においては博多居住宋人によって行なわれる「住蕃貿易」という概念を提唱した［亀井 一九八六・一九九二・一九九五・一九九七年］。大庭康時氏も博多遺跡群の発掘成果をもとに、博多の都市的発展の過程を明らかにし、日宋貿易や博多綱首（博多居住宋海商）の活動についても考察を加えている［大庭 一九九四・一九九五・一九九八・一九九九・二〇〇一年］。これらの他にも考古学による成果は多く、一九七六年には一三二三年沈没の日元貿易船（新安沈船）が韓国新安沖で引き上げられ［文化公報部・文化財管理局編 一九八八年・山本信夫 一九九七年］、近年では弘安の役の戦場跡である長崎県鷹島町の鷹島海底遺跡で、木製碇身を伴った碇石、青銅製の印、船身・陶磁器・武器などが次々と発見されている［小川光彦 二〇〇二年］。また考古学の成果ではないが、一九八五年には乾道三年（一一六七）の記年銘を持つ寧波天一閣の博多宋人刻石が紹介された［顧文璧他 一九八五年・高倉洋彰 一九九八年］。

このような新事実の呈示により、文献史学の側でも日宋・日元関係史研究は新たな局面を迎えた。その中でも平安期に関して重要な提言をしているのが山内晋次氏である［山内 二〇〇三年］が、特に大きな影響を与えたのは、宋海商が平安時代における大宰府の貿易管理を不利として荘園内で密貿易を行なったという森説の図式について、これを証明する事例が存在しないこと、史料で確認できる限りはほとんどの宋海商来着が朝廷によって把握され、博多で管理されていたことを指摘したことである［山内 二〇〇三年 第二部第一章（初出 一九八九年）］。この結論を補強するものとして大宰府・博多の発掘成果も挙げられており、山内説は考古学のデータも重要な資料として用いている。

これに対して、一九九〇年代に鹿児島県持躰松遺跡・倉木崎海底遺跡でまとまった量の貿易陶磁器が発見され、南九州に日宋貿易の拠点が存在した可能性が主張されるようになってきた。特に持躰松近辺の加世田にある「唐坊」という地名が、博多の宋人居留区「唐房」と共通することは注目され、柳原敏昭・服部英雄氏は九州沿岸の各地に存在する「唐坊（唐房・唐防）」が宋人居留区の名残である可能性を指摘している〔服部 二〇〇四年・柳原 一九九九ab・二〇〇二年〕。また服部英雄氏は、有明海における日宋貿易の存在を主張している〔服部 二〇〇三年 第9章（初出 一九九六年）・二〇〇五年〕。これに対しては渡邊誠氏により、文献史料に即した反論も行なわれている〔渡邊 二〇〇六年〕。

この議論は出土遺物・文献史料・地名・景観などといった分析材料をいかに取り扱うべきかという問題にも絡んでおり、容易に結論は出ないと思われるが、ともかく発掘事業の進行は日宋貿易研究にとって非常に大きな刺激を与え続けている。古代史研究者の間では、近年平安期の対外交通・貿易管理に関する制度について盛んに研究が行なわれているが、その契機の一つとして、鴻臚館跡の発見があることは疑いない〔石井正敏 一九九八年・稲川やよい 一九九一年・榎本淳一 一九九一・一九九八年・河内春人 二〇〇〇年・田島公 一九九五年・山内晋次 一九八八年・渡邊誠 二〇〇二・二〇〇三ab・二〇〇五年 等〕。

日宋・日元関係史研究に新たな分析材料をもたらしたのが考古学だったとすれば、新たな視点をもたらしたのは地域論だった。これについてはすでに様々な形でまとめられている〔関周一 一九九四・二〇〇二年a 序論・橋本雄 二〇〇五年 序章・村井章介 一九九八年〕ので、改めてそれを繰り返す労を省いて要点のみ言えば、一九八〇年代から日本史において国境を自明視する一国史的立場が疑問視されるようになり、これを相対化する地域が呈示されるようになった。特に村井章介氏は、中世後期日本の領域概念が、京都―西国を中心、鎌倉―東国を二次的中心とし、それぞれを周縁・境界・異域が包み込むという構造を取った一方で、これと異なる環日本海地域・環シナ海地域という二つの地域空間も存在し、この国家と地域という次元の異なる枠組みの並存が、両者の相克を惹起したとする〔村井 一九八八年 Ⅲ章(初出 一九八五年)〕。環日本海地域・環シナ海地域という、国家を相対化する地域の呈示は、その地域を構成する地域権力や海民(海商・海賊・漁民等)への関心を高めることとなり〔佐伯弘次 二〇〇五年・関周一 二〇〇二年a・高橋公明 一九八七・二〇〇一年・田中健夫 一九九七年 第一章(初出 一九八七年)・藤田明良 一九九六・一九九七・一九九八年a・村井章介 一九九三年 等〕、外交関係の分析においても偽使・外交僧など外交の現場に直接関わる人々が着目されるようになってきた〔伊藤幸司 二〇〇二年a・長節子 二〇〇二年・橋本雄 二〇〇五年・米谷均 一九九七年ab 等〕。本書で東シナ海海域という地域を分析対象として設定したのは、いうまでもなくこうした研究状況を背景としている。

国家を相対化する地域としての海への関心の高まりは、中世後期以外の研究についても影響を及ぼすようになる。その中でも国際色豊かな中世都市博多のあり方や、博多を拠点に海を往来する宋海商・博多綱首の活動は、特に注目された。発掘に基づく成果については前述したが、文献に見られる海商の活動についても多くの研究が発表され〔石井正敏 一九八八年・大庭康時 一九九四年・蒲生京子 一九七九年・黄約瑟 一九九三年・佐伯弘次 一九八八年・原美和子 一九九二・一九九九・二〇〇六年・森公章 一九九八年 第一部第五章・二〇〇二年〕、海商が日本国内において公卿・地方官や寺社・権門などと結んだ様々な関係も明らかになっている〔亀井明徳 一九九五年・川添昭二 一九八七・一九八八a・一九九〇年b・手島崇裕 二〇〇四年b・保立道久 二〇〇四年 第二章・二〇〇五年 第一部第三章・松原弘宣 一九九九年・山内晋次 二〇〇三年 第二部第四章(初出 二〇〇一年)・渡邊誠 二〇〇三年b〕。日宋貿易と国内流通の関連をとらえた研究はあまり多くないが、その中でも貿易代価の金の産地奥州の支配について扱った五味文彦・渡邊誠氏の研究は、貴重な成果といえよう〔五味 一九八七年 Ⅱ第二章・一九八八年ab・渡邊 二〇〇五年〕。また林文理氏は、一一世紀後半から一三世紀後半までの対外貿易を、荘園公領制に対応した「博多における権門貿易」と名付け、貿易の担い手を博多綱首と国内交易集団（山僧・日吉神人など）とし、この両者の連携・分業体制を権門勢家・現地勢力が統括・調整したと評価した〔林 一九九八年〕。

海商以外の人の往来については、特に僧侶に関して多くの事例が知られる。これについては木宮泰彦氏の古典的研究〔木宮 一九五五年（初出 一九二六―二七年）〕以降も、僧伝研究の形で続けられてはきたが、対外関係史研究との接点は希薄だった。これが盛んになった契機の一つとして、『参天台五臺山記』研究の進展がある。一一世紀の入宋僧成尋の中国旅行記であり、情報量としては入唐僧円仁の旅行記『入唐求法巡礼行記』を上回りながら、知名度はそれほど高くはなかった。だが一九八〇年代以降の藤善眞澄氏の一連の研究〔藤善 二〇〇六年〕を嚆矢として、一九九〇年代以降多くの研究が発表されるようになった(8)。平安期入宋僧の外交的役割の如何についても議論がある〔石上英一 一九八二年・石井正敏 一九九三年・上川通夫 二〇〇二年・手島崇裕 二〇〇四年a〕。

平安末期から鎌倉・南北朝期になると、日本僧の入宋・入元や中国僧の来日の頻度が劇的に増加する。数百に及ぶこれらの僧について一々研究史に言及することは、膨大な紙数を要するので割愛するが(9)、村井章介氏はこうした事態を以って「渡海ブーム」「渡来僧の世紀」と呼び、その結果日本にもたらされた禅宗文化の異国的要素を指摘した〔村井 一九八八年 Ⅱ章（初出 一九八五年）・一九九五年 第二章（初出 一九九二年）〕。また中国的教養を備えた禅僧の外交官としての役割も強調した〔村井 一九八八年 Ⅶ章（初出 一九八七年）・一九九七年 第Ⅱ部二章（初出 一九九五年）〕。この点は室町期外交史研究において大きな影響を与えた〔伊藤幸司 二〇〇二年a 序章〕が、日宋・日元間の文化交流史や鎌倉仏教史においても重要な指摘であった。川添昭二氏も鎌倉文化における中国的要素、特に入宋僧・入元僧・渡来僧の役割を早くから強調しており〔川添 一九九六年 第四章（初出 一九八八年）・第四章付論（初出 一九八〇年）・一九九九

年 第一編第三章（初出 一九七五年）」、禅宗移入の窓口としての博多の位置と、博多綱首の役割を指摘したことも注目される［川添 一九八七・一九八八a・一九九〇年a］。

近年日本仏教史においては、宋元代日中交流における僧侶の役割を指摘するのみに留まらず、僧侶の往来が日本仏教の構造を変容させる一因にもなったことを主張する研究が相次いでいる。特に活発な発言を行なっているのが上川通夫氏で、たとえば九八六年、入宋僧奝然の帰国を契機として、国家による中国仏教導入において選択的採否の判断が行なわれるようになり［上川 二〇〇二年］、その過程で遼密教の導入も図られた可能性があるということ［上川 二〇〇六年ab］、あるいは摂関家や院が書写させた一切経が、奝然がもたらした宋版一切経の系譜を引くことで、東アジアの政治的権威性を内包したということ［上川 一九九九年］などを指摘している。また横内裕人氏は、僧侶の日中往来を契機として、平安期に日中仏教界の異質性が認識され、日本仏教なるまとまりが自覚される前提となったとし［横内 二〇〇六年］、大塚紀弘氏は、宋代仏教の「禅教律」観を受容した日本の禅院・律院や浄土宗寺院の一部が、僧侶の往来や文物の輸入を通じて宋風仏教的要素を受容し、顕密仏教に包摂されない禅律仏教という枠組みで把握されたとする［大塚 二〇〇三年］。

以上は日本史研究における成果であるが[10]、東洋史研究においてはどうか。まず宋元代の海上貿易については、桑原隲蔵・藤田豊八氏などの基礎的研究［桑原 一九八九年（初出 一九三五年）・藤田 一九三二年：二八一―三九八頁（初出 一九一七年）］を踏まえて、現在ではより詳細に制度を追うことが可能になっている［石文済 一九六八年・陳高華他 一九八一年・高栄盛 一九九八年・黄純艶 二〇〇三年］。しかし中国と特定の国家・地域との関係に関しては、東南アジアや高麗方面に関する研究が主であり、日本に関してはあまり盛んではない。それは文化交流史についても同様で、論文・文献自体は少なくない［魏栄吉 一九八五年 等］ものの、木宮泰彦・森克己氏の成果を超えるものはほとんどない。そうした中で日元貿易について、高栄盛・江静氏が近年新たな史料を利用して考察した点は注目される［高 一九九八年 第三章第二節・二〇〇四年・江 二〇〇〇・二〇〇一・二〇〇二年］。また陳高華氏は、木宮氏が言及しなかった入元日本僧を中国史料の中から紹介した［陳 一九八三年］。対日交流に関わる中国側の港である明州については、斯波義信氏が明末までのアジア海域の動向と絡めた展開を見通している［斯波 一九九二年］。

他にも個別のテーマについて、東洋史研究者による日中交流史への言及は、近年盛んになっている。先ほど触れた『参天台五臺山記』については、入宋僧研究の立場だけではなく、宋代史研究（交通・物貨・儀式など）の上でも活発に利用されるようになった(11)。日宋関係については、寧波の博多宋人刻石の評価について、一〇貫文という寄進額や碑石・銘文の粗末さから寄進者を下級船員と考える通説に対して、伊原弘氏は宋の物価や碑文の作成過程などからこれを否定し［伊原 二〇〇〇年］、日野開三郎氏は一二世紀宋僧の伝記に登場する日本国王の建材寄進記事を紹介した［日野 一九八四年b 第二部第三章（初出 一九六三年）］。

蒙古襲来に関しては、朝鮮史研究者の池内宏氏によって基礎的研究がなされた［池内 一九三一年］ように、東洋史研究者の関心も強い。近年では杉山正明氏がモンゴル史の立場から、蒙古襲来の背景や戦闘の過程について新視点を提供している［杉山 二〇〇三年］。元の日本招諭や日本遠征に関する中国側の文集・碑文史料の紹介・分析を行なった太田彌一郎・川越泰博氏［太田 一九九五年・川越 一九七五年］、元使趙良弼の伝記研究を行なった山本光朗氏［山本 二〇〇一年］、鷹島海底遺跡から引き上げられた船身の「殿司」銘の分析から、元の日本遠征船に接収した南宋船が含まれていたことを明らかにした中島楽章・四日市康博氏の成果も注目される［中島他 二〇〇四年］。

他に関心を集めている分野として、貨幣論がある。特に中世日本で中国銭が貨幣として流通したことを以って、日本を中国の内部貨幣である銭の体系に組み込まれた世界と評価する足立啓二説［足立 一九九一・一九九二年］は、日本中世史に対する中国史側からの問題提起という、注目すべき例といえよう。大田由紀夫氏は、金朝における銅銭使用停止、元初の交鈔流通・銅銭停止政策が日本への銅銭流出に影響したとする〔大田　一九九五年〕が、宋銭の海外流出の背景に南宋における銭会中半制の施行を指摘する高橋弘臣説〔高橋　二〇〇〇年　第二編第一章（初出　一九九六年）〕とともに、中世日本の宋銭流通が中国側の事情と無関係ではなかったことを示唆する指摘である。他に宋の倭板輸入の背景として、江南の森林資源枯渇があったとする指摘〔岡元司　一九九八年ａ〕もあり、日本史研究者という理由で東洋史の研究を参照しないことは、もはや許されないといえよう。

三　関心と方針

以上、本書のテーマに関わる近年の研究状況を概観してきた。これに対して本書は、いかなる関心で、またいかなる方針で論を進めるか。これについては研究史ともからめ、以下で二つの点にまとめてみる。

第一に、先に述べた地域論との関わりであるが、村井章介氏が環日本海地域・環シナ海地域という、国境を超えた地域を設定したことにより、国家の相対化が可能になり、研究視点のパラダイムシフトがもたらされた点は、大きな成果であった。そして同様に重要なのは、橋本雄氏が注目するように〔橋本　二〇〇五年　序章：七―八頁〕、村井氏が国家を幻想、実態のないものとするのではなく、地域の「現実」に根ざした存在であると考え、「たんに〈国境をはずして考える〉のみの地域論では不十分であって、地域のなりたち自体に国家のわくづけがどんな影響を与えているかを考え、地域と国家という次元のことなるわくぐみが相剋しあうさまを視野に入れないと、地域論は歴史的規定性をみうしなってしまうであろう」とした点である〔村井　一九八八年　Ⅲ章：一三四頁（初出　一九八五年）・一九九七年　第一章：

一九―二五頁（初出一九八九年）」。「それ（地域：榎本註）は、国家領域にとらわれることはないが、さりとて、問題の性格によっては国家領域であることを拒否するものでもない」〔村井一九九八年：五頁〕と村井氏自身が述べるように、国家もまた地域の一つなのであり、これを絶対視することも等閑視することも、同様に地域の現実を踏まえていないのである。その点で、設定した地域に対して国家がいかなる影響を及ぼしているのか、地域と国家の関係がどのようなものだったのかを重視する村井氏の論は正しい。

本書で扱う九―一四世紀の東シナ海海域についていえば、主役は海商であり、これと国家が関わる機会としては、国家による管理下での貿易、あるいは密貿易の取り締まりというケースが考えられる。管理貿易の場としては、平安期日本の大宰府・博多、宋元代中国の市舶司管理港ということになるが、この内で大宰府の貿易管理については、従来から宋海商によって忌避され、荘園内で密貿易が行なわれたとされてきた。この誤解についてはすでに述べたが、おそらくこの前提には、管理が貿易を妨げるもの、自由貿易こそ望ましいものという、素朴な発想があったに違いない。近年研究が進む一四世紀後半以降の東シナ海の状況は、国家管理が貿易制限に結びつくケースが多く[12]、私もこうした発想を全面的に否定するわけではない。しかし平安期日本に関しては、国家の貿易管理は九世紀前半以来、一二世紀前半までは行なわれたのであり[13]、実に三世紀に及ぶことになる。これについて消極的な側面だけを強調し、規制があったから仕方なく来航したと決め付けるのは妥当とは思えない。

これについて山内晋次氏は、一〇―一三世紀の東南アジア・高麗・日本の諸国において、海商が国家・王権と積極的に関わったことを明らかにし、海商側の事情として、安全性の面からも国家・王権による管理統制・安全保障のもとでの交易が望ましいものと考えられていた可能性を指摘した〔山内二〇〇三年　第二部第三章：二二〇―二二一頁（初出一九九六年）〕。一二二五年成立の『諸蕃志』に、東部ジャワには集散地としての社会秩序が維持され、海外貿易が栄えることになったが、西部ジャワは胡椒の特産地でありながら、監督官がいない無法地帯のために、海外の商人が寄り付かなかったとある〔青山亨 二〇〇一年：一六三頁〕ように、前近代の交易活動の場において、管理・保護は必ずしも障害となるものではなく、むしろしばしば必要とされたのである。すでにポランニーは、前近代社会においては遠距離交易に伴う安全保障という問題に対処するために、中立的な場で管理貿易が行なわれたとし、こうした場を「交易港（port of trade）」と呼んでいる〔カール＝ポランニー 一九八〇年 補論一（初出 一九六三年）〕。またカーティンは地中海世界の事例に基づいた議論を参考に、掠奪や破壊から商品を保護するために支払う「保護料（protection costs）」の、経済活動における重要性を強調している〔フィリップ＝カーティン 二〇〇二年 第三章（初出 一九八四年）〕。

もちろん貿易に対する管理＝国家権力の介入が、貿易自体にとってプラスなのかマイナスなのか、白黒つけて一般化したところでいずれも極論に過ぎない。必要なのは、ある時点、ある場所における貿易管理がどのような性格で、それが貿易活動にどのような影響を与えていたのか、ケースバイケースで考えることだろう。そしてその「ある時点」「ある場所」「どのような性格」「どのような影響」という諸要素を明らかにすることが、貿易管理と海商、ひいては管理を行なう国家と海商の活動圏である海域の関係を明らかにすることにつながると考える。本書ではこのような関心から、日中交流の分析に当たり、特に貿易活動に対する国家管理のあり方に注目することにしたい。

なお貿易管理方針の決定においては、中央における政治勢力間の力関係が重要な影響を及ぼす可能性が当然つきまとう。また貿易活動を規定するものとして、後背地の経済動向や交通の発展状況なども考えられる。たとえば森克己氏は日宋貿易発展の背景として、日宋両国の経済発展や荘園経済の疲弊などを指摘している〔森 一九七五年a〕。もちろんこのような検討は重要なことである。だが本書では、このような点についての言及は最小限に留めたい。それは視点を背景へ背景へと広げていくことで、論点が際限なく拡大・拡散してしまう恐れがあり、それによって貿易管理の諸相を明らかにするという本来の視点が不鮮明になりかねないからである。極論すれば、本書での関心事は貿易の背景ではなく、貿易の環境、すなわち貿易がどのように行なわれたのかである。その点で、本書での考察内容が一定の限界を持つ（限界が設定されている）ものであることは、ご了承されたい。

第二に、日宋・日元貿易に関する近年の研究史を振り返った時、中国側に視点を置いた研究の少なさが際立っている。もっとも海外の事情まで見渡した優れた成果もあり、たとえば山内晋次氏は、先に見たように日本における宋海商の活動を東南アジア・高麗での海商の活動と比較しているし、亀井明徳氏の住蕃貿易論は宋海商の活動を東南アジア方面まで見渡した上で立論されたものである［亀井 一九八六年 第一部第二章］。だが全体的に見て、日本側の視点から論じたものが圧倒的に多いことは間違いない。大宰府・博多の発掘がきっかけとなって研究が活発になったこと、日本史研究者を中心に研究が進められ、東洋史研究者による言及が少ないことなどが、その原因であろう。無論日本側に視点を置いた研究が多くの堅実な成果を生んでいることは、先に述べた通りである。だが複数の立場からの考察を比較し検討することは人文科学の常套手段である。にもかかわらずこうした研究視点の偏向という現状は、ともすれば日宋・日元貿易を日本側の文脈に過度に引き付けてしまうことにもつながりかねない。

史料状況に関しても、考古学の豊富な成果に対して、文献に関しては森克己氏以来ほとんど変化していない。近年の文献史学における日本対外関係史研究は、室町期・明代以降を中心に進められ、宋元期に関しても北宋期が中心だったが、その原因の一つには、明らかに史料状況の不備があった。平安時代＝唐末〜南宋初においては、日本に海商が来航すると、来着地が西海道ならば大宰府が、その他ならば国司が京都まで報告し、天皇の許可を得て貿易が認められたが、必要がある場合には公卿の審議（陣定・御前定）が行なわれたから、その際の記事が公卿の日記や朝廷の記録などに散見する。また一四世紀後半以降になると、高麗・朝鮮や明・琉球と室町幕府の間での使節交換の様子が京都の記録に記されるようになるし、使節往来に当たっての護送や連絡に関して出された文書も多く残る。これらの時代については史料収集が比較的進んでおり、たとえば田島公氏は奈良・平安期の対外関係史料を整理し［田島 一九九三年］、湯谷稔氏は日明貿易関係史料の収集を行なっている［湯谷 一九八三年］。

その間、一二世紀後半から一四世紀半ばに関しては、京都や鎌倉の公的貿易関与は極めて希薄であり、蒙古襲来の前後を除き、朝廷・幕府の記録や文書には対外関係記事がほとんど現れない。この時期の対外関係史料集としては、明治期の『伏敵編』が唯一のものであろう［山田安栄編 一八九一年］が、蒙古襲来を中心として編纂されたものであり、それ以外の事項に関しては必ずしも充実していない。また史料の校訂にも問題があり、現在の研究水準では、底本として用いることはできない。

しかし日記・文書に関係記事が登場しないことは事実であるが、史料そのものが存在しないわけではない。それは仏教関係史料である。史料上で現れる日中間往来の件数（もちろん現実の往来頻度そのものではない）だけでいえば、九〇〇―一一五〇年における日本来航宋海商は一二二件で［山内晋次 二〇〇三年 第二部第一章］、つまり二年に一件のペースであるが、木宮泰彦氏の集計によると、入宋僧・入元僧・渡来僧は史料上で、南宋期に一二三例、元代に二三五例確認され［木宮 一九五五年］、南宋期は一年あたり一・一件、元代は二・六件となる。(14) つまり史料で確認できる往来の件数・頻度だけでいえば、むしろ南宋・元代の方が北宋期よりも多い。もちろん木宮氏の集計に漏れた僧侶も少なくないし、同船渡海した僧や二回以上渡海した僧もいたから、実際にはこの通りにはならないが、南宋・元代の日中関係史料が少ないというのは、仏教史料にも目を通せば、必ずしもいえないことは間違いない。史料の質を見ても、入宋僧・入元僧・渡来僧の残した墨蹟・詩文などは、中国・朝鮮の正史のような編纂史料や、平安貴族が地方官の報告を元に記した二次情報とも違い、身を以って日中交流を体験した人物による生の記録である。

特に一三世紀半ばからは、対外交流における禅宗の比率が高まっていく〔榎本渉 二〇〇四年c：四二〇頁〕が、禅宗史料の対外関係史研究への応用は中世後期に関して目覚しく〔伊藤幸司 二〇〇二年a・橋本雄 二〇〇五年・村井 一九九五年 等〕、西尾賢隆氏は墨蹟を「墨蹟文書」と呼んで、史料としての活用を積極的に試みている〔西尾 二〇〇〇・二〇〇一年〕。近年出版された『対外関係史総合年表』〔対外関係史総合年表編集委員会編 一九九九年〕も、必ずしも網羅的ではないものの、仏教史料を多く利用しており、重要な成果といえる。しかし特に日宋・日元貿易に関して、今まで仏教史料の利用が充分だったとは思えない。

外国史料についても、ほとんど参照されないのが現状である。もちろん森克己・原美和子・山内晋次氏のように、中国・朝鮮の史料にも細心の目配りをしている研究者もいる〔森 一九七五年abcd・原 一九九九・二〇〇六年・山内 二〇〇三年 第二部第四章（初出 二〇〇一年）〕が、多くは『宋史』『元史』『高麗史』など正史中の日本関係記事に触れる程度である。『明実録』『朝鮮王朝実録』のような研究の核になる大部な編纂史料に恵まれないこともあって、外国史料の調査もあまり進んでいない。しかし中国史研究者の間では常識になっているように、宋元期の中国には正史以外にも様々な編纂物（『宋会要輯稿』『続資治通鑑長編』『建炎以来繫年要録』等）や詩文集・随筆・地方志・金石文など、多様な史料群が存在し、情報量としても正史をはるかに凌ぐ。史料の僅少さが研究の制約となっている日宋・日元関係史にとって、こうした史料の山を用いない手はないだろう。日明関係に関しては、鄭樑生氏が膨大な地方志の中から日本関係史料を収集している〔鄭 一九八七・一九八七—九七年〕し、高麗と宋・元の関係史料に関しても、正史に限らない膨大な史料群中から捜索が行なわれている〔張東翼 一九九七・二〇〇〇年・楊渭生等編著 一九九九—二〇〇二年〕が、こうした成果と比較した時、日宋・日元関係史が史料収集の上で大きな遅れを取っているのは明らかである。

一方で先に見たように、東洋史においても数は多くないものの、日宋・日元関係に言及する研究は散見し、貴重な史料をいくつか紹介している。しかしこれらの研究は、逆に日本側の史料はほとんど利用していない。つまり日本史・東洋史ともに、複数の史料群を用いた研究はほとんど行なわれていないのである（例外としては蒙古襲来研究）。だが性格の異なる複数の史料群を用いることは、単独の史料群を用いる場合と比べて、単に情報量が増えるというだけでなく、それぞれの史料群の持つ問題点や特徴を浮き彫りにすることにもつながり、内容の分析においても意味を持つ。杉山正明氏はモンゴル時代史研究において、漢文史料とペルシア語史料など複数の史料群を用いることの有用性を強調する［杉山 二〇〇〇年 第三章］が、これは漢字文化圏内部に関しても当てはまる指摘であろう。

以上、現状での研究の問題点として、中国側の視点に立った研究の僅少さ、史料の利用の不十分さ、および複数の国の史料の併用がほとんど行なわれていない現状が挙げられよう。そこで本書の方針としては、日中双方の史料を可能な限り調査した上で、中国側に視点を置き、あるいは日中双方の事情を総合的に考察することにしたい。これによって従来知られなかった事実を明らかにし、あるいは注目されなかった事態を再認識することが可能になると考える。

四　本書の構成

最後に、本書の構成と、各章の内容について簡単に触れて、序章を終えたい。

第一部「日宋貿易と宋代東シナ海海域」は、宋代の海上貿易に関する論考を集めた。内容も宋代海上貿易の中の考察対象として、日宋貿易が登場するという形である。

第一章「明州市舶司と東シナ海海域」は、宋代を中心に東シナ海海域における明州の位置を確認したものである。明州は、宋初以来市舶司が置かれ、日本・高麗方面に対する窓口となった。本章は日本史料を中心に、九―一四世紀日中間交通における明州の利用状況を確認したものである。日宋貿易における明州の位置は圧倒的なものであったが、当時の貿易は決して明州市舶司でのみ行なわれたわけではなく、その他の港湾での密貿易も盛んに行なわれた。この密貿易の盛行という事態も見据えた上で、東シナ海海域（あるいは南シナ海海域も含め）における市舶司貿易の位置を確認する。

なお市舶司貿易は、狭義には市舶司の公的管理下で行なう貿易を指す言葉であるが、広義には官吏と海商の癒着のもとでの贈与関係や、海商と仲介商人との間の違法取引も含む財の移動を考えるべきであり、さらに市舶司貿易体制という場合、市舶司管理港以外での密貿易も含め、総合的に考察しなくてはならない。そして宋代の海外貿易―当然日宋貿易も含む―を考える場合、往々にして必要とされるのは、市舶司貿易体制の究明である。諸般の都合で収録できなかったが、市舶司管理港における貿易の実態については別稿がある［榎本渉 二〇〇六年a］ので、参照されたい。

第二章「宋代の『日本商人』の再検討」は、一一六〇年代から宋代史料に現れる「日本商人（倭商・倭船）」の実態を考証したものである。従来「日本商人」の出現は、宋海商による日宋貿易独占に対する日本人海商によるカウンターととらえられてきたが、近年の研究で注目されているように、日本史料に見える限りでは、一二世紀後半以降の日宋貿易は博多綱首と呼ばれる宋海商によって担われている。そこで本章では、「日本商人」とは何かという問いを設定し、日本における貿易の形態と、宋における外国商人の扱いを検討することで答えを導くことを試みた。結論としては、「日本商人」は日本から来た商人という以上の意味は持たず、直接には博多綱首を指しているということになるが、この結論は「高麗綱首」にも当てはまり、日本以外について考察する場合にも参考になると考える。

第二部「日元交通の展開」は、時代とともに叙述方針も、第一部とは異なっている。日元貿易研究の問題点として、研究がほとんどないこともあるが、時代を通じた変遷がほとんど度外視されているという点がある。そこで第二部では、日元貿易の展開を通史的に叙述することを目的とした。第二部で積極的に試みた点が三つある。一つは、従来利用されてこなかった中国側の詩文集や地方志などを積極的に利用することで、元側の倭船対策を丁寧に追うこと、一つは、軍事的緊張や海上の治安など、日元両国の客観的情勢を参照すること、一つは、元朝の政策や日元両国の情勢が日元交通に与えた影響を、僧侶の渡航状況により確認することである。これによって、従来は不可能だった日元貿易の通史的叙述が可能になったと考える。なお本書で扱わないクビライ期＝一三世紀末については、榎本渉［二〇〇六年c］を参照されたい。

第一章「元朝の倭船対策と日元貿易」は、日元貿易の盛期と考えられる一四世紀前半を扱う。この時期、元朝は日本招諭を放棄し、日本不臣を前提とした貿易環境の整備＝警備強化を志向する。だが一方で、管理が強まったことに対する倭商の不満は大きく、日元貿易はしばしばトラブルに襲われる。その過程を、中国側史料と日本の禅宗史料を中心に叙述する。日元貿易がトラブルが多く不安定なものだったことが分かるが、『元史』などからはまったく知られない事件も多く、それらを紹介した点でも、本章は意味があると考える。

第二章「元末内乱期の日元交通」は、方国珍の蜂起（一三四八年）から朱元璋への降伏（一三六七年）までの日元交通を扱う。方国珍は浙東を拠点としたが、ここは日本への窓口となる地であった。同時期、江東・浙西では張士誠が活動し、福建ではムスリム反乱である亦思巴奚の乱が起こっている。こうした元末内乱の進展は、日元交通に大きな影響を与え、日元間の新航路開拓と、日本禅林における渡海ブームの沈静化という副産物も産んだ。宋代以来の日中交流のあり方が、元末内乱を機に大きな曲がり角を迎えたことを象徴する出来事といえよう。

第三部「元明交替と人的交流」は、第一部・二部が貿易史としての側面が強いのに対し、人の往来の視点から日中交流の考察を行なったものである。時期は元末明初を対象にするが、膨大に存在する初期日明関係は、ほぼすべてが公使と倭寇の研究に集中する。これに対して、倭寇による拉致に関わらない渡来人や、公使ではない入明僧について調べることは、従来等閑視された明初日中交流の一面を知ることにもつながるだろう。

第一章「一四世紀後半、日本に渡来した人々」は、日本における中国人渡来のピークの一つである一四世紀後半を扱ったものである。彼ら渡来人は元末内乱を避けて来日した。彼らの往来は元明交代の後にも確認され、洪武期において海禁が充分に機能していなかったことを示す最良の証拠といえよう。

第二章「陸仁と道元文信をめぐって」は、第一章で調べた渡来人の内で、陸仁・道元文信の二人の来日前の環境を調べたものである。この二人は従来日本側の史料によって知られていたが、中国側にも多くの史料が残り、文学上の評価も高い高名な文化人だった。彼らの属した平江崑山の文人サークルは日本僧とも関係が深く、それが来日の契機の一つになった可能性も高い。

第三章「『鄂隠和尚行録』を読む」は、室町期の禅僧鄂隠慧奯の伝記に見える渡来明人記事と、鄂隠の入明記事の出典・真偽について確認したもので、文化交流史研究の基礎作業に当たるものである。

註

(1)『日本後紀』弘仁五年一〇月一三日条。

(2) その背景として、十年一貢制という明側の規定(一四五三年以降)と、室町将軍の代初め事業としての遣明船の性格が挙げられる[橋本雄 二〇〇二年]。

(3) なお一三世紀後半の蒙古襲来を契機に博多在住の中国系海商=博多綱首が消滅するという論がある[本書第一部第二章三—二]。だが一四世紀の海商については実態がよく分からないという憾みがあるが、この時期にも日中間を「海賈」「商舶」などが往来したことは史料に散見するから、それが中国系かどうかは措くとしても、一四世紀(少なくとも半ばまでについて)

を「海商の時代」に含めることは可能であろう。

（4） 家島彦一氏は、ひとまずの規定と断りながら、「海域は複数の交易ネットワークが張りめぐらされ、交易ネットワークの結節点（ノード）としての港市が航行可能な水域の中に散在していることで成立する歴史展開の「場」である。そして、海域世界は、ある程度の時間的な継続性を持って海域内部の交流ネットワークが維持されることで、域内の相互交流が緊密となった広域的な歴史空間である」としている［家島 二〇〇六年 序章：一一頁（初出 一九九九年）］。

（5） 東シナ海・南シナ海両海域について、村井章介氏は環シナ海地域という概念を呈示する。「倭寇世界」と呼ばれるものに相当するが、「一四世紀末から一五世紀なかばころまでの地域交流の主役」は琉球であったとする［村井 一九八八年 Ⅲ章：一二八頁（初出 一九八五年）］。大木昌氏も、「東南アジアと東シナ海交易圏との交易関係はあまりなかったが、交易の時代には中国または琉球経由で日本との交易が盛んになった」とし、アンソニー＝リードのいう東南アジアの交易の時代（The Age of Commerce）＝一五世紀初頭から一七世紀末になって、東シナ海・南シナ海の両交易圏が一体化するという［大木 一九九九年：一一〇頁］。私も両海域を含み込む地域としての環シナ海地域が成立するのは、一四世紀後半に交易センターとしての中国の地位が相対的に低下したことを受け琉球が勃興し、日本・朝鮮・東南アジア諸国に接続するセンターとなった時点であり、本格的な展開は一六世紀半ば以降、中国・日本・ヨーロッパの海商・海賊が中国東南海岸や台湾・東南アジアなどを舞台に活動を行なうようになる時期と考える。

（6） 一三世紀半ばの慶元（明州）で「此間舶船常有㆘販㆓高麗㆒者㆖」［呉潜『許国公奏議』巻三、奏暁諭海寇復為良民及関防海道事宜］と言われているように、宋麗貿易は決して衰退したわけではない。陳高華氏は、高麗王が宋海商に接見しなくなったために、来航記事が史料に記載されなくなったと考える［陳 二〇〇五年：三六八―六九頁（初出 一九九一年）］。こうした変化が武臣反乱によって即位した明宗朝以降であることを考えると、武臣反乱を機に宋海商と高麗王の関係に変化が生まれた可能性がある。

（7） たとえば博多遺跡群中の地下鉄店屋町工区A・B区と祇園駅出入口2・3区は、一九八五年の時点でもっとも多くの高麗陶磁器が出土した遺跡だったが、それでも高麗・李朝陶磁器は全貿易陶磁器片四万点中一五点で、〇・〇六％に過ぎない

［森田勉 一九八五年：二〇頁］。現在ではより多くの高麗陶磁器が出土しており［降矢哲男 二〇〇二年］、対馬大石原遺跡など貿易陶磁器の半分が高麗陶磁器という遺跡も報告されている［宮崎貴夫 一九九八年：四九―五一頁］が、例外的なものであり、全国的に見れば高麗陶磁器出土量は、同時代の中国陶磁器に遠く及ばない。

また僧侶の往来状況については、宋元代（九六〇―一三六八年）を通じ、高麗を目的地として渡航したことが確実な日本僧は、一〇七五年に高麗文宗に仏像を献じた「日本国僧俗二十五人」［『高麗史』巻九、文宗世家、文宗三〇年十月戊戌条］と、一二一六年に求法のために高麗に来た「日本国僧」［『高麗史』巻二二、高宗世家、高宗三年二月己丑条］、一二五九年に法華経を高麗から大宰府崇福寺に持ち帰った「倭国僧」［『法華霊験伝』巻上、深敬弁山人之精書所引、『海東伝弘録』］のみである。北宋・南宋・元に渡航した日本僧の内で名前の判明するものが、戦前に木宮泰彦氏が挙げただけで三五〇例を越える［木宮 一九五五年（初出 一九二六―二七年）］ことと比較すれば、その差は歴然である。

（8） 藤善氏以降の研究は極めて多く、すべて紹介する余裕もない。二〇〇四年までの研究状況については、井上泰也・関周一氏のまとめを参照されたい［井上 二〇〇二・二〇〇四年・関 二〇〇五年］。

（9） 一部の僧に関する研究史については、以前簡単にまとめたことがある［榎本 二〇〇二年c：五五―五七頁］。

（10） 他に外交・王権・対外認識・美術など触れていないテーマもあるが、本書のテーマと直接関わらないので割愛する。他にも見るべき研究は少なくないが、ここで挙げるのはあくまでも、一九八〇年代以降の新動向として括ることのできる研究に限っている。

（11） 井上泰也・伊原弘・遠藤隆俊・藤善眞澄氏などによる成果がある。研究史については註（8）参照。

（12） たとえば、村井章介氏が国家と地域の相剋の事例として挙げる、明初における倭寇勢力、一五・一六世紀の日朝貿易をめぐる朝鮮と倭人［村井 一九八八年 Ⅲ章：一三四―一三九頁（初出 一九八五年）］や、明初に反乱を起した蘭秀山の海民［藤田明良 一九九七年］など。

（13） 『類聚三代格』巻一八、応検領新羅人交関物事に拠れば、八三一年には大宰府を通じた貿易管理が指示されている。一〇世紀から一二世紀前半における貿易管理については、山内晋次［二〇〇三年 第二部第一章］参照。

(14) 南宋期とは言っても、入宋僧が継続的に現れるのは一一六七年からであり[榎本渉 二〇〇四年c]、それ以前は八〇年以上入宋僧が確認できない。また南宋は、行在の臨安府(杭州)の開城後も、一二七九年まで遺臣が福建・広南方面で元に抵抗を続けるが、日本との関係でいえば、往来の拠点であった慶元(明州)が元の支配下に入った一二七六年で区切るべきであろう。よってここでは、一一六七—一二七六年の一一〇年間を対象として計算した。

第一部　日宋貿易と宋代東シナ海海域

第一章　明州市舶司と東シナ海海域

はじめに

本章のテーマは「明州市舶司と東シナ海海域」について論じることであるが、市舶司制度や明州の都市論については、すでに詳細な研究があり〔斯波義信 一九八八年 後篇二・同 一九九二年・石文済 一九六八年・陳高華他 一九八一年・中村治兵衛 一九九〇年・藤田豊八 一九三二年：二八一―三九八頁（初出 一九一七年）・林士民 一九九〇年 等〕、今その成果に蛇足を付け加えるつもりはない。本章が目的とするのは、明州の東シナ海海域中の位置を明らかにすることである。それに当たって、まず明州を中心とするネットワークの内容を確認し（第一節）、明州の地位の確立する過程を時間軸に沿って追い（第二節）、最後に明州を含めて東シナ海交易がいかに機能していたかを考察する（第三節）という手順を取る。

考察のための素材としては、中国側の貿易関係の法令などが有力な手がかりとなるが、個別港湾の利用事例も有用である。これについてもっとも多くの材料を提供するのが日中間交通である。九世紀から一四世紀前半で、管見の限りで一〇〇件以上のデータが析出でき、各時期のおおまかな傾向を把握することも可能である。以下に表1として別掲しておき、そこで挙げた事例を本文中で〔No.〕で適宜参照することにする。

なお「明州」という地名はしばしば改称されている。唐代までは越州に属し、その後独立して明州となった。南宋一一九六年、年号に因んで慶元と改称、一三六七年に朱元璋の支配下におかれると明州に復されるが、一三八一年に寧波と改称され、現在に到る。その間の所属は、唐代には江南道、宋代には両浙路（または浙東路）、元代には江浙行省（または江淮行省）、明代以降は浙江省となる。このような変遷はあるが、本章では混乱を避けるため、表記を明州で統一する。同様に他の地名も、北宋期のそれに拠ることとする。(1)

一　明州と東シナ海海域

1　明州から広がるネットワーク

「南則閩・広、東則倭人、北則高句麗、商舶往来、物貨豊衍」(2)といわれたように、明州は国内外の商船の集まる港であった。明州の海との関係は古くから深く、後漢の頃には海賊の蜂起も確認される〔楽承耀　一九九五年：二八―二九頁〕。

明州が最終的に越州から独立した行政区域になるのは八二一年。州城の所在地はしばらく変動するが、唐末には甬江・奉化江・姚江の合流点である三江口に置かれる。甬江は定海県から杭州湾へ、奉化江は南方の奉化県へ、姚江は西方の越州へとつながる運河となる。運河・海路との接続が重視された立地だった。そして宋代以降現在まで、三江口は明州の治として継続的に利用されている。

明州及びその属県の行政区域や州城・県城の配置等が確定するのは、唐中期から北宋の頃である。地域の開発もこ

内　　容
遣唐使船漂流．第三・四船は行方不明，第一船は福州に着岸．第二船は明州より入京．明州より帰国．
親羅人王請・唐人張覚済，出羽に漂着．
遣唐使船第一船・第四船漂流，揚州へ．
遣唐使第二船，海州へ．翌年海州から登州赤山浦に移り，そこから帰国．
遣唐使，新羅船9隻を雇う．海州を経て登州赤山浦より帰国．
慧蕚，〔5〕の新羅船に便乗し入唐．
慧蕚，李隣徳の船で明州より帰国せんとす．
慧運，李処人の船で入唐．
仁好ら，楚州の新羅訳語劉慎言のもとに到り，帰国の船を求める．
日本国より過来せる船隻，常州に着岸．
日本国僧俗，李隣徳の船で入唐．
慧運，張友信・元静らの船で帰国．
円仁，江長・金珍らの船で帰国．
徐公祐，来日．
円珍，欽良暉らの船で入唐．琉球に漂着の後，福州へ．
円珍，李延孝らの船に乗り帰国．
慧鍔（慧蕚），帰国の途次で補陀山に寄航．
陳泰信，来日．春日宅成が播磨少目と見えることから，年代を限定［松原弘宣1998］．松原氏は862年とするが，本章ではそこまで限定しない．
真如法親王，入唐．
賢真・慧蕚・忠全，詹景全の船で帰国．
宗叡・伊勢興房，李延孝の船で帰国．『入唐略記』は福州より，『三代実録』は明州よりとする．あるいは福州—明州—日本のルートか．
大唐商人崔鐸，台州より日本国使多安江を乗せて来日．
智聡，李延孝の船で帰国せんとするも温州へ漂着．他船に乗り帰国．

表1　対日交通に利用された中国側港湾（800-1349年）

No.	年　代	入　港	出　港	典　　　拠
1	804	×福州 ×明州？	明州	『日本後紀』延暦 24/6/8
2	819		揚州	『入唐求法巡礼行記』開成 4/1/8
3	838	×揚州		『入唐求法巡礼行記』開成 3/7/2・8/8・24
4	838	○海州	登州	『入唐求法巡礼行記』 開成 3/8/10・4/4/8・7/16
5	839		登州	『入唐求法巡礼行記』開成 4/4/2・7/23
6	839-41	○楚州		『入唐求法巡礼行記』会昌 1/9/1・2/5/25
7	842		明州？	『入唐求法巡礼行記』会昌 2/5/25
8	842	○温州		『安祥寺伽藍縁起資財帳』［『平安遺文』164］
9	843		楚州？	『入唐求法巡礼行記』会昌 3/12
10	845？	○常州		『入唐求法巡礼行記』会昌 5/7/5
11	845？	○揚州？		『入唐求法巡礼行記』会昌 6/1/9・2/9
12	847		明州	『安祥寺伽藍縁起資財帳』［『平安遺文』164］
13	847		登州	『入唐求法巡礼行記』大中 1/9/2
14	852？		明州	『高野雑筆集』下附録 17 大中 6？/6/30 徐公祐書状
15	853	×福州		『園城寺文書』1-42 貞観 5/11/13 円珍奏状案
16	858		台州	『園城寺文書』1-42 貞観 5/11/13 円珍奏状案
17	858		明州	『仏祖統記』42 大中12
18	860-71		台州？	『園城寺文書』1-20-5 某年 1/4 陳泰信書状
19	862	○明州		『入唐五家伝』頭陀親王入唐略記
20	864		明州	『入唐五家伝』頭陀親王入唐略記
21	865		福州 明州	『入唐五家伝』頭陀親王入唐略記 『日本三代実録』元慶 8/3/26
22	877		台州	『日本三代実録』元慶 1/8/22
23	877		温州？	『円珍伝』

内容
商客王訥，温州刺史朱褒の意を受け日本へ赴く．
寛建，唐商人の船で福州へ到らんとす．
奝然，呉越商客陳仁爽の船で入宋．
奝然，台州客鄭仁徳の船で帰国．
寂照，入宋．
高麗人未斤達，明州に漂着，高麗への帰路に筑前に漂着．
日本国太宰府進奉使周良史，明州に到る．
福州商客陳文祐，日本を出港，明州へ漂着．
陳文祐，明州から台州へ移り日本へ出港．暴風に遭い途中に逗留，明州に帰った後，再出港．
明州客人陳詠，明州市舶司で公験を受け取り日本で貿易．
明州客人陳詠，日本より硫黄等を載せて帰国し，杭州で抽解．
成尋，曾聚らの船に乗り入宋．昌国から明州に入らず越州沿岸を移動，杭州へ．
成尋の弟子達，宋商孫吉（孫忠）の船に乗り，日本へ出港．
大宰府，通事僧仲廻を明州へ派遣．明州，仲廻の帰国に付して返牒を送る．
元豊（1078-85年）の初，海賈が日本より明州に『仁王経疏』をもたらす．
孫忠水手黄逢，明州牒状を齎す［原美和子 1992年：39頁］．
王瑞，日本で廻却を命じられるも，名を改め再来朝，明州牒を齎す．
戒覚，劉琨の船に便乗し入宋．
知明州馬珫，朝旨を受けて商人を募り日本で硫黄50万斤を購入させる．
明州より大宰府に牒状到来．
明州牒状に対し大宰府から返牒す．
泉州客人李充，明州で公憑を得て大宰府に到る．

No.	年　代	入　港	出　港	典　　拠
24	893		温州？	『菅家文草』9 請令諸公卿議定遣唐使進止状・10 奉勅為太政官報在唐僧中瓘牒
25	927	△福州		『扶桑略記』延長 4/5/21 『日本紀略』延長 5/1/23
26	983	○台州		『奝然入宋求法巡礼行並瑞像造立記』[『大日本史料』2-10：40-44] 『優塡王所造栴檀釈迦瑞像歴記』
27	986		台州	『奝然入宋求法巡礼行並瑞像造立記』[『大日本史料』2-10：40-44] 『優塡王所造栴檀釈迦瑞像歴記』
28	1003	○明州		『一代要記』長保 5/9/12
29	1019		明州	『小右記』寛仁 3/6/21
30	1026	○明州		『宋会要輯稿』86-4 天聖 4/10
31	1026	×明州		『小右記』万寿 4/8/30
32	1027		台州 明州	『小右記』万寿 4/8/30
33	1048		明州	『参天台五臺山記』熙寧 6/4/12
34	1069		杭州	『参天台五臺山記』熙寧 5/6/5
35	1072	○杭州		『参天台五臺山記』熙寧 5/3/15-4/13
36	1073		明州	『参天台五臺山記』熙寧 6/6/12
37	1077	○明州	明州	『続資治通鑑長編』 熙寧 10/12/乙酉・元豊 1/2/辛亥
38	1078？		明州	『仁王護国般若経疏』序
39	1080		明州	『扶桑略記』承暦 4/閏 8/30 『善隣国宝記』
40	1081		明州	『水左記』永保 1/10/25・『帥記』同日
41	1082	○明州		『渡宋記』永保 2/9/22
42	1084		明州	『宋会要輯稿』140-33 元豊 7/2/8
43	1097		明州	『師守記』貞治 6/5/9
44	1097？	○明州		『師守記』貞治 6/5/9
45	1105		明州	『朝野群載』20 崇寧 4/6 両浙路市舶司公憑

内　　　容
李充，日本で貿易を行ない明州に帰り抽解せんことを請う.
明州より牒状到来.
日本国賈人，温州に漂着す．守臣に詔して発遣せしむ.
栄西，入宋.
覚阿，中都（宋首府＝杭州）から来た商人に禅宗の盛んなるを聞く.
博多津の張国安，杭州に到る.
荘大椿ら，明州牒を持ち明州を出港，日本へ.
荘大椿ら，日本の回牒・方物を持って帰国.
倭人漂着.
倭人 100 余人杭州に行乞．これを明州に養贍し，便船を待ち帰国せしむ.
倭人 73 人漂着.
栄西，再入宋.
倭人漂着［本書第 1 部第 2 章註(37)].
朝旨により，泰州漂着の倭人を明州に移し，便風を待ち帰国せしむ.
栄西，楊三綱の船で帰国.
日本国番舶漂着.
李宇，明州に船を出し，一切経を将来.
俊芿，庄次郎の船で入宋.
倭人漂着.
倭人漂着.
俊芿，蘇張六の船で帰国.
慶政，入宋せんとして漂流［榎本渉 2004 年 c : 425 頁].
大宰府民 72 人漂着．本国に帰還せしむ.
道元，明全に随い入宋.
寂円，道元の帰国を明州の津に見送る.
円爾，神子栄尊とともに入宋.

No.	年　代	入　港	出　港	典　　拠
46	1105-	△明州		『朝野群載』20 崇寧 4/6 両浙路市舶司公憑
47	1117		明州	『師守記』貞治 6/5/9
48	1145	×温州	温州	『建炎以来繋年要録』紹興 15/11/丁巳
49	1168	○明州		『興禅護国論』中，第五門
50	1170？		杭州	『嘉泰普灯録』20 覚阿伝
51	1172	○杭州？		『興禅護国論』未来記
52	1172		明州	『宋会要輯稿』199-52 乾道 9/9/25 『師守記』貞治 6/5/9
53	1173	○明州		『宋会要輯稿』199-52 乾道 9/9/25
54	1176	×明州		『文献通考』324・『宋史』491
55	1176-		明州	『文献通考』324・『宋史』491
56	1183	×秀州		『文献通考』324・『宋史』491
57	1187	○杭州		『興禅護国論』中，第五門
58	1190	×泰州		『清波雑志』4 倭国 『文献通考』324・『宋史』491
59	1190-92		明州	『清波雑志』4 倭国
60	1191		明州	『元亨釈書』2 栄西伝
61	1192	×秀州		『夷堅志』三志辛 3 普照明顚・『宋史』491
62	1196	○明州		『日吉山王利生記』7・『山王絵詞』12
63	1199	○江陰		『泉涌寺不可棄法師伝』正治 1/4/18
64	1200	×蘇州		『文献通考』324・『宋史』491
65	1202	×明州		『文献通考』324・『宋史』491
66	1211			『泉涌寺不可棄法師伝』嘉定 4/2
67	1215-17	×福州		『法華山寺縁起』
68	1217	×莱州		『金史』本紀，興定 1/12/戊申
69	1223	○明州		『典座教訓』
70	1227		明州	『宝慶寺文書』宝慶寺由緒記
71	1235	○明州		『聖一国師年譜』嘉禎 1

内　　　　容
神子栄尊，帰国.
性才，入宋［榎本渉 2004 年 c：435 頁］.
円爾，帰国.
船頭某の船漂流．琉球を経て福州へ.
一翁院豪，入宋.
謝国明，円爾の要請で径山へ材木輸送［本書第 1 部第 2 章 1-1］.
蘭渓道隆，日本船が来遠亭（明州来着商船のチェック場所［『宝慶四明志』3 城郭，市舶務］）にあるを聞き，これに乗り来朝.
明州定海県水軍，倭船の出境を捕える.
無本覚心，補陀山に参拝.
覚儀・親明，帰国.
無関玄悟，入宋.
無本覚心，帰国.
常禅房の便乗船，泉南に漂着.
貞舜，一切経将来のため入宋.
無関玄悟，帰国.
蘭渓道隆，禅忍の入宋に際し，博多・明州から台州へのルートに言及.
宋船，一切経を乗せて日本へ出港.
兀庵普寧，帰宋.
倭船四艘到来.
江南軍，日本へ遠征.
王積翁，日本へ遣使.
元使王積翁を殺害した船員，逃亡して温州永嘉県へ.
日本の商船，三艘は風のため沈没し，一艘のみ明州に到着.
日本舟到る.
倭船明州に到来．一山一寧，これに乗り来日.
龍山徳見，入元.

No.	年　代	入　港	出　港	典　　拠
72	1238		明州	『栄尊大和尚年譜』嘉熙 2/6
73	-1241	○杭州		『元亨釈書』6 法心伝
74	1241		明州	『聖一国師年譜』仁治 2/5/1
75	1243	×福州		『漂到流球国記』寛元 1/9/29
76	1244	○明州		『仏光国師語録』9 一翁長老書
77	1244	×秀州		『禅林墨蹟』上 12 東京国立博物館蔵無準師範尺牘
78	1246	○明州	明州	『名僧行録』1 大覚禅(「師」脱カ)略伝
79	1249		明州	『許国公奏議』4 条奏海道備禦六事
80	1249	○昌国		『法灯円明国師之縁起』
81	1249		明州	『法灯円明国師之縁起』
82	1251	○明州		『無関和尚塔銘』・『大明国師行状』
83	1254		明州	『元亨釈書』6 覚心伝
84	1256?	×泉州		『聖一国師年譜』正嘉 1/4
85	1261	○明州		金沢文庫蔵『一切経供養表白』
86	1262		明州	『無関和尚塔銘』・『大明国師行状』
87	1262	△明州		『大覚禅師語録』下，示禅忍上人
88	1262？		明州	『南都白毫寺一切経縁起』
89	1265	○明州		『元亨釈書』6 普寧伝
90	1279	○明州		『元史』132 哈剌䚟伝
91	1281		明州	『元史』154 洪俊奇伝
92	1284		明州	『金華黄先生文集』8 王公祠堂碑
93	1284？	○温州		『癸辛雑識』別集上，王積翁
94	1292	×明州		『元史』本紀，至元 29/6/己巳
95	1292	○明州		『元史』本紀，至元 29/10/戊子
96	1298	○明州	明州	『一山国師語録』付収，行記・浙東道宣慰使記事
97	1305？	○明州		『黄龍十世録』付収，龍山徳見行状

内　　容
倭商有慶，明州に到り貿易.
倭船来航，慶元の吏卒の侵漁に憤り，城中を燃やす.
孤峰覚明，入元［本書第 2 部第 1 章 2-2］.
王克敬，倭人の互市を明州に監す.
倭船，明州へ向け出港するも，温州に漂着．旧例に依り明州に回航.
無涯仁浩，入元.
明州定海に入港した「防倭記」所見の倭船は建長寺船［本書第 2 部第 1 章 2-2］. 元僧清拙正澄はこの船で来日［木宮泰彦 1955 年 : 422 頁（初出 1926-27 年）］. 古先道行碑に拠れば，古先印元は明州で清拙と同船して帰国.
古源邵元，入元.
明州で倭船暴動［本書第 2 部第 1 章 2-3］.
福州に倭船来着．おそらく明極楚俊らは，その船で来日.
明州に到る商船に財貨を託さんとする信士あり.
オルジェイト，倭商に賂の金を返還．倭商，昌国で海賊行為［本書第 2 部第 1 章 3-2］.
愚中周及，入元．天龍寺船か［本書第 2 部第 2 章 3-4］．性海霊見が明州から入元したのもおそらく同件.
無文元選，入元.
大拙祖能，入元.

利用，その他は〇とした．原則として経由地は採らなかった.

は港湾が史料上で明記されるものに限定する.
共弟金慶踰溟達于杭都，時仏海遠禅師踞（杭州）霊隠，道価高輦下，阿至其室」とあるよう
普灯録』20 覚阿伝の「属商者自中都（杭州）回，言禅宋之盛，阿奮然拉法弟金慶航海而来.
書』覚阿伝の在宋中の記事は，ほぼ『普灯録』の引き写し）．『普灯録』には 1171 年の杭州
から導かれたものではないか．もちろん杭州入港の可能性はあるが，ここでは採らない.

No.	年　代	入　港	出　港	典　　拠
98	1306	○明州		『元史』本紀，大徳 10/4/甲子
99	1308？	○明州	明州	『至正四明続志』10 玄妙観 『元史』97 兵志 2
100	1311？	○温州		『禅林僧伝』1 孤峰和尚行実［『大日本史料』6-23 : 561］
101	1317	○明州		『元史』184 王克敬伝
102	1318	△明州 ×温州		『弘治温州府志』17 蕃航
103	1321	○明州		『無涯仁浩禅師語録』東岸説・金峰柏兄秋思詩軸序
104	1325	○明州	明州	『清容居士集』19馬元帥防倭記 『宋学士文集』翰苑別集10古先源禅師道行碑
105	1327	○明州		『古源和尚伝』
106	1328？	○明州		『道園類稿』43 張公神道碑
107	1328	○福州	福州	『元史』本紀，天暦 1/11/庚午 天岸慧広『東帰集』明極和尚滄海餘波序
108	1329	△明州		『夢窓国師語録』下 2，夢窓国師年譜，元徳 1
109	1335	○明州	明州	『畏斎集』6 諤勒哲図公行状
110	1342？	○明州		『愚中和尚語録』6 年譜，暦応 4 『性海和尚遺稿』付収，性海和尚行実
111	1343	△明州		『無文禅師行業』
112	1344	○福州		『大拙和尚年譜』康永 3［『大日本史料』6-8 : 450］

＊　入港欄の△は入港予定地（実際に入港したかは不明），×は漂着等の特殊な事情による

＊　以下本章中では，本表の各事項を〔No.〕の形で挙げることとする．

＊　年代は入港・出港年．両方判明する場合は入港時期を採った．

＊　本表に挙げたもの以外にも，入港・出港地の推定ができる例は多いが，ここで採るもの

＊　『元亨釈書』6 覚阿伝では，「嘗聞商客称宋地禅道之盛，奮然志遠游，遂以承安元年（1171），
に，1171 年の覚阿が杭州で入宋し霊隠寺に赴いたことになっているが，これは『嘉泰
歳餘始至〈乾道辛卯（1171）夏也〉，袖香拝霊隠仏海禅師」に拠ったものであろう（『釈
入港記事はなく，『釈書』の記述は杭州帰りの商人の話や，覚阿の目的地（杭州霊隠寺）

の頃進み、交通網の整備・商業の発達とともに、産業の特化が進展する。各地に立てられた市において、明州内部における物資集散が果たされた外、さらに明州外部に向けて物資の移出入が行なわれ、餘剰特産品等の販売とともに、地域内で不足する物資の確保が果たされた。内外各地から集積される物資を用いて、加工業も発達する。酒・繊維・青磁・鉄器・銅器・棺・船等は、この時期の明州で盛んに生産された〔以上、斯波義信 一九八八年 後篇二：四六二―八一頁〕。宋代の明州経済は、内外の交通・商業網を前提に機能していたといえる。

特に海に注目した場合、明州に来航する商船がいかなる範囲に及んでいたか。『宝慶四明志』巻六、市舶には、一三世紀前半において、海上を通じ明州にもたらされた商品が記されるが、それは「高句麗（高麗）」「日本」「海南・占城・西平・泉・広州船」「外化蕃船」と分類されている。高麗・日本・福建・広南、さらには南海方面とのリンクも有したことが判明する。ただし抽解率（税率）について、国内船や高麗・日本・占城等の船の場合はそれぞれ定例が存在するのに対し、外化蕃船の場合は、「遇ま到れば、上司に申し指揮を候ちて抽解す」とあり、来航の都度明州の沿海制置司に報告し、指揮を待って抽解を行なうという。占城以南からの商船来航は偶発的なもので、頻度がさほどでもなかった故であろう。

ここに見えるのはもっぱら南方、あるいは外国の商船であるが、北方でも浙江地域の海商が江蘇・山東は勿論、渤海湾の向こうへも足を伸ばしていたことは、様々な史料から確認できる。北宋の頃についていえば、張邦基『墨荘漫録』巻三には、科挙のために明州定海県で大賈の舟に乗って長江北岸の通州へ赴こうとした明州士人陳生の話が見える。この時、同行の舟が十餘艘あったといい、明州と長江流域の交通の盛んな様がうかがえる。

さらに華北に関しても、両浙と山東の間の海路は五代王朝と呉越との交通からうかがうことができる〔日野開三郎 一九八四年b 第一部：二七―四三頁〕し、一〇八八年、山東半島の密州に市舶司を設置するべきか否かの議論の中で、密州には広南・福建・淮浙の商旅が訪れるといわれている。(3)南宋期、姚寛『西渓叢語』巻下には、姚寛が「習海者」から聞いた話として、「二浙より平州に至るべし」とあり、両浙から渤海湾北岸の平州へ行くルートの存在も知られる。平州は遼・金の領土である。この場合、山東半島の登州の竹山島・駞基島を島伝いに北上したらしく、山東半島は渤海湾に出る時の中継地点だった。両浙の拠点は明州定海県で、山東の莱州膠水鎮から三日で至ると記されている。北宋期においては、海路を通じた遼への渡航はもちろん、渤海湾を介して遼領と向かい合う登州・莱州への渡航も禁止されたが、現実には遼へ密航する海商も跡を絶たなかった。(4)南宋期においては金領となった華北との貿易自体が禁じられたが、江南の海商が北方を赴くことを禁じる法令が頻繁に出されていることを見ると、(5)跡を絶つことはできなかったようである。「習海者」の話はそうした密航ルートを示すものである。

宋末には「杭・呉・明・越・揚・楚（浙江・江蘇沿岸）、幽・薊・莱・密・遼・鮮（山東・渤海湾沿岸）と倶に大海に岸し、固より舟航通ずべし」といわれたように、(6)浙江以北の諸港湾は密接なネットワークを形成していた。元代の税糧遭運のメインルートは、蘇州崑山の劉家港から山東経由で渤海湾に入り、大都へ運ぶというものだったが、その劉家港まで税糧を発送する主要な港の一つとして明州もあった〔高栄盛 一九八三年：四五―四六頁〕。元代の明州は江南における物資輸送の重要な中継地点であったが、その前提として、宋代に確立された沿岸航路の存在があった。

2 「大洋路」と「海道舟舡路」

宋元期の明州は、海を通じ様々な港湾との間に広範なネットワークを形成していた。その中で本章での主要な検討対象となる日本・高麗との交通路を、先学の成果に依りつつ確認してみたい。

元代までの日中交通についてもっとも詳細なデータを提供するのが、日本僧成尋の日記『参天台五臺山記』である。

彼は一〇七二年、宋人曾聚等の商船に乗って入宋した〔35〕。その行程については、藤善眞澄氏による詳細な考察がある〔藤善 二〇〇六年 第二章第三・四節（初出 一九八七・一九八八年）〕。モデルケースとして確認すると、肥前国壁島（佐賀県東松浦半島対岸）で風待ちし出港（三月一五―一九日）、蘇州石帆山（上海東南の鶏骨礁、三月二五日）から昌国（舟山群島）を島伝いに南下、甬江河口の招宝山に到着（四月四日）、そこから杭州湾を沿岸伝いに進み、杭州で入国手続きを行なう（四月一六日）というものであった。

曾聚等は杭州に帰国しているが、後に成尋が神宗から、「日本は明州からとても近いのに、なぜ宋に通交しないのか」「明州から出港した場合に、最初に到着する（日本の）州郡はどこか」と質問されている（一〇月一五日）ように、当時日本への窓口といえば明州が想定されていた。一般的には、招宝山から甬江に入り、明州治の鄞県まで遡行するというルートを用いる。(7)

杭州は宋代に両浙路、元代に江浙行省の治が置かれたように、浙江地域の中心であった。事務手続きの便から杭州へ向かうことも少なくなかったであろう(8)〔35・51・57・73〕。成尋の場合は「令（今カ）明州に入らず、直ちに西に向かい越州に赴く。越州指南人出来せるに依る」とある（四月四日）ように、明州西隣の越州（現在の紹興）の指南人（水先案内人）が現れたという事情もあり、杭州に向かったのである。ただし杭州の海港としての不便さもあり、最初に明州に入るケースの方が普通だった。(9) 明州からは、運河を通じて越州・杭州へのアクセスも容易である（一〇七三年六月六日―九日）。ともかく航路の面からは、日本―杭州ルートは日本―明州ルートの延長上と考えてよい。(10)

以上見たように一一世紀の日中間航路は、日本から昌国を経由し明州・杭州へ到るというものであった。京都栗棘庵には『輿地図』と題する南宋期の地図が現存する〔青山定雄 一九六三年 第二篇第四章（初出 一九五五年）・森克己 一九七五年c 第一五章（初出 一九五一年）〕が、そこに「大洋路」と記す航路に当たるものである。『輿地図』には他に「海道舟舡路」も見える。これは黄海を通る航路で、高麗まで通じる。徐兢『宣和奉使高麗図経』巻三四から巻三九に収める一一二三年の宋使の事例に拠れば、明州―招宝山―昌国までは大洋路と同様であり、そこから北上し、朝鮮半島南西の島々を経由しつつ礼成江へ到達するというものであった〔内藤雋輔 一九六一年 第九章：四四七―六〇頁（初出 一九二七年）・王文楚 一九八一年〕。北宋末成立の朱彧『萍洲可談』巻二では、これを宋麗間航路中で「南路」と呼んでいる。他に「東路」も存在する。高麗から海路で山東半島の密州に入り、陸路で開封へ赴くものである。長江沿岸に着岸した例も確認される(11)。高麗の場合、明州は唯一の窓口というわけではなく、いくつかある窓口の一つであった。

3 経由地としての明州

明州が日本・高麗への窓口として機能したことは、以上の通りである。だが誤解してはならないのは、そのことが必ずしも、日宋・麗宋間のネットワークが明州を始点・終点として完結するものであったことを意味しないということである。いうまでもなく、日本・高麗へと向かった人・船・商品・情報等は、海路・運河・陸路を通じて各地から明州に集結したものであり、日本・高麗から来たそれも、明州を経由してさらに広範囲に移動した。明州は東シナ海におけるエンポリウム（集散港）としての機能を果したわけであるが、見方によっては日本・高麗へ向けての経由地ともいえる。

周知の通り、宋代に日本・高麗との間を往来した海商の多くは福建出身であり〔斯波義信 一九六八年：四二〇―三五頁・原美和子 一九九九年〕、広南出身の者もいた(12)。彼らは本拠地から明州へ向かい、そこで公憑を受けて出港した(13)。逆に浙江の海商が南海へ赴く場合は、福建から出港したという(14)。当時の市舶条例でも、出国を申請しチェックを行なう「所在州」（海商の本貫地）と、公憑を発給する「願発舶州」（出港地）は区別されている(15)。

日本・高麗と福建・広南方面の直接の往来に当たり直行航路が採られなかったことは、法的手続きの面以外からもうかがわれる。たとえば唐末九世紀においても日本と広南方面との交通は確認されるが、それは台州など浙東を経由したものだった〔山崎覚士 二〇〇二年：一二三頁〕。また高麗船は、一三世紀初めの史料に拠れば、しばしば泉州市舶司で貿易を行なったが、(16)これもおそらく直行によるものではない。一二二五年成立の趙汝适『諸蕃志』巻上、新羅国に拠ると、高麗から泉州に到るには、必ず明州を経由するという。その理由として、陰陽説の他に、泉州付近の水位の低さが挙げられている。明州―泉州間は地理的条件からも、外洋船が直接入ることは困難で、明州・泉州で船の乗換えが必要だったようである。

つまり東シナ海海域は明州からさらに外の世界への広がりも有する地域であった。特に海路に関しては、一―1で確認した通り、福建・広南方面と連結し、南シナ海海域とも連動していた。

二　明州の地位の変遷

1　対外貿易港明州の出現

明州が海外への窓口として現れるのは、唐代後半期である。早い例としては、八一九年に浙東道観察使薛戎が明州望海鎮（定海）を「新羅・日本諸蕃と界を接す」と奏したことが挙げられる。(17)日本に関しては、天宝年間（七四二―五六年）以後、新羅に海道をふさがれたため、日本使が「明州・越州等路」によって入貢するようになったという『太平寰宇記』巻一七四、倭国、およびこれに拠った『新唐書』巻二二〇、日本伝の記事があり〔榎本淳一 一九九六年：

二六七頁〕、この頃から明州・越州が利用されるようになったようである。[18] それ以前はむしろ新羅経由航路（北路）の利用が多く、また南路の場合も、楚州・揚州など江蘇地域の港湾が利用された。ただしこの時期の日唐間の往来は、二〇年に一回程度の頻度である〔東野治之 一九九二年 第一部第一章（初出 一九九〇年）〕。航路の開拓という点では意味があるが、恒常的な往来が始まるのは、やはり新羅海商・唐海商の出現を待たねばならない。

よく知られるように、九世紀の新羅海商は、日唐羅三国を股にかけ、広範囲にわたる活動を繰り広げた。唐における彼らの活動圏としては、登州・楚州等、山東・江蘇地域がよく挙げられる〔堀敏一 一九九八年 第八章〕。ここから新羅を経由し日本へ向かった船の存在も確認される。[19] さらに唐羅間航路は、間違いなく杭州湾以南まで及んでいた。九世紀末には新羅から明州へ到る航路が存在したことが、入唐新羅僧の伝記から知られる。[20] 九〇一年撰の『无染院碑』にも、登州牟平県に无染院を修造した「鶏林（新羅）金清押衙」が明州まで商売を行なったことが記されている〔劉永智 一九九四年〕。さらに南方にも、台州までその形跡はうかがうことができる。[21]「海道舟舡路」の起源はこの頃まで遡る。確実な事例を挙げることはできないが、新羅経由の日唐間航路が明州まで伸びていた可能性、言い換えれば「海道舟舡路」が日本まで伸びていた可能性は高い。

「大洋路」の利用も八四〇年代には行なわれたらしい。『安祥寺伽藍縁起資財帳』によると、慧運は八四七年に張友信の船で明州望海鎮（定海）から出港し、三日にして日本に着いたという〔12〕。この船については円仁『入唐求法巡礼行記』でも触れられている。円仁は八四七年閏三月一〇日、張友信の船が明州から日本へ向かうことを聞き、これに乗るために登州から南下するが、張友信がすでに出港し、行程を考えてもう追いつけないことを、六月五日楚州にて知った。仮にこの船の行程が北上ルートを取るものならば、円仁の南下の途中で合流する可能性はあったはずである。この船は「大洋路」を用いたのであろう。定海から日本まで三日という異例な速さから考えても、沿岸伝いに航海したとは考えられない。慧運は八四二年、李処人の船に乗って六日にして温州に着いた〔8〕。これも日数から考えて東シナ海を直行したものであろう。八六二年の真如法親王の入唐船〔19〕は、肥前国遠値嘉島から西南方向に吹く風に乗り出港しており、新羅沿岸を経由せず東シナ海を直行したものと見られる。

以上、「海道舟舡路」と「大洋路」の内、前者の利用例は九世紀後半になると確認できなくなる。そもそも利用例がすべて円仁在唐中の日記『入唐求法巡礼行記』から知られるのであり、円仁帰国以後にはそれがなくなるという事情も考えなければならないが、以後「海道舟舡路」が利用された形跡がまったく見当たらないことから考えて、次第に「大洋路」が日中交通の中心になったことは認めて良いであろう。

2　明州の地位の確立

同時に注意しなければならないのは、唐代後半において明州は確かに日中交通の重要な拠点ではあったが、当初はいくつかある発着地の一つに過ぎなかったことである。一〇世紀までは、温州・台州等他地域の港湾の利用も無視できない〔8・16・18・21—27〕。「大洋路」は、当初は日本と浙東沿岸地域（明州に限らず）を結ぶ航路として成立した。

こうした状態に変化をもたらしたのが、宋の貿易管理制度の整備である。宋は九七八年、浙江に勢力を張った呉越国を併合し、九八九年には（おそらく両浙路から）外国に出港する商船に、両浙市舶司で給券を求めることを義務付けた。この時の両浙市舶司は杭州に設置されたらしいが、九九二年には明州定海県に移されるなど、しばらく制度的には模索を続け、杭州・明州に市舶司が併置されるのは、九九九年以降である〔藤田豊八　一九三二年：三一二—一四頁〕。ここに制度上、両浙から海外へ赴く商船はすべて杭州・明州から出港することが義務付けられることになる。

表1を見る限り、漂流の事例を除けば、一一世紀になると発着地がほぼ明州（及びその延長上の杭州）に一本化して

いる。宋の方針は現実にも次第に定着していったと見て良いだろう。明州の日本・高麗への窓口としての機能を、自生的に発生したものととらえるのは妥当ではない。もちろん自然条件や後背地の経済的実力等も、港湾発達の必要条件として認めるべきであるが、海外向けの独占的窓口となる直接の契機は、市舶司の設置という政治的な措置に依るところが大きかった。

3 南宋期の明州

一二世紀後半の明州海上では、海賊の跋扈〔鄭広南 一九九八年：九四—九五頁〕・日本・高麗方面への銅銭流出〔曾我部静雄 一九四九年：一六〇—七四頁〕等、新たな動きが目立つようになる。同時期に明州に出現する「日本商人」「高麗商人」の起源は、日本・高麗から出港する形を取ることで、宋での公憑発給手続きを免れた宋海商と考えられる〔本書第一部第二章三—2〕が、これも一連の動向として理解できるかもしれない。

こうした動向との関係は明らかでないが、同時期に高麗船・倭船の受入地として、一時的に長江沿岸が現れる。個別事例としては、一一九九年の俊芿入宋船の江陰入港〔63〕を挙げるのみだが、一二三〇年撰の『紹定続修江陰志』でも「紹熙の間、商船・倭船、歳ごとに嘗て輻輳す」といわれている。[22]ここでいう「紹熙間」とは、現存しない一一九四年撰『紹熙江陰志』の内容を踏まえていると思われ、一一九〇年代前半には、倭船を初めとする商船が江陰に多く来航したことが分かる。江陰に市舶務が設置されたのは一一四五年であるが、一一七八—八〇年頃、高麗船の江陰来航が年一艘から六・七艘まで増えたとする史料があり、[23]一二世紀後半に江陰が対外貿易港として台頭しつつあったことを物語る。また江陰よりも長江下流に位置する蘇州許浦では、一二〇四年、水軍に二〇人の「販倭人」（日本貿易に従事する者）が応募している。[24]

しかし宋では、海賊禁圧・銅銭流出防止等の措置を取る一方、[25] 貿易港に関しても整理を行ない、両浙路に五ヶ所置かれた市舶務を、一一九〇年代に明州以外すべて廃止する。[26] 一三世紀初めには杭州・秀州・江陰市舶務の存在が確認され、まもなく復活したものと思われるが、少なくとも江陰に関しては、嘉定（一二〇八―一二二四年）の頃には、長江沿岸の商人こそ来航するものの、「高麗・日本至らず、曩日に復するに非ず」という状態になった。[27]

一二世紀末以降、宋は両浙路における貿易港の機能を、意図的に明州に限定しようとしている。[28] 一二一三年には、福建・広南行きの公憑を明州以外で発給しないことが定められ、杭州については、泉州・広州から出港した商船の受入のみ認められた。[29] 首府に外国船が来ることを警戒したものか。翌年には秀州が倭船との貿易の許可を求めているが、認められなかったようである。[30] 倭船漂着の事例〔56・61・77〕や、秀州華亭県を詠んだ詩中の「商賈は倭船を通ず」という一節からも窺われるように、[31] 秀州では倭船の来着も見られたが、貿易事務はあくまでも明州で行なう原則だったようである。この原則は元代にも変わらなかったようで、一三二八年に温州に漂着した倭船は、「旧例」に依り明州に回航されている〔102〕。

一三世紀から一四世紀前半まで、確認される限り日本との往来は、漂流等を除いてほとんどすべて明州で行なわれている。[32]「凡そ中国の高麗と日本に賈するもの、諸番の中国に至る者、惟だ慶元受けて遣わすを得るのみ」といわれたように、対外貿易港は一時的な動揺を経て、明州に再収束された。[33] その背後には、日本・高麗への窓口を明州に限定しようとする宋側の意図があった。北宋期における明州の地位の確立の事情とも併せ、明州はすぐれて政治的な港であったといえよう。

三　東シナ海交易の構造と明州の位置

1　多様な貿易の存在

先に見たように、日宋・麗宋間航路は日本・高麗から昌国を経て明州へ至るというものであった。だが実は危険度は高かったものの、福建方面から明州を経由せず昌国に入り、山東半島に達するルートも存在した[34]。つまり昌国から明州へ向かうことなく、台州・温州・福州等へ直行することも可能だった。九―一〇世紀に日本と台州等の間を往来した船には、こうしたルートを取るものが多かったのであろう。

すでに見たように、一一世紀になると、対日貿易港は明州・杭州に限定されるようになるが、台州・温州等が貿易とまったく無関係になったわけではない。一〇二七年に日本に来航した福州商客陳文祐の証言は、これに関して貴重な情報を提供してくれる〔31・32〕。

陳文祐は、一〇二六年日本から帰国の途、逆風に遭い明州に漂着した。おそらくここで帰国手続きを済ませ、再度出港手続きを行なったものか。翌年、彼は明州市舶司の公憑を日本に持参している。しかし彼は明州から日本へ直行したわけではなかった。まず明州から台州へ移動し、そこから日本へ向かおうとしたのである。結局暴風に遭い途中に逗留し、明州に戻ってから改めて日本へ向かうことになるが、彼が想定していた最終的な出港地は台州であった。

また逆に、日本より台州に帰港して後、明州で帰国手続きを行なうこともあり得たはずである。

宋船は出港手続きに当たり、違禁物や人間の流出を防ぐために、船物・船員・行先のチェックが行なわれることになっていた[35]。だがこの例で明らかなように、現実には申告した目的地以外での寄航も行なわれており、そこで人・物を新たに搭載したり取引を行なったりすることもあったと思われる。特に問題になったのは帰国の時で、元代には市舶司での手続き以前に沿路に停泊し商品の売却を行なうことが法令で禁止されている[36]。しかし一〇九〇年に王応昇が高麗行の公憑を得て禁地の遼へ渡ったこと[37]、宋によって高麗が禁地指定されている時期とされていない時期で、宋海商の高麗来航の頻度に変化が見られないこと[38]などからも分かるように、一度出港してしまった商船の行程に関して、宋は有効な管理をほとんど実現していなかった。

以上は宋船の場合であるが、外国船の場合にも事情は同じであった。むしろ市舶司による管理は、さらに緩くなったとも思われる。一二五〇年代前半に広東転運使包恢が提出した、倭船による銅銭流出を論じた申状には、倭船が明州に到る前に温州・台州等に停泊し、土地の富豪と貿易を行ない、明州を離れた後も餘貨あればまた温州・台州で船物を売りさばくことが述べられている[39]。倭船との密貿易のために台州城下の銅銭が一日でなくなったともあり、誇張もあろうが、密貿易が決して小規模ではなかったことを物語っている。

また一二世紀末成立の洪邁『夷堅志』支丁巻第三、海山異竹には、一一三七年のこととして、温州で倭客と崑崙奴が竹を競売した話を記している。洪邁は温州に倭船が着岸することはないはずだとして、この話を疑っているが、あるいは温州における密貿易の事実を反映した話なのかもしれない。宋代の海外貿易は、市舶司管理外でも、非公認の取引地を含めた多様な場で展開された。

2　明州の魅力

しかし注意しなくてはならないのは、包恢申状に見える倭船が、明州での貿易の前後に台州・温州で密貿易を行なうとされていることである。つまり密貿易のみを目的に来航する倭船は、包恢申状において想定されていない。管理貿易と密貿易両方にたずさわるケースが、むしろ一般的だったのであろう。

先に見たように、日中貿易における明州（及び杭州）の利用頻度は圧倒的である。明州・杭州に入港しない船はほとんど確認できないといってよい。この事実は、当時の海商にとって市舶司管理下での取引が、密貿易では代替困難な有利性を有するものであったことを伝えている。国家の側からすれば、たとえ点の支配に過ぎないにしても、市舶司を通じて海商のネットワークの一部を把握していたということでもあり、市舶司体制の一定の有効性を証明することにもなろう。

もちろん明州における密貿易や市舶司官吏との結託による不正取引の存在等も考慮すべきである［榎本渉 二〇〇六年a］が、わざわざ規制の多い市舶司の管理港に入港する理由は、考える必要があろう。近年山内晋次氏は、ポランニーの交易港論を参照し、取引における安全性の面から、王権による貿易管理に積極的評価を与えている［山内晋次 二〇〇三年 第二部第三章：二一九—二二頁（初出 一九九六年）］。非常に重要な指摘であるが、宋における管理貿易と密貿易の共存を説明するには充分ではない。

宋代の市舶司貿易は、まず商品の一部を徴収し（抽解）、さらに禁榷品（専売対象品）やその他の商品の何割かを買い上げ（博買）、その後で私貿易（民間との開市貿易）を認めるという流れで行なわれる。抽解はもちろん、博買も「凡官市価微」というように、しばしば低価で買い叩かれ、海商にとって不利とされることが多い。[40] 貿易品目の制限（禁榷品の独占的買上、違禁物の帯出禁止等）も、海商に忌避された。税率・買上率が高すぎたり規制が強すぎたりしたため、商船の往来規模が変動したことは、多くの史料が語るところである。[41] 特に貿易収入への期待が高まった南宋期においてはそうであった。

しかしそれにもかかわらず、市舶司貿易は宋元代四世紀近くの間機能し続けており、海商から完全に見捨てられることはなかった。もし市舶司貿易が海商にとって全面的に不利なものだったならば、このような事態は考えづらいだろう。たとえば元代の泉州を見たマルコ＝ポーロは、多くの税を納入しても、「それでも莫大な利益が上がるので、商人たちはすべてさらに多量の商品を携えてもう一度やって来たいと熱望する」と述べている〔愛宕松男訳注　一九七一年：一一四―一一五頁〕。商船が市舶司管理港に来航するのは、そこが徴税を受けても利益を見込むことができる場だからである。単に法的な規制があるという理由だけではない。

そもそも博買という制度自体、海商にとって全面的に不利だったのか。あるムスリムが唐末における貿易の様子を、「そして皇帝の欲しい物が買い上げられるが、最高の値段で、しかもすぐに支払いがなされるから、このことで損害を被ることはない。……皇帝が買い上げなかった場合は、この龍脳は、その値段が半分まで下がって市場に出まわる」と記している〔藤本勝次訳註　一九七六年：一九頁〕ように、国家による買上は、海商にとって民間レートより有利な場合もあった。もちろんこれが宋代を通じて常態であったと主張するつもりはない。しかし逆に、国家の買上が常に海商にとって全面的に不利であったという思い込みも排すべきであろう。たとえば一五世紀の朝鮮では、私貿易を公認されているにもかかわらず、倭人が国家による商品買取を要求している〔村井章介　一九九三年：一三一―一三五頁〕。

ただ実際には買上レートなど取引条件が悪かった場合が多かったのだろうが、それをある程度度外視しても、博買には一定の魅力があったように思われる。その一つとして想定したいのが、取引額の巨大さである。宋代の博買の代価に用いられた財源としては、地方財政からの捻出以外に、中央からの支給もあった〔石文済　一九六八年：一〇八―一〇九頁〕。元代においても同様に、市舶司・行泉府司の交易資金として規運銭が中央から送られた〔四日市康博　二〇〇六年：一四三―一四八頁〕。海商にとって市舶司は、もっとも確実に大規模な取引を期待できる相手であったといえる。

とくに古い時代においては、遠洋航海は危険性も高く、貿易も相当の利益が見込まれない限り、割に合うものではなかった。ことにジャンクは、ダウの如き縫合型船と比べ、大型化することが技術的にも比較的に容易であり、資本出資形態の発達〔斯波義信 一九六八年：一〇七—三〇頁〕とともに、一度に大量の商品を輸送することが可能となる。また航海の安全の面からも、一定量の商品を搭載しバラストとすることは、とくに遠距離貿易の場合には必要であった。朱彧『萍洲可談』巻二には、外国に赴く船は大きなものが望まれ、船中一杯に商品が積まれることが記されている。外国では貨物の多寡を問わず、一律に船物の献送が要求され、小規模な取引が不利であったためとするが、ともかく貿易が大規模化していく傾向にあったことはうかがわれる。新安沈船の例を見れば明らかなように、日中貿易も巨大なジャンク船に拠る大規模なものであった。

ここで期待されるのは、そのような大規模な取引に応じる相手である。密貿易の規模が決して小さくはないことを先に述べたが、そのすべてを購入するだけの購買力を恒常的に期待することは、この時代にはやはり困難であろう。仮に個別の商品に関する取引の条件は悪くても、大量の商品を買い取ってもらえることは、海商にとって魅力だったのではないか。同時に市舶司管理港は、内外から取引を求める人々が集う場になり、私貿易の場としても大きな魅力を持った。(42)私貿易において高価値で取引される禁権品・優良品等は、市舶司チェック前の密貿易、あるいは隠匿・贈与行為によって抽解・博買を極力回避し〔榎本渉 二〇〇六年a：六八—七四頁〕、その他のものを博買により大量に売却することが、海商側にとってもっとも有利な取引方式であったはずである。(43)以上、はなはだ常識的な結論ではあるが、海商の市舶司管理港入港を促す要因の一つとして、官民の購買力の巨大さをここで指摘しておきたい。

おわりに

本章では宋代を中心に、東シナ海交易の構造と明州市舶司の位置を見てきた。明州は中国の南北や高麗・日本とつながる港で、特に高麗・日本に関しては、南方の福建・広南との交通の中継地としての役割も果たした。唐代後半になると、東シナ海には「大洋路」と「海道舟舡路」が形成され、明州もその発着地として登場するが、日本への窓口として独占的な地位を確立するのは、一〇世紀末、市舶司設置の後だった。一二世紀後半には一時的に江陰が台頭するが、宋は両浙路の対外貿易港を明州に再収束した。日宋貿易において明州の地位は圧倒的なものだったが、密貿易も並行して行なわれた。市舶司管理港では大規模な博買や私貿易が行なわれ、商品を確実に大量売却できる場所として、密貿易では代替困難な有利性を備えていた。

以上が本章のまとめとなるが、元代になって、これがどのような展開を見せるか。明州が日本・高麗への窓口として機能したことに変わりはない。しかし宋代と異なるのは、片やモンゴルに忠誠を誓う服属国となったのに対し、片や強行に服属を拒む不臣国として位置付けられたことである。とくに後者に関しては、政治的・軍事的な事情から、貿易構造に動揺が見られるようになる。最後にエピローグとして、その過程を見ていこう〔本書第二部第一章参照〕。

明州では一四世紀に入ると、不臣国日本に備えた警備体制が整備される。これは倭船受入を前提とした環境構築を目的としたもので、ここから元朝の貿易政策の消極化を論じる通説は妥当ではない。むしろ積極的な評価を与えるべきといえるが、整備された貿易環境は、倭商からすれば管理の強化でもあり、必ずしも歓迎されるものではなかった。市舶司吏卒の不正等もあり、一三〇九・二八年に明州で倭商の暴動が起こる〔99・106〕〔本書第二部第一章二〕。この直後に温州・福州に入港する商船が現れる〔100・107〕のは、直接には暴動直後の警戒態勢下で明州に入港できなかったためと考えられる。特に〔107〕の倭船は省官の管理下に公貿易を行なっており、おそらく密貿易のみを目的としたものではない。同時に、これらの船が温州・福州への航路の知識を持っていたことも確かである。包恢申状に見える倭船と同様に、この時期の倭船の活動の場も、明州に局限されてはいなかった。

一三四三年の無文元選の入元船も見てみよう〔111〕。この船は明州へ向けて博多を出港したが、倭人を買って殺そうとする者がいるという情報を途中で聞いた船主が、処々の「浦島」で船中の僧侶を下ろした。これ以前、一三三五年以来倭船の来航は途絶えていたが、一三四二年に日本から天龍寺船が派遣され、翌年貿易が復活した〔本書第二部第一章二〕。この時日本僧一七人が密入国を謀り、捉えられ殺された者が出たという日本側の情報がある(44)。あるいは無文入元船は、天龍寺船に続いて明州に入ろうとしたが、この情報を聞き中止したのではないか。無文は「浦島」から小船で温州に入っており、この「浦島」は台州・温州沿岸の島嶼と思われる。無文入元船は明州を経由せずに南下したのであろう。あるいは明州入港前の密貿易の際に、この情報を得たのかもしれない。この翌年にも福州に入港した商船〔112〕があるが、同様の情報により明州を避けたものか。

無文入元船の例のように、この頃の倭船は明州を主要な取引地として想定していたが、それが何らかの理由で不利と判断された場合は、せめて密貿易によって可能な限りの利益を確保しようとしたと思われる。しかし日元間の相互不信と相次ぐトラブルにより、明州以外での密貿易が頻度と比重を増すにつれ、日本とこれらの港湾の関係は、次第に密接になったはずである。

一三四八年に勃発した方国珍の乱、及び一三五〇—六〇年代に拡大する元末内乱は、航路の多様化（不安定化）の傾向にさらに拍車をかける〔本書第二部第二章二—1〕。海賊勢力の活動とあいまって混乱を極めた東シナ海の海域秩序を、上からの強制力によって再建したのが明初の海禁体制であるが、その体制は混乱期以前への単純な復帰とはならなかった。一六世紀中頃まで、明州を往来するのは朝貢活動に関わる一部の海商のみとなる。

註

（1）たとえば、望海・鎮海↓定海／翁山・舟山↓昌国／臨安↓杭州／紹興↓越州／嘉興↓秀州／平江↓蘇州。本書冒頭に掲げた地図を参照されたい。

（2）『乾道四明図経』巻一、分野。

（3）『続資治通鑑長編』元祐三年三月乙丑条。

（4）蘇軾『蘇軾文集』巻三一、乞禁商旅過外国状。

（5）『宋会要輯稿』巻一六五―一〇六・一〇七。

（6）『国朝文類』巻六九、何長者伝。

（7）一〇年後に入宋した戒覚の場合〔41〕、「明州定海之岸」に到った六日後、知州から使者を派遣され、人名の申告を行ない、その翌日に吉祥院に入った〔『渡宋記』永保二年九月二二―二九日条〕。吉祥院は明州治の東南百歩の地にある〔『宝慶四明志』巻一一〕。戒覚は甬江を遡行し、明州に入ったものと思われる。

（8）〔57〕の栄西の入宋は、インドへ向かうことを目的としたもので、その許可を得るためにまず杭州に入った。

（9）姚寛『西渓叢語』巻上に拠れば、杭州湾沿岸は泥土の堆積や浙江口の奔濤のため、現地の地理についての詳細な知識がないと航海することは困難であり、明州・越州で運河に入り杭州へ到る方が確実で、かつ一般的だった。

（10）なお杭州の海港としての不便さ、海港としての利用については、木良八洲雄〔一九九五年〕参照。

（11）たとえば一〇一七年の高麗使は長江沿岸の通州から入港した〔『続資治通鑑長編』天禧元年五月丙午条〕。また一〇六九年宋麗通交復活の時、宋は入港地として高麗に、明州の他に長江沿岸の潤州も指定している〔『宝慶四明志』巻六、市舶〕。

（12）『高麗史』には広南人陳文遂・宋広南人李文通・宋広南人荘文宝等の来航記事が見え〔顕宗世家、顕宗一三年八月辛酉条・

顕宗一七年八月壬午条・顕宗二〇年八月己亥条」、日本にも大宋国広州商客莫晏誠〔藤原資房『春記』長久元年四月二七日条〕や南雄州（広南東路）人の曾聚〔成尋『参天台五臺山記』延久四年三月一五日条〕が来航している。

(13) たとえば南雄州人曾聚・福州人呉鋳・泉州人鄭慶の船は杭州から帰国している〔35〕し、泉州商人の李充は明州で公憑を得て出港している〔45〕。

(14) 呉自牧『夢粱録』巻一二、江海船艦。

(15) 蘇軾『蘇軾文集』巻三一、乞禁商旅過外国状。

(16) 趙彦衛『雲麓漫鈔』巻二。高麗が「福建市舶司常到諸国」の一つに挙げられている。なお日本はその中に見えず、高麗と比較して福建とのつながりは弱かったようである。

(17) 『唐会要』巻七八、諸使雑録上。

(18) 森克己氏は七五二年の遣唐使の往路を明越州入港とする（帰路は蘇州出港）〔森 一九七五年b 第三章：三九頁（初出 一九七一年）〕。このことは傍証となる史料がなく、おそらく『新唐書』日本伝の記事に拠ったものだろう。七五九年の遣唐使については、越州から帰国していることが確認される〔『続日本紀』天平宝字五年八月一二日条〕。明州の確実な利用例としては、七八〇年〔台北国立中央図書館蔵・北京大学図書館蔵李氏旧蔵『唐会要』巻九九、倭国〔榎本淳一 二〇〇二年・古畑徹 一九八九年〕〕と八〇四年の遣唐使〔1〕がある。

(19) たとえば〔5〕の遣唐使船は、楚州で新羅人の水手及び船を雇い北上、山東半島の登州赤山浦から新羅沿岸を通り、肥前国松浦郡生属島に到着した〔円仁『入唐求法巡礼行記』開成四年三月一七—七月二三日条・『続日本後紀』承和六年八月二〇日条・二五日条〕。また〔13〕の江長らの船は、蘇州から莱州・登州と北上、新羅沿岸を通り、対馬を経て松浦郡鹿島へというルートで日本へ到った〔『入唐求法巡礼行記』大中元年六月九日条・七月二〇日—九月一〇日条〕。

(20) 『朝鮮金石総覧』四八、広照寺真澈大師宝月乗空塔碑に、真澈が八九六年に入浙使崔藝熙の船に乗って新羅から明州に行ったことが記される。

(21) 南宋期には明州象山県治の北七里に「新羅嶴山」なる地名があり、「新羅国人嘗泊舟於此」という場所であった〔『宝慶四明志』巻二一、象山県〕。台州黄巌県治の東一里にある「新羅坊」は、「以五代時新羅国人居此、故名」〔『嘉定赤城志』巻二、坊市〕というし、台州臨海県には「新羅嶼」「新羅山」が存在した〔『輿地紀勝』巻一二、台州、景物下〕。

(22)『嘉靖江陰県志』巻二、市鎮所引、宋志。

(23)袁燮『絜斎集』巻一七、朝請大夫贈宣奉大夫趙公墓誌銘。知江陰県事趙善待は市舶務も兼ねたが、彼の知県在任は一一七八―八〇年〔『嘉靖江陰県志』巻一二、官師表〕。

(24)『呉郡志』巻五所引、許浦水軍省劄。

(25)南宋では海防政策の一環として、民間海船を輪番で海防に充てることが行なわれたが、この制度は孝宗朝（一一六二―八九年）に明州を中心に整備が進み、海賊対策としても機能した〔深澤貴行 二〇〇三年〕。銅銭流出については従来から禁止されており、この時期にも同様の法令が繰り返し出されている〔石文済 一九六八年：一二三―一二四頁・曾我部静雄 一九四九年：七五―九六頁〕。

(26)『宝慶四明志』巻六、市舶。

(27)『嘉靖江陰県志』巻二市鎮所引、宋志。なお江陰市舶務については、周振鶴〔一九八八年〕も参照。

(28)明州が選択されたのは、他港と比較して利用頻度が高かったことが最大の理由であろうが、杭州からアクセスが容易で管理が行き届きやすかったこと、沿海制置司が置かれ、杭州の外港として一定の軍事力を有し、非常事態にも対処が可能だったことなどもあるのであろう。また南宋官界において明州士人が占めた地位も注目される〔小島毅 二〇〇五年：三三五頁〕。南宋期明州の科挙合格者数は全国で三位を占めたが、彼らは相互に関係を結び、官界で有利な地位を保つために協力し合った。そのために明州人の地位は高く、一二世紀終わりの史浩（一一七八―八三年右丞相）以降、明州出身者が半世紀近く宰相の地位にあった〔岡元司 一九九六年：三八―四二頁・一九九八年b：二五四―六五頁〕。以下で述べる明州の地位の再確立の背景には、官界での大きな発言力を利用した明州人による利益誘導という側面もあった可能性がある。

(29)『宋会要輯稿』巻八六―三四、嘉定六年四月七日条。

(30)『宋会要輯稿』巻一六六―一三八、嘉定七年五月一六日条。

（31）文珦『潜山集』巻六、華亭県。文珦は宋末元初の人。

（32）杭州の事例が一例ある〔73〕が、それ以外は特殊な事情に依るものである。温州に入港した〔93〕は、一二八四年に日本へ赴いた元使王積翁を船員が殺害し逃亡したもの。その他については後述。

（33）『宝慶四明志』巻六、市舶。一二五〇年代の申状でも、外国との貿易の場として、明州・泉州・広州の三ヶ所のみが挙げられ、両浙路に関しては明州以外挙げられていない［包恢『敝帚藁略』巻一、禁銅銭申省状］。

（34）『資治通鑑』開平三年九月条に元人胡三省が付けた註に、「今自二福州洋一過二温州洋一取二台州洋一過二天門山一入二明州象山洋一過二涔江一掠二冽港一直二東北一度二大洋一抵二登・莱岸一風濤至険、故没溺者衆」とある。日野開三郎氏が言うように、象山は台州に隣接する明州南部の県、天門山は同県に属する島名である［日野 一九八四年b 第一部：二二六頁］。日野氏は不明としているが、涔江・冽港は現在の岑港（舟山本島西岸）・瀝港（金塘島西北。『乾道四明図経』巻七にある「冽港」）に違いない。ともに昌国県の一部である。福州―温州―台州―明州象山県―昌国県―山東というルートが、元代には存在したことが分かる。一二〇六年序の趙彦衛『雲麓漫鈔』巻二も、昌国県中の補陀山について、東方は遼東・日本・高麗、南方は福建へ入ると記している。

（35）『朝野群載』巻二〇、崇寧四年六月付両浙路市舶司公憑・『続資治通鑑長編』元祐五年一一月己丑条・『宋会要輯稿』巻一六五―五七、政和二年六月二三日条。

（36）『大元聖政国朝典章』巻二二所引、市舶則法第八条。他に七条・一七条。及び朱彧『萍洲可談』巻二・『朝野群載』巻二〇、崇寧四年六月付両浙路市舶司公憑等も参照。

（37）蘇軾『蘇軾文集』巻三一、乞禁商旅過外国状。

（38）高麗の遼への臣属関係から、宋海商の高麗渡航は許可・禁止を繰り返したが、渡航許可期の一二年間（一〇七九―九〇年）における『高麗史』世家の宋人来航記事を、それ以前の禁止期一二年間（一〇六七―七八年）と比較すると、それぞれ一〇件と一一件（政府・地方官の使者は除く）で、ほとんど変化はない［榎本渉 二〇〇六年a：六九頁］。ただし高麗渡航再禁止期の一〇九〇―九四年は、例外的に渡航規制が有効だったことが指摘されている［近藤一成 二〇〇一年：一〇頁・原美

和子 二〇〇六年：一三六―三八頁〕。一〇七一年に宋麗間の外交関係が復活し、高麗に対して宋の禁令への協力を求めることが可能になったことが影響しているのであろう。

(39) 包恢『敝帚藁略』巻一、禁銅銭申省状。同史料の表題には、「広東運使」と割註があり、包恢が広東転運使に務めた時のものであることが知られるが、年代は明記されない。『宋史』巻四二一、包恢伝に拠れば、包恢は広東転運判官、権経略使を経て、侍右郎官、大理少卿、浙西提点刑獄使を歴任した。一二五〇年広東転運副使〔『雍正広東通志』巻二六〕、一二五四年浙西提点刑獄使〔『宋史全文』宝祐二年六月甲戌条〕に任命されたことが確認でき、この間に広東転運判官を務めたことが知られる。『広東通志』が転運副使とするのは、判官の誤であろう。

(40) 朱彧『萍洲可談』巻二。

(41) たとえば朱彧『萍洲可談』巻二は、広南・福建・両浙三路の市舶司について、「官吏或侵漁、則商人就易レ処、故三方亦迭二盛衰一」と記し、市舶司官吏の不法行為があれば、海商は別の市舶司に赴いたことを記す。具体的な例として、『宝慶四明志』巻六、市舶所引、宝慶二年付尚書省箚に拠れば、一二二六年以前、抽解・博買の率が高く海商が明州に来航しなくなったので、明州は博買停止を行なったというし、劉克荘『後村先生大全集』巻一六六、西山真文忠公に拠れば、一二一七年、真徳秀が泉州に赴任した頃、商人は過重な課税を恐れ、官吏の和買に苦しみ、来航する者が激減していたが、これを緩めたことでまた来航が盛んになったという。また一三世紀初めの泉州・広州では、代価支払いの滞りのために、蕃船が博買を忌避し漂流を名目に他港へ入港するケースが問題になっていた。少なくとも政府の認識では、代価が支払われれば蕃船は泉州・広州に入港していたはずであった〔『宋会要輯稿』巻八六―三三、開禧元年八月九日条〕。その他、高率の博買が忌避された例として、『宋会要輯稿』巻八六―二七、隆興二年八月一三日条・巻八六―三三、開禧三年正月七日条等。

(42) 南宋の陸游は、明州・杭州来航の倭船から、安価で良い棺材を購入できるとする〔『放翁家訓』〕。倭船から棺材を入手する場としては、明州・杭州が想定されている。朝鮮王朝が三浦に設定した倭人居留区のように〔村井章介 一九九三年：一一九―一二二頁〕、公認貿易港は外国商品を求める人々の群がる場となった。

(43) たとえば、『開慶四明続志』巻八所引、呉潜奏状に拠れば、一三世紀中頃明州に来航した倭商は、船中に隠匿し抽解・博買を免れた倭金を、牙商を通じて売却していた〔榎本渉 二〇〇六年a：七八―七九頁〕。

(44) 一笑禅慶『愚中周及年譜抄』直下明州条。

第二章　宋代の「日本商人」の再検討

はじめに

日宋貿易に関して長い間通説の地位を占めてきたのは、『日宋貿易の研究』〔森克己　一九七五年ａ（初出　一九四八年）〕を初めとする森克己氏の諸研究〔森　一九七五年ｂｃｄ〕である。その内容を簡潔にまとめた「日本商船の宋・高麗への進出の端緒」〔森　一九七五年ｃ第一章〕では、平安時代における貿易システムの変化を、以下のように説く。

①（ａ）九世紀中葉より日本に来航するようになった唐の海商に対し、日本の朝廷は、大宰府鴻臚館で接待・貿易を行なった。

（ｂ）一〇世紀初めの延喜の頃になると、朝廷は年紀制を設けて海商の来航に制限を加え、また一般日本人の海外渡航を禁止し（渡海制）、個人が海外との関係を持つことにも禁制を設けるようになった。

森氏は、王朝国家による以上の一連の対外政策を「消極的」とし、宋海商の来航を待つ形で行なわれるこの時期の貿易に対し、「受動的」という評価を与えている。

②（ａ）しかし宋海商は、大宰府監督下での貿易を不利とし、大宰府の立ち入ることのできない不入の特権を持つ荘園で密貿易を行なうようになった。

（b）その結果、「貿易の利潤の莫大なことに味を占めた荘園領主や博多の商人たちは、宋商人の活躍に批判的な眼を向け、宋商船の来航を待って行う従来の受動的な貿易では満足し得なくなり、自ら貿易船を建造して海外へ進出し、積極的な貿易を行なうという意欲を持つようになった」〔一三―一四頁〕。

③（a）こうして出現した「日本商人」は、航海技術の制限のため、まず高麗へ進出した。高麗の史料では「日本商人」は一〇七三年以降見えるようになる。

（b）やがて航海の経験を積んだ「日本商人」は、日本・宋の双方が積極的貿易方針を採ったこともあり、政情が不安定になった高麗を去って宋へ渡航するようになる。宋側史料では、一一七五年以降「日本商人」の活動が見られる。

宋海商の来航を待つだけだった従来の貿易に対し、森氏はこれ以降の貿易を、日本人が主体となって行なわれたことを以って、「積極的」「能動的」と評価する。

森氏の説くこのような日宋貿易像が、近年再検討されている。特に意欲的な研究を行なっているのは山内晋次氏である。山内氏は、②（a）の荘園内密貿易の存在自体を否定し、少なくとも一二世紀前半までは大宰府の貿易管理は機能していたということを論証した〔山内 二〇〇三年 第二部第一章（初出 一九八九年）〕。これは、荘園内密貿易説を前提とする②（b）や③についても問題点を提起するものであったといえる。

②（b）については、佐伯弘次氏の批判がある。「日宋貿易を主として担ったのは、来航した宋商や博多綱首（博多船頭）といわれる博多居住の宋商であった。宋商は一一世紀後半から一二世紀前半にかけて「唐房（坊）」（後世には大唐街と称される）という中国人街を博多に形成する。一二世紀後半に日宋貿易は、宋人主体の受動的貿易から日本人主体の能動的貿易に変化するとされるが、博多綱首はこれ以後も文献上多く見えるため、この変化の図式は再検討す

る必要がある」というものである〔佐伯 一九九四年：二八七頁〕。

別掲の表2を見て、佐伯氏のこの指摘を史料上で確かめよう（なお以下では、表2に挙げた事例をそれぞれ〔No.〕で示す）。この表は、「日本商人」出現後の時期に、(1)日本において対宋貿易に関わった（あるいはその可能性のある）綱首層の人物を対象に作成したものである。(2)これを見ると、ほとんどが明らかに中国系の名を持っていることが分かる。「宋人」などと呼ばれている者もいる。

ただし、確認しておく必要のある人物も数例いる。一人は、〔2〕の妙典（如白本『平家物語』では妙善）である。彼は、『平家物語』の中で「船頭」と呼ばれており、平重盛によって鎮西（延慶本では博多）から召され、宋の育王山に金を施納することを依頼された人物とされている。

彼は『源平盛衰記』で「唐人」と記されており、日本人とは意識されていない。だが、これと矛盾する史料が存在する。『大宰府考』所引『宗像記』の、「宗肩の氏国の家の子許斐《このみ》忠太妙典入道は、入宋七度、渡天二度、海雲記という舟路自由の書を著す。又斐氏軍略あり。船軍煆煉者也。宗肩舟入宋の公役幷商船等、皆忠太がはからひ也」という一節である〔木宮泰彦 一九五五年：三三二頁〕。許斐氏は宗像大宮司の一族である。この書の内容をそのまま信じれば、妙典は宗像氏の一族であって、その名は中国系のものではなく、単なる法名であったということになる。『太宰管内志』(3)や、『許斐氏家系』(4)等、他の近世史料でも、同様の説が採られている。

しかしながら、以上の説が後世の付会であることは、すでに正木喜三郎氏によって論証済みである〔正木 二〇〇四年 第二編第九章（初出 一九九四年）：四二三―二六頁〕。『平家物語』の金渡説話と結び付いた伝承は各地に存在し〔森克己 一九七五年d 第九章：一八〇―八一頁（初出 一九五〇年）・正木喜三郎 二〇〇四年 第二編第六章：三三〇―三四頁（初出 一九八七年）〕、近世の宗像社の伝承もそれらの一つと考えるべきであろう。一方で、妙典を「唐人」とする『源平盛衰記』の説も、説話という性格上、その信憑性については慎重になるべきである。そもそも、妙典という人物が実在したかすら怪しい。[5] 本章では、考察の対象としてはひとまず除外して考えておきたい。

表2中で確認しておくべきもう一人の人物は〔9〕の庄次郎で、律僧俊芿は、彼の船に乗って入宋した。この「庄次郎」という名乗りは、日本系として通用するものである。しかし、また中国系の名としても通用し得ることも、指摘しておきたい。

「庄」(=荘)は一般的な中国系の姓であり、荘厳・荘権[6]・庄栄[7]・荘大椿[8]のように、日本に来航した庄姓の宋人は、他にも知られる。また「次郎」は「二郎」に通じ、「数詞+郎」という構成の、宋人に一般的な輩行による呼称と考えることができる。[9] 一二—一三世紀に限っても、在日宋人が多くこうした呼称を以って呼ばれていたことは確認できる。「数詞+郎」の例としては、謝太郎国明〔13・01〕・呉三郎[10]・盧四郎[11]があり、他にも「数詞+綱」(楊三綱〔3〕・張四綱〔14〕・鄭三綱[12])や「数詞+太」(陳七太〔7〕)の例が知られる。蘇張六〔10〕・宋了一[13]も、輩行による呼称であろう。[14] こうして見ると、「庄次郎」という名は、庄姓で「次郎」の輩行を持つ中国系の名であると考えることに障害はない。他に明らかに日本系の名が存在しないことを考えれば、中国系の名と考えるのが、むしろ自然であろう。少なくとも、「庄次郎」=日本人と断定することはできない。

以上の考察に従い、妙典を除外して考え、また庄次郎が中国系の名であると考えると、史料上で知られる限りでは、日宋貿易に関わった(あるいはその可能性のある)綱首層の人物には、日本系といえる人物は存在しないことになる。[15]

もっとも遣唐使が唐名を名乗った〔河内春人 二〇〇五年〕ように、日本人の船頭が中国系の名を名乗っていた可能性も、考えておく必要があるかもしれない。しかし表2に収めた史料に、直接貿易と関係しないもの(日本における土地相論など)も多く含まれていること(〔1〕・〔8・2〕・〔11〕・〔12〕・〔13・01〕・〔13・02〕・〔13・10〕—〔13・12〕・〔15〕・

呼　称　等	内　　容
船頭・宋人	源直，平戸蘇船頭の後家を相具す．
船頭・唐人	平重盛，筑紫より妙典を呼び，金を与え育王山に施納させる．『平家物語』諸本は安元（1175–77年）とするが，延慶本が1179/4の重盛施入状を載せることに拠り，1179年としておく．
	栄西，慶元で楊三綱の船に乗り帰国．
本経主綱首 墨檀越綱首・墨助成尊霊綱首	張成・李栄，宗像神社蔵一切経書写の助成を行なう．
宋人・宗朝商人・船頭・綱首 宋人・宗朝商人・船頭	宋人楊栄・陳七太等，宋朝で狼藉を致す．
鎮西博多津の前通事・船頭	重源，一切経奉請の志を李宇に語る．李宇，宋に使を出す．
	李宇，東大寺供養の賞として，筑前国内に捧田五町を与えられる．
	俊芿，庄次郎の商舶に附して博多津を出港し入宋．
	俊芿，慶元で蘇張六の船に乗り帰国．
綱首	神崎庄留守・綱首秀安等の身を召上げ罪科を行なうべき由を，筥崎宮が石清水へ解し申す．
神人通事船頭 太山寺神人船頭 山門末寺鎮西大山寺神人 鎮西大山の神人・船頭 大山寄人博多船頭 天台末寺大山寺神人船頭	延暦寺末寺大山寺の神人張光安，筥崎宮留主行遍・同子息光助らに殺される．
（筥崎）八幡神人	九条道家，「件の殺さるる所の者（張光安），又た八幡神人為りと云々」と定申す．
通事船頭	張光安死所の博多管内幷びに所領等を先例に任せ庄領となすべき由を，神崎庄官が奏問する．
綱首	謝国明，円爾を櫛田の私宅に居せしめ，日夜衛護する．
	謝国明，博多東偏に承天寺を創建．円爾を請じて第一世とする．
	円爾，径山の火災を知り，謝国明に勧めて千板を贈らしむ．
	円爾，無準への書簡中で，謝国明が結縁を為し，欏木大板一百片を送ることを述べる．
綱使謝丈大檀越	無準，円爾への書簡中で，謝国明への感謝の意を述べる．
綱使	徳敷，円爾への書簡中で，自らの材木代価支払いの意志を謝国明らに伝える様に望む．

表2　日宋貿易にたずさわった商人（1160-1276年）

No.	時　期	主な所見史料	人　名
1	1152-83	『青方文書』12，安貞2/3/13関東下知状案	蘇
2	1179	延慶本『平家物語』2本，小松殿大国にて善を修し給事 覚一本『平家物語』3，金渡 『源平盛衰記』11，育王山送金	妙典（妙善）
3	1191	『元亨釈書』2，栄西伝	楊三綱
4	1187-1211	興聖寺蔵『色定法師一筆書写一切経』奥書 ［『大日本史料』5-15：252頁］	張成
5	1188-95		李栄
6	1191	『玉葉』建久2/2/15・19・6/12	楊栄
7	1191	『玉葉』建久2/2/15・19	陳七太
8. 1	1194-96	『日吉山王利生記』7・『山王絵詞』12	李宇
8. 2	1195	『東大寺続要録』供養篇末	李宇
9	1199	『泉涌寺不可棄法師伝』正治1/4/18	庄次郎
10	1211	『泉涌寺不可棄法師伝』嘉定4/4	蘇張六
11	1218	『石清水文書』丙納文書目六，第八［『鎌倉遺文』4430］	（張？）秀安
12. 1	1218	『華頂要略』122，天台座主記3，承円，建保6/8 ［『大宰府・太宰府天満宮史料』7：345頁］ 『天台座主記』承円，建保6/9/21 『延暦寺護国縁起』日吉神輿入洛代々祟重勘文7 『山王絵詞』13 『宮事縁事抄』筥崎造営事所引建保6/9/16後鳥羽院宣 『仁和寺日次記』建保6/9/21 『吾妻鏡』建保6/9/29	張（長）光安
12. 2	1218	『石清水文書』公卿僉議聞書［『鎌倉遺文』2404］	（張光安）
12. 3	1218	『石清水文書』丙納文書目六，第八［『鎌倉遺文』4430］	（張）光安
13.01	1233	『聖一国師年譜』天福1	謝太郎国明
13.02	1242	『聖一国師年譜』仁治3・『元亨釈書』7，弁円伝	謝国明
13.03	1242	『聖一国師年譜』仁治3	謝国明
13.04	1243	『栗棘庵文書』寛元1/9円爾尺牘案	謝国明
13.05	1245	『禅林墨蹟』上12，東京国立博物館蔵無準師範尺牘	謝（国明）
13.06	1245	『禅林墨蹟拾遺』中国篇46，東京国立博物館蔵徳敷尺牘	謝（国明）

呼称等	内容
綱使	無準，円爾への書簡中で，謝国明・九条道家の書簡到来に触れる．
	承天寺が火災に遭い，円爾筑前へ赴く．謝国明喜ぶ．
日本綱使大檀越	無準，謝国明に材木寄進の感謝を述べ，形見に「宣城虎図」を贈る．
綱首	謝国明，宗像社領小呂島の地頭と号し，社役を対捍する．
船頭	三原種延，謝国明の遺領のことで後家尼と相論．
檀越	謝国明，筥崎宮領の野間・高宮・原村（平原？［伊藤幸司 2002年a 第2部第2章: 183頁（初出 1998年)]）を承天寺に寄進．
綱首？	諸綱首，円爾を来迎院に迎える．ある者は普説を求め，張四綱は自賛を求める．張四綱は「諸綱首」の一人か．
博多綱首・御分通事	張興・張英，堅糟西崎の所役として，筥崎大神殿の四面玉垣を造進す．
綱首・鳥飼二郎船頭	（同上）
法眼・舩頭	無本覚心，智定法眼の船に乗り帰朝．
都綱使	張都綱使，日本で無象静照と別れ数年の後，宋に赴き無象と再会する．

〔16〕）を考慮に入れれば、そのように考えねばならない必然性はない。素直に中国系の人物と考えてよいであろう。

煩雑になったが、少なくとも史料上から判断する限りでは、日宋貿易に関わった博多綱首は、民族的には中国系の出自を持つ人物（あるいはその混血）であったと考えられる。[16]

森氏は、こうした事実と自説との間の矛盾―宋で「日本商人」が出現した後も、日本では依然として中国系の人々が貿易の中心にいるという矛盾―を説明していない。佐伯氏の言う通り、この説は再検討する必要がある。

この問題について佐伯弘次氏は、「日宋貿易を主として担ったのは博多綱首などの日本に居留した宋商たちであった」とする一方で、妙典を「日本商人」の例として挙げ、「日本商人」が宋海商と競合関係にあったこと、「日本商人」の出現が宋海商を圧迫するものであったことを述べている［佐伯 一九八八年：一一一頁］。「日本商人」が出現してからも貿易の中心は依然として宋海商であったとする点では、森説に対し異議を唱えているが、宋側の史料に見える「日本商人」を民族的な意味での日本人として、宋海商と対抗

No.	時　期	主 な 所 見 史 料	人　　名
13.07	1245-49	『墨蹟之写』慶長 16，無準師範尺牘	謝(国明)
13.08	1248	『聖一国師年譜』宝治 2・『元亨釈書』7 弁円伝	謝国明
13.09	1249	『続禅林墨蹟』19，服部玄三氏蔵無準師範尺牘	(謝国明)
13.10	1252	毛利家蔵『筆陣』建長 4/7/12 関東御教書［『鎌倉遺文』7458］	謝国明
13.11	1253	『宗像大社文書』八巻文書 31，建長 5/5/3 六波羅書下	謝国明
13.12		『承天寺旧蔵文書』永正 12/9 省柏和尚承天寺掟案［広渡正利編 1977 年 : 57 頁］	謝国明
14	1241	『聖一国師年譜』仁治 2/8/15・『聖一国師語録』補遺，張四綱請	張四綱
15	1253-	『石清水文書』筥崎宮造営材木目録［『筥崎宮史料』549］	張興
16	1253-		張英
17	1254	『法灯円明国師之縁起』	智定
18	1259	『無象和尚語録』下，示張都綱使	張

的に捉える点では、森説を受け継いでいるのである。しかし日本人海商の事例として妙典を挙げるのは適当と思われないし、それが宋海商と競合関係にあったとするのも、特に根拠があってのことではない。

佐伯氏の指摘は、森説の結論に対して疑問を提示しただけで終わってしまった。しかし、真に指摘すべきは、その結論を導いた方法論上の問題点であった。森氏は、高麗・宋の史料に出現する「日本商人」を、日本人が自ら海外に渡航するようになったものとする。だが、森氏がその論証の際に掲げた「日本商人」関連記事の一覧表［森 一九七五年a：二二四―二二五頁（初出 一九四八年）］を見ても、民族的な意味での日本人（あるいはその船）と明らかに認められる例は見えない[17]。「日本商人」＝日本人の海商という等式が正しいかどうかは、それ自体が検討の対象にされるべき問題であるが、森氏は疑うことをしなかった。

本章は、森氏が触れなかった「日本商人」の意味を考察することで、この時期の日宋貿易像の再検討を行なうことを目的とする。具体的には、まず第一節で日本における博多綱首の活動を、第二節で海商一般に関する宋の扱いを見ることにする。そして第三節で、一・二節の結論をもとに、「日本商人」の意味を確定することにしたい。

一　日宋貿易の形態

1　博多綱首の立場

日宋貿易に従事した綱首層の人物（博多綱首）は、中国系であった。彼らはどのような形で貿易に従事したのであろうか。

当時の貿易船派遣に関して、もっとも詳しい様子が分かるのは、円爾の径山への材木寄進の事例である。径山とは宋の禅院五山第一位の臨安万寿禅寺のことであり、当時の住持は円爾の師である無準師範であった〔川添昭二一九八七年：一四五―五六頁・広渡正利編一九七七年：三八一―九二頁〕。円爾は無準からの書簡で径山の火災を知った[18]。円爾の伝記『聖一国師年譜』仁治三年（一二四二）条〔13・03〕に拠ると、謝国明は円爾の勧めによって、径山復興のために千枚の材木を贈ったという。この時円爾が無準に送った書簡〔13・04〕は、一二四三年九月に作成されたもので、出港はこれ以降である。またこの船が宋に到着したのは、某年五月である〔13・06〕。一二四四年のことであろう[19]。

『年譜』では、謝国明が材木を径山へ寄贈したかのように書かれているが、径山の徳敷からの書簡〔13・06〕には、「参万緡、此蓋不ㇾ可ㇾ免」とあり、材木を受取ったことに対して、径山が代価として銭三万緡（三万貫）を支払うことは当然視されている。そして、即座に支払いができないことが分かると、円爾の使者である能兄らは合同文約を作成し[20]、翌年の夏に代価を支払うことを徳敷に約束させ、徳敷もその約束を違えないことを誓っている。謝国明は、決して材木を無償で与えたわけではなく、貿易の一環として船を発遣していたのである[21]。ここで注目したいことは、謝国明が貿易船の派遣に際して円爾の要請を受けている点である。径山の側でも、この船の派遣主体は円爾と考えていたようである。無準の書簡〔13・05〕中で、材木の寄進が謝国明によってなされたにもかかわらず、謝礼が円爾に対して行なわれているのは、そのことを示している[22]。

〔13・05〕―〔13・07〕・〔13・09〕に拠ると、謝国明は径山で「綱使」と呼ばれているが、これは見逃すべきではない。「使」とあるのは、円爾の使者・代理人としてのニュアンスが含まれているのではないか[23]。宋において謝国明と同様の扱いを受けた博多綱首の例として、張都綱使がいる〔18〕。「張」が姓で「都綱使」が称号であろう。「都綱使」は「綱使」のリーダーであろうか。無象静照は、日本にいた頃から彼と知り合いであったが、一二五二年の入宋以来数年を経、一二五九年に宋で再会した。「張都綱使」は、この時に無象が与えた法語中での呼称である。おそらく張都綱使も、日本で依頼を受けて貿易船を仕立て、宋に来航したものであろう。また一三一〇年代、清渓通徹が入元のために海船に乗った時、「綱状」がこれを貴び、「船子」は喜んだというが、この「綱状」を「綱使」の誤記と考える説がある〔村井章介 二〇〇三年：二三四頁〕。詳細は不明だが、在宋中の道元から偈を与えられた南綱使という人物もいる[24]。偈を与えられたのは、道元が天童山に戻ってから帰朝するまでの間（一二二六―二七年）である。道元が彼と接触したのは、あるいはその船で日本に帰朝することになっていたからかもしれない。だとすれば、彼もまた日宋間を往来し、宋で「綱使」と呼ばれた博多綱首の一人であった可能性がある。

博多綱首の多くは、日本の寺社・権門等に帰属し、これをパトロンとしたことが確認できる〔川添昭二 一九八八年a・佐伯弘次 一九八八年・林文理 一九九八年 等〕。当時の貿易船派遣は、綱首個人で行なわれたわけではなく、背後にこうした寺社・権門が控えることが一般的だった。博多綱首が「綱使」「都綱使」と呼ばれたのも、宋側からすれば、彼らが日本の寺社・権門の使者・代理人だったからにほかならない。つまり形の上では、貿易船の派遣主は日本の寺社・権門であり、博多綱首はその請負人であった[25]。

貿易活動における博多綱首と寺社・権門の関係は、李宇という人物によっても確認できる。彼は東大寺の重源の依頼で、一一九六年に明州へ貿易船を派遣し、一切経を得て日吉社に奉納した。日吉山王十禅師が、東大寺職官坊得業の娘に取り憑き、一切経の奉納を求めたためであったという〔8・1〕[26]。李宇の貿易船派遣の背後には、東大寺が存在したようである。李宇と東大寺との関係は、一一九五年に東大寺供養の賞として、李宇に筑前の捧田五町が与えられたこと〔8・2〕からもうかがえる。謝国明が宋において円爾の「綱使」として扱われたように、彼も東大寺（重源）の「綱使」として扱われた可能性は高い[27]。

宋の寺院への材木寄進の事例としては、円爾の例の他に、重源（阿育王山へ）・栄西（天童山へ）の例が有名である[28]。重源の陳和卿〔岡崎譲治　一九五八年〕・李宇との関係、栄西の李徳昭・張国安との関係[29]や聖福寺創建の事情〔川添昭二　一九八八年a〕から分かるように、両者の博多綱首との関係は深かった。その材木寄進も、こうした関係を通じて実現したものと考えられる。

2　貿易における出資者

一二五八年頃、沿海制置司使呉潜が慶元（明州）から送った奏状には、「倭商毎歳大項博易。（中略）蓋其所レ販倭板・硫黄之属、多其国王・貴臣之物。独此（＝金）乃倭商自己之物」とあり[30]、「倭商」がもたらす商品には、彼ら個人の物の他に、「国王・貴臣」の物も含まれていた。「国王・貴臣」とは、「倭商」のパトロンたる寺社・権門のことであろう。実際に倭板・硫黄が国王・貴臣、金が倭商という区別があったかはともかくとして、国王・貴臣が貿易船の派遣に当たり出資を行なっていたことは認めて良いだろう。そしてその代価として、商船帰国後に唐物の入手を実現したものと思われる。

すでに見た円爾の材木寄進に関して、徳敷から円爾への書簡〔13・06〕で、径山に送られた材木の代価支払いのことが述べられている。これは、円爾が材木の件に関して何らかの利害関係があったからにほかならない。関係がなければ、わざわざ書く必要もないであろう。一二四二年、西園寺公経の「沙汰」した唐船が帰朝した。[31] 彼がパトロンとなって派遣された船であろう。その結果、「銭貨十万貫」「種々珍宝」がもたらされたという。これは公経の取り分（少なくともそれを含むもの）であったと思われる。この内の「種々珍宝」は、公経が贈った「三間四面屋一宇」を宋の皇帝が賞玩し、その代価として送ってきたものであったという。あくまでも伝聞記事である点で、割り引いて考えねばならず、特に皇帝が公経の贈り物に対して返礼を行なったというのは、はなはだ疑わしい。だが少なくとも、公経が材木などの出資を行ない（この出資は、「沙汰」の一部であろう）、それに対する代価として「珍宝」を受取ったことについては、認めてよいだろう。

その他、李宇が重源の依頼で一切経を将来し、日吉社に奉納したという説話については、すでに触れた。平重盛が船頭妙典を召し、自らの菩提のために育王山に金を施納することを依頼したという説話〔2〕もある。これらは必ずしも貿易資本の出資という関係を読み取ることはできないが、貿易船派遣によって寺社・権門がなんらかの利益（宗教的なものも含めて）を得た事例である。「宋人」が筥崎宮に一切経を献じたことも、[32] 同様の事例かもしれない。

出資者は、必ずしも貿易船の派遣主に限るわけではなかった。夢窓疎石『夢窓国師語録』巻下之二、夢窓国師年譜に拠ると、一三二九年、財貨を渡元船に託し数倍の利益を上げようとした信士がいたとあり、一般からの資本募集も行なわれたものと思われる。一二九八年に漂流した藤太郎入道の唐船積載の「関東方々御物」も、幕府関係者が民間貿易船に委託したものとされる〔瀬野精一郎 一九七五年・村井章介 二〇〇三年：二二九―二三二頁〕。

博多綱首は、このようにして集めた資本をもとに貿易を行ない、その利益を出資者に分配した。一三世紀において、その具体的な経営方法を知る材料はないが、少し後の天龍寺船派遣は参考になる。この時足利直義は、綱司（綱首に当たる）至本に、「商賈之好悪」にかかわらず、帰国後に現銭五〇〇〇貫文を納めることを約束させた[33]。つまり、それ以外に関しては特に問われることなく、事実上至本らの得分になるのである。出資者に対して一定の請料支払を約束するという方式は、日宋貿易においても大きく変わることはないだろう。

以上のことを、有名な新安沈船の荷札木簡で確認してみよう。その中には、「東福寺公用」「東福寺公物」「綱司私」等の木簡が、まとまって確認され、この船にとって、東福寺が「公」、綱司が「私」たる存在であったことが分かる。この綱司は、東福寺（あるいはその末寺承天寺や、その塔頭釣寂庵）の貿易事業を請け負い、その使者として元へ向ったのであろう。開山円爾以来の東福寺―承天寺と博多綱首の関係は、この背景として考えられてよい〔川添昭二 一九九三年：二一七―二二〇頁〕。

荷札木簡は、それぞれの船荷の権利者を表示したものと思われる。「東福寺公用」木簡や、「綱司私」木簡の存在は、東福寺・綱司がそれぞれ権利者であったことを示している。天龍寺船の例で言えば、至本が納めるべき銭五〇〇〇貫文が「公用」に当たるものといえよう。またこれ以外にも多くの寺社名・人名を伴う木簡が存在し、東福寺・綱司以外にも権利者がいたことが確認できる。具体的には、一般の出資者、綱司以下の下級船員等に当たるものであろう[34]。

3　便乗者と運賃

博多綱首の収入源としては、貿易の請負の他に、運賃の徴収もあったと思われる。まず便乗者が存在したことを確認しておこう。『宇治拾遺物語』に拠ると、「たうしせうず」なる人物が真珠を手に入れ、唐人の船に乗って渡唐しこれを売却したという[35]。この時期の多くの入宋僧の存在からも[36]、船夫以外の人々が便乗していたことは、容易に納得されよう。

南宋の周煇『清波雑志』に、倭人の泰州漂着のことが記されているが、彼らの中には訳者の明州人のほかに、宋人とは意志の疎通ができない者（日本人）も多く含まれた[37]。また宋末元初のことを記した周密『癸辛雑識』には、日本からの「番船」が慶元に到着した後、倭人が娼婦と遊ぶ時の奇妙な風習を記している[38]。この「倭人」は、明らかに宋人とは別の風習を持つ者として表現されている。民族的な意味での日本人も多く便乗し入宋していたことは、間違いない。

明証はないものの、便乗者から運賃を取っていたことは、常識的に考えて認めてよいだろう[39]。少しさかのぼると、一〇七二年に成尋が入宋のために乗船する時、船員に志与物として、米五〇斛・絹一〇〇疋・掛二重・沙金四小両・上紙一〇〇帖・鉄一〇〇廷・水銀一八〇両等を与えている[40]。一〇八二年に戒覚が入宋するために乗船した時も、「傭物之儲」が無かったものの、幸いにして本意を遂げた（出港した）と言っている[41]。本来は「傭物之儲」が必要だったのであろう。一三世紀以降の例について挙げると、無本覚心は一二四九年に高野山禅定院の僧願性の資助で渡宋の本懐を遂げたというし[42]、清渓通徹は「行李之資」がないため、三年間入元を延期したという[43]。これらは運賃のことも想定したものかもしれない。また石室善玖は、弟子の古禅□斅の入元（あるいは入明）をとどめようとして、「海外数万里之域・関津渡口之所」においては梢人・篙師（どちらも船夫の一種）の激しい侵奪を受けることになるため、経済的な蓄えが無い古禅には渡航は困難であることを説いている[44]。石室は一三一八年に入元しており[45]、おそらくその頃の経験をもとにした発言であろう。商船に便乗する上で求められた経済的負担は、小さくなかったようである。

また商船への便乗は、運賃さえ支払えば認められるものでもなかったようである。中巌円月は一三一八年に入元のため博多に赴いたものの、綱司によって乗船を断られた。[46] 彼はまた一三四二年にも南海宝洲とともに入元しようとしたが、流言に遭い、官司から下された文書によって乗船を禁じられた。[47] この船は天龍寺船と思われ〔玉村竹二一九八一年：一〇三—〇四頁（初出一九五八年）〕、この措置は派遣主である幕府によるものと考えられる。商船への便乗に際しては、博多綱首との交渉とともに、派遣主との関係も重要であったようである。

4　日宋貿易の形態とその評価

以上をまとめよう。博多綱首は、日本の寺社・権門等をパトロンとして、その使者として宋へ貿易船を派遣した。貿易の資本としては、博多綱首個人の物の他に、そのパトロンたる寺社・権門や、その他一般の出資を用い、出資者に対しては、帰朝後に請料を支払った。また便乗者からの運賃徴収も行なわれたと考えられる。

ところでよく指摘されるように、博多綱首は寺社・権門から土地を与えられることがあった〔佐伯弘次一九八八年：一一〇頁等〕。彼らにとっての土地所有の意義は、一つには、土地所有に付随する農産物及び山野河海の得分の獲得である。[48] これは、貿易活動に当たっての恒常的な資本源にもなり得たであろう。また一つには、日本における拠点の確保という意味も持ったはずである。たとえば謝国明は、櫛田に私宅を持ったが、ここに円爾を匿い護衛したことがあり〔13・01〕、ある程度の自衛力を有したようである。このように寺社・権門と結ぶことは、貿易の便宜を図り、自らの安全を確保することにつながった。

林文理氏は、この時期の貿易体制を「博多における権門貿易」と名付けた。博多綱首が江南から博多に唐物をもたらし、有力寺社のもとに組織された交易集団（山僧・日吉神人・八幡神人等）が、その唐物を日本各地に輸送・販売した。こうした博多綱首と交易集団の連携・分業体制を統括・調整していたのは、両者を組織していた中央の権門勢家と博多周辺の寺社などの現地勢力であったとする〔林 一九九八年：五八五―八七頁〕。ここで林氏が指摘した、博多綱首と国内の交易集団の分業は、重要な視点であろう。博多綱首からすれば、博多にもたらした唐物を効率的にさばくためにも、こうした交易集団を組織する寺社・権門に接近することは必要であった〔榎本渉 二〇〇六年a〕。

最後に、本節で見てきた日宋貿易の形態について、東シナ海の視点から位置付けを行なっておく。海商への資本委託というコンメンダ関係に拠る貿易は、宋においても一般的なものであった〔斯波義信 一九六八年：一〇七―三二頁〕。斯波義信氏に拠ると、宋元代の貿易船の経営方式には、

〈A〉 船主・船戸が自己の所有する船舶で自運自売を行なう場合

〈a〉 船主・船戸が自ら乗船し指揮する場合

〈a′〉 使用人である綱首・梢工等の雇船長に運送販売の代理を命ずる場合

〈B〉 運搬手段を所有しない者が、船舶所有者より船舶を賃借占有する場合

〈C〉 人ぐるみで船を雇う場合

があり、またいずれの場合も、船夫が私貨を搭載することがあったという〔斯波 一九六八年：一〇九―一七頁〕。

森克己氏は、日本・高麗で活躍した南宋期の宋商について、「貿易事業家は本国におり、その募って自分の所有船に乗組ました綱首以下が来航した」とし〔森 一九七五年b 第一九章：三四二頁（初出 一九五六年）〕、亀井明徳氏も日本在住の綱首について、「宋・元の海船の経営形態からみると、こうした綱首は、自船自営の船主として来朝したのではなく、賃借、傭船あるいは少し上級でも船主に被傭された出身階層に属し、本来的には独立した海商ではないと考

えた方がよいであろう」とする［亀井　一九八六年　第二部第四章：二〇五頁］。博多綱首が日本において出資者を求め、唐物入手のルートを欲していた寺社・権門等と関係を結んだのは、宋海商が宋においてとった行動と同様のものであった。日宋貿易の形態は、東シナ海海域において一般的なものといえる。

さらに言えば、ユーラシア規模で見ても普遍的なものであった。佐藤圭四郎氏に拠れば、宋元期の貿易形態は、イスラーム圏において一般に見られた「持分資本による協業」に対応するものであり［佐藤　一九八一年　外編第四章：三五七―六二頁（初出　一九七八年）］、同様の企業形態は同時期のビザンツ・イタリア諸都市でも見られたという［佐藤　一九八一年　内編第二章：六三頁（初出　一九六九年）］。

二　宋代における海商の扱い

1　「高麗綱首」の扱い

前節では、博多綱首の派遣元である日本側の様子を見てきたが、本節では視点を変え、その受入先である宋側の対応を見てみたい。

商人に対する宋の扱いを見ると、我々が考える民族的区分との間に食い違いを見せる例が、いくつか見出される。特に顕著な例として、徐徳栄という人物が挙げられる。この人物に関しては須川英徳氏がすでに言及している［須川　一九九七年：二八頁］が、もっとも詳しく分かる一一六二―六四年の間に限り、改めてその行動を確認してみよう。

一一六二年三月、徐徳栄は明州に赴き、高麗が宋に賀使を派遣する意志があることを伝えた。このことを『宋史』

高麗伝は、

　高麗綱首徐徳栄、詣二明州一言、「本国欲レ遣二賀使一」。

（読み下し）

　高麗綱首徐徳栄、明州に詣《いた》りて言う、「本国賀使を遣わさんと欲す」と。

と記している。しかし宋廷での議論の結果、徐徳栄の上言は退けられた。徐徳栄はここで「高麗綱首」とされており、高麗の海商として扱われている(49)。

　同年六月、徐徳栄は高麗へ来ている(50)。この結果を報告するという目的もあったのであろう。この後、程なくして徐徳栄は宋へ戻ったものと思われる。翌一一六三年五月に、宋の国信を載せて高麗へ向け明州を出港しているからである(51)。高麗に到着したのは七月のことであった(52)。徐徳栄は翌年三月に高麗使趙冬曦・朴光通等を乗せ高麗を出港し(53)、翌月明州に帰港し復命した(54)。

　明州奏、「進武副尉徐徳栄船、自二高麗一入二定海県港一。称、『去年五月被レ旨、差二載国信一、往二高麗国一、今回復。有二彼国人使内殿崇班趙冬曦・左侍禁孫子高・客軍朴光通・黄碩・親随趙鳳・黄義永・従得儒・朴珪八人及国信一、在レ船。聴レ旨』」。

（読み下し）

　明州奏す、「進武副尉徐徳栄の船、高麗より定海県の港に入る。称す、『去年五月旨を被りて、差されて国信を載せ、高麗国に往き、今回復す。彼の国の人使内殿崇班趙冬曦・左侍禁孫子高・客軍朴光通・黄碩・親随趙鳳・黄義永・従得儒・朴珪八人及び国信有り、船に在り。旨を聴《ま》つ』」と。

ここで注目されるのは、徐徳栄が「進武副尉」という宋の官職を付して呼ばれ、以前のように「高麗綱首」とは呼ばれていないことである。さらに徐徳栄自身も、宋の命を受けて高麗へ行ったことを強調しており、明らかに宋側の人物として振舞っている。

このような宋側の扱いの変化や徐徳栄の態度は、何に拠るのか。「高麗綱首」の時は、宋は徐徳栄の上言を聞いてからその対応を議論し、拒否の返答を下したというところからして、宋が彼を高麗に遣わして朝貢を促したというわけではないようである。須川英徳氏が言うように、高麗の依頼で伝言を行なった者と考えるべきであろう〔須川 一九九七年：一二九頁〕。では「進武副尉」の時はどうか。この時の彼は明らかに、宋帝の命を受けてその官の資格で高麗へ向った宋の使者である。徐徳栄自ら、高麗へ向かったことを「差」（派遣）、高麗使を宋に連れてきたことを「回復」（復命）と言っていることからも、このことは首肯されよう。宋海商が官職を与えられて公使として派遣されること自体は、珍しいことではない(55)。

高麗の使者は高麗人であり、宋の使者は宋人であるという直感は、この場合必ずしも真ではない。むしろ事実としては、高麗の使者であるがゆえに高麗側の人物として扱われ、宋の使者であるがゆえに宋側の人物として扱われるのではないか。つまり高麗人だから「高麗綱首」と扱われるのではなく、高麗から遣わされた綱首だから、高麗側の人物として「高麗綱首」と扱われるのである。そう考えなければ、彼の受けたこのような扱いは説明できない。

高麗側を見ると、一貫して徐徳栄を「宋都綱」と呼んでおり、当時宋麗間を往来した宋海商の一人としての扱いである(56)。高麗側の史料では徐徳栄の出身地が記されていないが、宋側の史料で確認することができる。すなわち一一六九年、金軍が高麗と連合して攻めて来るという情報を得て、知明州沿海制置使趙伯圭は、「郡人」＝明州人徐徳栄に偵察をさせたという(57)。彼は明州を拠点に高麗と宋を往来する宋海商だった。だがそのことは、使者として彼が受けた扱いには影響しなかった。宋と他国を往来する人物の扱いは、民族的帰属ではなく、宋から見て派遣主がどこにいるのかということに依存していたのである。

2 使者の往来と宋の態度

徐徳栄の例で見たような、国籍（ここではどの国に属する者かという程度の意味合い）に関わらない使者のあり方は、決して特殊なものではなく、同様の事例は他にも挙げることができる。以下では、私が気付いた限りで宋代の事例を列挙してみよう。まずは、高麗の事例である。

（a―1） 高麗綱首卓栄

卓栄は、一一三一年に「宋都綱」として高麗に来朝し、宋が金を破ったことを伝えた人物である。これを聞いた高麗は、宋へ使者を派遣することを決定した。(58) 翌年高麗の使節は宋へ赴き、厚遇を受けている。この時明州定海県は、高麗への亡命者八〇人が帰国を願っていることを中央に報告した。この宋人亡命は、靖康の変に始まる金の華北占領に因るものであろう。これに対して宋の高宗は、彼ら亡命者たちが到来したら「高麗綱首」卓栄に恩賞を与えよという詔を出した。(59)

（紹興）二年閏四月、楷遣二其礼部員外郎崔惟清・閤門祇候沈起一、入貢二金百両・銀千両・綾羅二百疋・人参五百斤一。惟清所レ献、亦三之一。上御二後殿一引見、賜二惟清・起金帯二一、答以二温詔一、遣還。是月、定海県言、「民亡入二高麗一者約八十人、願二奉レ表還一レ国」。詔候二到日一、高麗綱首卓栄等、量二与推恩一。

（読み下し）

（紹興）二年（一一三二）閏四月、楷（王楷＝高麗仁宗）其の礼部員外郎崔惟清・閤門祇候沈起を遣わし、入りて金百両・銀千両・綾羅二百疋・人参五百斤を貢ぜしむ。惟清の献ずる所も、亦た三の一。上後殿に御して引見し、惟清・起に金帯二を賜い、答うるに温詔を以ってし、遣還す。是の月、定海県言う、「民亡びて高麗に入る者約八十人、表を奉りて国に還らんことを願う」と。詔して到る日を候ち、高麗綱首卓栄等に、推恩を量り与う。

おそらく卓栄は、高麗使を乗せ定海県へ到来し、亡命者のことを告げたのであろう。彼は高麗使を乗せて帰らなければならないから、その時に高麗で亡命者たちを乗せて、宋へ連れてくるという計画であったと考えられる。

卓栄は高麗で「宋都綱」と呼ばれた宋海商であるが、一方で『宋史』では、彼を「高麗綱首」としている。高麗使とともに高麗から遣わされたという形を取ったためであろう。徐徳栄と同様のケースと考えてよい。

（a―2）　徐祐

もう一人、徐祐という人物も見てみよう。彼が一〇九四年に「宋都綱」として高麗に来朝したことは、『高麗史』に見えるところである。(60) ところが、同書の別の個所に拠れば、彼は高麗の使者として一一〇八年に遼へ赴いている。(61) このことについて、『遼史』では特に問題としておらず、単に高麗朝貢の事実のみを記している。(62) 高麗が使者として宋海商を用いるのは、一般的なことだったのであろう。

（b）　太宰府進奉使周良史

続いて日本の事例を見てみよう。一〇二六年、周良史は「太宰府進奉使」として明州に来た。(63) 彼は日本側の史料では「大宋国汝南郡（京西北路汝州？）商客」と呼ばれている(64)一方で、台州商人周文裔を「父」と呼んでおり、疑問である〔亀井明徳　一九九五年：一一九頁〕が、ともかくも日宋間を往来する宋海商であった（ただし母は日本人）。彼の朝貢は退けられたが、それは彼が「本処章表」を持っていなかったためである。宋人であることは、太宰府進奉使であることにとって何の問題にもなっていない。

（c）　その他の事例

白石晶子氏は、ある時は三仏斉使として、ある時は大食の者として宋に来航した人物の例として、李何末（Alī Ahmad）・金花茶（金 Khwājat, Khojah）・蒲押陁黎（Abū Abd Allāh）の三人を紹介している〔白石 一九六四年：二三―二四年〕。彼らはアジア海域で活躍するイスラーム海商と思われる。(65) 同一の海商が別名義で来航した事例としては、蒲加心（Abū Qāsim）も挙げることができる。一〇〇四年大食、(66) 一〇一一年に勿巡、(67) 一〇一五年に注輦、(68) 一〇一九年に大食(69)の朝貢使として、宋に来航した。また九九五年にチャムパ使として来航した李磨勿(70)と、一〇〇八年に大食使として来航した李麻勿(71)は、ともに Alī Mahmūd の音訳であり、多少間が空くがこれも同一人物かもしれない。同一人物でも別の名義で来航すれば別の扱いを受けるというのは、宋海商に限ったことではなかった。

最後に、前後の時期における事例も、簡単に確認しておこう。八二〇年に出羽に漂着した時に「唐人」と呼ばれ、新羅の閻丈（閻長）の使として八四二年に日本に来航した時「新羅人」と呼ばれた李少貞〔藤間生大 一九六六年：一一六―一一七頁〕、九二七年に新羅使として、その二年後に高麗使として（新羅はまだ存続中）後唐に至った張芬〔日野開三郎 一九八四年a 第一部第一章：五〇頁（初出 一九六〇―六一年）〕等が、宋代以前の例として知られる。宋代以降では、元の日本招諭を妨害するために宋が日本へ派遣した日本僧滕原瓊林が、元で「宋人」と呼ばれている〔太田彌一郎 一九九五年〕。明代についても、一三九四年にアユタヤの使者として、一四〇六年・一四一二年にマジャパヒトの使者として朝鮮に来航した陳彦祥の例が知られる〔和田久徳 一九八一年：五八五―八八頁〕。また琉球三山から明への使者名には、重複する例が多く確認される。一例を挙げれば、一三九一年の中山国の使者嵬谷結致、一三九六年の中山国の使者隗谷結致、一四〇四年の山南国の使者隗谷結制は、いずれもゴエク・ウッチの音訳と考えられる〔田名眞之 一九九一年：二四〇―四五頁〕。

前近代において、使者の国籍が受入先にとって固定的な意味合いを持つものでなかったことは、これらの事例から明らかであろう。使者は派遣主と受入先の間に介在する物貨・情報の仲介者に過ぎない。受入先にとって重要なのは、どこの使者として来航したのかということであった。だからその扱いは派遣主に依って変化したのであり、使者自身の民族的帰属が特に問題にされることもなかったのである。

最後に、宋側のこうした姿勢を反映した法令を挙げよう(72)。

諸蕃蛮入貢、初至㆑州、具録㆓国号・人数・姓名・年甲及所㆑齎之物名数㆒、申㆓尚書・礼部・鴻臚寺㆒。其縁路州往来、待遇如㆑礼、並預相関報。仍各具㆓到発日時、及供張・送遺（「遣」カ）・館接之礼㆒、申㆓本寺㆒。初入貢者、仍詢㆘問其国遠近・大小・強弱、与㆓已入貢何国㆒為㆖比、奏。

（読み下し）

諸蕃蛮入貢し、初めて州に至れば、具さに国号・人数・姓名・年甲及び齎す所の物の名数を録し、尚書・礼部・鴻臚寺に申せ。其の縁路の州の往来は、待遇礼の如くし、並びに預め相関報せよ。仍お各の到発の日時、及び供張・送遺・館接の礼を具して、本寺に申せ。初めて入貢すれば、仍お其の国の遠近・大小・強弱、已に入貢せる何れの国と比を為すかを詢問し、奏せ。

初めて外国が朝貢に来た場合に調べる事項として、国号・使者の人数・姓名・年甲・持ってきた物の名・数や、その国の遠近・大小・強弱が他の朝貢国のどの国に匹敵するかについての情報が挙げられている。使者自身に関しては、人数・姓名・年甲などは調査対象とされているが、国籍は問題にされていない。これは今までの考察の結果を裏付けるものといえるだろう。

三　「日本商人」の意味と位置付け

1　「日本商人」の意味

以上見てきたところによると、①博多綱首は、日本の寺社・権門等をパトロンに、その使者として宋に貿易船を出し貿易を行なった（第一節）。②外国から宋に来航した使者は、派遣国側の人物として扱われた（第二節）。両者を総合すれば、次のような推論が導き出されよう。（a）博多綱首は日本の寺社・権門の使者として日宋貿易にたずさわった。（b）したがって、宋はこれを日本の船として、その使者である綱首を「日本商人」と呼んだ。

もっともこの推論に対しては、以下のような疑問も出るかもしれない。第二節で考察したのは朝貢使の事例であり、国家使節として来たわけではない一般の商人に対しても、同様の原則が適用されたのかという疑問である。

これについては、表2中の二つの事例に言及して、答えとしたい。まずは謝国明である。第一節で見たように、彼は円爾の代理人として宋で「綱使」と呼ばれたが、一二四九年に宋の無準師範が送った書簡〔13・09〕では「日本綱使」と呼ばれており、日本側の商人として扱われている。宋人であっても日本側の商人として扱われることがあったことは、この例で明らかである。ただし謝国明自身はこの頃渡海しなかったようだから[73]、最適の事例とはいえないかもしれない。

そこで楊栄・陳七太の事件〔6〕〔7〕も見てみよう。二人は一一九一年に宋で「狼藉」を犯した。これに対し宋は、「自今以後、和朝来客可＿伝召＿」という宣下を下した。大宰府はこれを重大視して、彼らを重科に処し宋に伝えるべきであると京都に報告した。この事について九条兼実に相談した藤原宗頼は、日本生まれの楊栄は日本で処罰してよいが、宋生まれの陳七太は勝手に処罰できないのではないか、という意見であった。

ここで興味深いのは、京都・大宰府・宋の、彼らに対する扱いの違いである。京都では彼らに対する検断権について、日本生まれか宋生まれかを判断の根拠としている。一方大宰府解は、生まれの違う彼らを「宋人」「宗（「宋」カ）朝商人」として一括して扱っている。民族的区分に拠ったものであろう。

以上の日本側の対応に対して、宋の側ではどうであろうか。二人の狼藉を受けて今後の「和朝来客」の処遇を論じていることからすると、二人とも「和朝来客」、つまり日本から来た商客として、日本側の人物として扱っているようである。二人はあるいは日本生まれの宋人であり、あるいは宋生まれの宋人であったが、宋廷は出生地・民族的帰属にかかわらず、日本から来たという点のみを、彼らに対する処遇の根拠としている。おそらく彼らは、日本から派遣された商人として行動したから、そのように扱われたのであろう。

宋のこのような姿勢を考えれば、「日本商人」という表現も、「高麗綱首」と同様に民族的区分に拠るものではなく、日本から派遣された商人を表すものと理解するべきであろう。つまり、「日本商人」は「和朝来客」と置換可能な言葉であり、民族としての宋人を排除する概念ではない。あるいは謝国明の例も考えれば、より広く日本側の意を受けた商人とする方が妥当かもしれないが、いずれにしろ、表2に挙げた中国系の名を持つ博多綱首たちこそ、宋代史料に見える「日本商人」であったと考えるべきである。佐伯氏のように、博多綱首と「日本商人」を別のものとして、競合的存在であったととらえる必要もない。

2　「日本商人」の位置付け

以上の結論に従えば、「日本商人」とその出現以前に日本で活躍していた宋海商との相違を、従来のように大きく考える必要もなくなる。両者の相違は、どこの海商として扱われるかという事務手続き上のものにすぎず、それ以外に決定的な相違を指摘することは困難である。かつての宋海商は、宋国内の巨商から資本を託され、明州（慶元）の市舶司（市舶務）で公憑を受け日本へ来航し、取引を終えて宋へ帰り、明州で帰国手続きを行なった。[74]一方「日本商人」は、日本の寺社・権門から資本を託され、その使者として明州へ赴き、その管理下で取引を行ない、日本へと帰る者である。日本人だから「日本商人」と呼ばれたのでもないし、宋人だから「日本商人」になり得なかったわけでもない。むしろ「日本商人」は、かつての宋海商の中から現れた者と考えられる。

森氏の主張に拠れば、「日本商人」の出現は宋海商による日宋貿易独占に対する日本人によるカウンターであり、「受動的貿易」から「能動的貿易」への変化を意味するものととらえられてきた。そのようなとらえ方の前提として、宋海商と日本人の間の対立が想定されているのかもしれないが、前近代において、民族的要因による対立をアプリオリに想定することは、妥当ではないだろう。

もっとも、別の意味でこの時期の日本側の積極性をいうことはできよう。一つは寺社・権門による博多綱首の組織化、一つは商船に便乗した多くの渡航者の存在である。前者に関しては、大宰府による海商の一元的管理、後者に関しては、日本人の私的渡海に対する禁制（渡海制）が有名無実化したことが一因であろう。特に後者は、経済的影響からいっても無視できるものではないし、文化的影響の大きさについては、言うまでもない。だがいずれにしろ、日宋間の往来は博多綱首なくしては実現し得ないものであった。この時期の対外交流における日本側の積極性は、貿易の主導権を宋人から奪ったという点にではなく、むしろ宋人との関係の密接化という点にこそ求めなくてはならない。

以後鎌倉期を通じて、貿易の担い手がどのように変化するのか（あるいはしないのか）についても、簡単に見通しを述べておこう。これについて、一二九八年に漂流した唐船の船頭が「藤太郎入道忍恵」であったことを以って、「この船は日本船であろう」と説くものもある〔村井章介　一九八五年：二九八頁〕。しかしこの唐船は、史料上で「藤太郎入道忍恵唐船」として現れ、忍恵が船頭であるとは明記されていない。(75) したがって彼自身が船に乗って出港したとは断言できず、この唐船の派遣主であった可能性も否定できない。(76)

ただすでに指摘されている通り、この頃から博多綱首の活動は確認できなくなる〔川添昭二　一九九〇年：五〇頁・林文理　一九九八年：五八八頁〕。(77) だがそれを以って博多綱首の消滅を論じるのは、どうであろうか。中国系の名を持つ海商が確認されなくなるのは事実であるが、では日本系の名を持つ海商の事例はあるのかといえば、忍恵を除けば、一例も確認されない。海商の中に中国系の名前が確認されないというよりは、海商の名前自体が史料にほとんど現れないのである。商人が貿易の主体だった段階から、寺社・権門の下請け的性格を強めたこと〔佐伯弘次　一九九四年：二九一頁〕を反映している可能性もあろう。

例外としては、一三〇六年に慶元に来着した倭商有慶、(78) 一三一八年に温州に漂着した倭船の綱首見覚・道願、(79) および先述した一三四二年の天龍寺船の綱司至本が挙げられるが、彼らが何者であるかは判然としない。至本は「御房」と呼ばれていることから法名であることが知られ、おそらく他の三例も法名であろう。したがって名前からは日本系・中国系の区別は出来ず、文献史料から日本人商人の台頭を主張することは困難だと思われる。

日本に同化する者が増えて、見かけの上で区別がつかなくなった者もいただろうが、従来の博多綱首の流れを引く海商が、依然として貿易活動にたずさわっていたことを否定する理由はないし、それが困難になる事情も特になかったと思う。新安沈船から引き上げられた遺物の中には、中国製の調理用具等が含まれており、中国系の生活文化を持った人々が乗っていたらしい〔山本信夫　一九九七年：一六四頁〕。一三一八年の倭船漂流を記した中国史料は、その乗員を「其人貌類二中国一」と評しており、(80)少なくとも形質学的には中国系の風貌を備えていたようである。彼らは宋代の博多綱首の血を引く者ではなかったか（ただし綱首は通訳を介して意志を伝えており、すでに中国語は使えなくなっていたらしい）。また一四世紀初めの筥崎の情景を詠んだ詩に、「賈客言通二閩・越俗一」とある。(81)この「賈客」は閩・越（福建・浙江）の風習をよく知っていたらしいが、その背景として閩・越との貿易にたずさわったことだけでなく、その出自が閩・越にあったことも想定していいかもしれない。

もっとも博多綱首とは出自を異にする海商がこの頃に台頭した可能性も、ありえないわけではないだろう。本章一―3でも、日宋貿易の時代から日本人が貿易船に便乗していたことは指摘したが、彼らがさらに力を付けて、自ら船を建造して貿易に乗り出すようになった可能性は否定できない。一三六六年に安芸厳島神社に釣灯籠を寄進した「博多講衆等」は、博多の海運業従事者の可能性が指摘されている［川添昭二 一九九〇年：五八―六〇頁］が、仮に新たに対外貿易に進出した階層を想定するならば、こうした人々が考えられよう。

その場合でも、彼らがまったく独力で航海技術の壁を克服し貿易のノウハウを手に入れることは容易ではなく、それは博多綱首層の協力なくしてありえなかったはずである。遺伝子レベルでは連続していなくても、少なくとも人脈や知識のレベルでは、一四世紀の海商は博多綱首と連続していたに違いない（事態が変化するのは、おそらく一四世紀後半、前期倭寇による航海知識の拡大）。現状では一四世紀の海商は、広い意味（血縁・人脈・知識・文化などの点）で、博多綱首の後継者だったと考えるのが自然であろう。つまり仮に日本人海商が出現していたとしても、それは海商の勢力交替と呼べるようなものではなかったと思う。

以上、日本史の立場・関心から見た「日本商人」出現の意味や、鎌倉期を通じての見通しを述べてきた。視点を変えて東シナ海海域史から見れば、「日本商人」出現の前後ともに、日宋間の海運を制していたのは、一貫して宋海商であった。それは日宋間に限ったことではなく、宋麗間についても同様であったと思われる。[82] 宋代（あるいは元代も）を通じて東シナ海海域は、宋海商の海であったといえよう。

おわりに

考古学の側では、一一世紀における「波打際貿易」から「住蕃貿易」への変化が指摘されている〔亀井明徳 一九八六年〕。ではなぜその時期に、「日本商人」が宋に現れなかったのか。森克己氏の航海技術の限界という説は、宋で活躍した「日本商人」が中国系の人々であったことを考えれば、説得力がない。単純に考えれば、宋海商は住蕃として博多に寄住したものの、宋で公憑を発給されて出港し、帰国後に公憑を収めるという手続き自体は変わらずに行なっていたということであろう。だが逆に、宋に「日本商人」が現れる契機は何だったのかは、明らかにすることができなかった。

「日本商人」が宋に出現する一一六〇年代は、平家による大宰府の掌握〔石井進 一九七〇年 Ⅰ第一章：八四―九一頁（初出 一九五九年）〕・入宋僧の出現の一方で、[83] 大宰府を通じた公的貿易管理の形跡が見られなくなる時期である。この時期に日本の対外交通のあり方が変化したことは間違いないが、必要なのは、そうした変化がなぜ「日本商人」の出現につながるのか（つまり、なぜ宋海商が宋で「日本商人」と名乗ることになるのか）を明らかにすることであろう。また「高麗商人」の出現がほぼ同時期であることも、[84] 考察の際に念頭に置かなくてはなるまい。

もう一つ、宋の「日本商人」と、その一世紀前に高麗で現れた「日本商人」との関係も明らかにする必要がある。ただ「日本商人」の高麗渡航の盛況は、史料に現れる限り一時的なもので（一〇七三―八九年）、宋での「日本商人」

の活動に直接結びつくものではないように思う[85]。いずれにしろ、この問題に答える十分な準備はまだなく、後日の課題にせざるをえない。

註

（1） ここでは、一一六〇年代以降、南宋臨安府が陥落する一二七六年までを考えることにする。森氏は一一七五年の倭船火児滕太明の記事が「日本商人」の宋渡航を示す最初の史料であるとする〔森 一九七五年c 第一章：二一頁〕。だが一一六七年には、宋の明州において「高麗・日本外国船舶到来」の時の例がすでに成立しており〔『宋会要輯稿』巻八六―二九、乾道三年四月三日条〕、また乾道四年（一一六八）の序を持つ陸游『放翁家訓』にも倭船の話が見え、少なくとも一一六〇年代には「日本商人」は出現している。なお「日本商人」の直接の典拠は、『宋史』巻三七、寧宗本紀、慶元五年（一一九九）七月甲寅条の「禁㆔高麗・日本商人博㆓易銅銭㆒」である（『続編両朝綱目備用』同日条は、「高麗・日本商旅」に作る）。これ以外の史料では、「倭商」「倭船」「日本商船」等の表現で現れる。以下ではこれらも含め、宋で日本の商人・商船と扱われたものを、「日本商人」という表現で代表させる。

（2） 表2に収めた人物の基準を述べておく。

① 綱首・船頭などの呼称を持つもの（〔1〕・〔2〕・〔4〕―〔8〕・〔11〕―〔18〕）。綱首・船頭は中国での海洋船の船長の称号・敬称である〔斯波義信 一九六八年：八七頁〕。当該期の史料には他に「楫取」等が見えるが、いずれも年貢等の運搬を職務としており、貿易との関わりはうかがえない。

② 綱首・船頭という呼称は無いものの、日宋間を往来する船の船長であると推定されるもの（〔3〕・〔9〕・〔10〕）。「某の船に乗る」「某の商船に附す」という形で史料上に現れる。なお、博多に居住し臨安との間を往来した張国安〔栄西『興禅護国論』附録、未来記〕、「商沽」のために来日した陳和卿〔『東大寺続要録』造仏篇〕の如き例もあるが、綱首として渡海したものか判然としないので採らなかった。

③ この表は、宋で「日本商人」として扱われた可能性のある綱首を列挙したものであるが、以上の規準で選択した事例の

中には、宋で一般の宋海商として扱われた者が含まれる可能性がある。また②については、貿易船の経営者・派遣者（船に乗り込むとは限らない）の名が含まれる可能性も考えられる。すなわちこの表は、「日本商人」を部分集合として含むものとして扱うべきものである。

なお、一一七二年に明州の牒状を日本にもたらし、翌年返牒を持って明州に帰った荘大椿・張守中は、宋で「沿海制置司津発綱首」と呼ばれており〔『宋会要輯稿』巻一九九―五二、乾道九年五月二五日条〕、明らかに「日本商人」として扱われていないから、除外した。

（3）『太宰管内志』上、筑前一四、宗像郡下之上、弥陀経石。

（4）『神道大系』神社編四九、宗像所収。一七二二年卒の氏成まで記されており、全体の完成はこれ以降である。

（5）以下の水原一氏の説は、傾聴に値しよう〔水原　一九七三年：五九頁〕。

延慶本では重盛が宋国へ送った文というものを載せているが、その目録部には「年来帰依の霊仏一鋪」「一部十巻法花妙典」「黄金千裏」を送る旨を記している。「妙典」は仏書・経典の美称である。「妙善」も仏教語としては妙善公主（観音菩薩の前身）の名に通うが、いずれにしても船頭にせよ、重盛近習の名（榎本註：京都府亀山市千代川の小松寺の寺伝では、妙善という重盛近習が登場する）にせよ、ふさわしいものではないようである。もちろんそれは俗名でなく、法名として説明されるであろうが要するに重盛の金渡しと育王山渡来仏との連絡の中には、何故か妙典乃至妙善ということばが出没するのである。常北小松寺の貞能改め小松以典もおそらくこれにつながるであろう。そしてこれら紛糾せる諸仏の中心に据えられるのは重盛が法花妙典を書写して宋へ送ったという延慶本所載の文書ではなかったろうか。

（6）『朝野群載』巻二〇、異国、長治二年八月二二日付存問大宋国客記・崇寧四年六月日付両浙路市舶司公憑。

（7）東大寺図書館蔵『弘賛法華伝』巻上奥書〔堀池春峰　一九八〇年　図版7〕。

（8）『宋会要輯稿』巻一九九―五二、乾道九年五月二五日条。

（9）こうした例は、史料上に散見する。一例として、成尋『参天台五臺山記』延久四年（一〇七二）三月一五日条に、「於二肥前国松浦郡壁嶋一乗二唐人船一。一船頭曾聚（字曾三郎）、南雄州人。二船頭呉鋳（字呉十郎）、福州人。三船頭鄭慶（字鄭三郎）、泉州人」とあることが挙げられる。

(10) 御物『古文孝経』奥書〔辻善之助 一九四七年：一八三頁〕。

(11) 叡山版『法華三大部』法華釈籤巻六巻末刊記〔木宮泰彦 一九三二年：五二三頁〕。

(12) 『日本古鐘銘集成』四八、松崎神社鐘銘。「大檀那比丘禅念故鄭三綱真之息」とあり、川添昭二氏は禅念が「鄭三綱」の「真之息」であるとする〔川添 一九九〇年：五〇頁〕が、「鄭三綱真」を姓＋輩行＋諱と考え（謝＋太郎＋国明の例を参照）、禅念が「鄭三綱真」の「息」と考える余地もあるように思う。ここではいずれとも決し難く、確定はしないでおく。

(13) 叡山板『法華三大部』巻末刊記〔木宮泰彦 一九三二年：五一九―二五頁〕。辻善之助氏は「宋人の了一」と解する〔辻 一九四七年：一八一頁〕が、その場合は「宋人某」「宋比丘某」等と書くのが普通で、「宋某」という例は、管見の限りない。ここでは、「宋」が姓であると考えたい。

(14) これらの他に、『東大寺造立供養記』に拠れば、一一九六年、「宋人字六郎等四人」が東大寺の「中門石獅々・堂内石脇仕・同四天像」を造ったという。近世の史料では、六郎とともに奈良で活躍した石工として、宋人の二郎・三郎・四郎・五郎・七郎・八郎も登場する〔西村貞 一九五五年：一八八―九〇頁〕。また四天王寺の舎利を寒巌義尹に伝えた「ちやうの二郎」を「張二郎」とし、博多居住の宋人とする説がある〔上田純一 二〇〇〇年 第三章第二節補論：二二〇―二二頁（初出 一九九五年）〕。なお、張英が「鳥飼二郎船頭」と呼ばれたこと〔16〕が、博多綱首の日本化を示すものとして取り上げられることがある〔亀井明徳 一九八六年 第一部第二章：三三頁・川添昭二 一九九六年 第三章：五五頁（初出 一九九二年）等〕が、「二郎」という呼称自体が「日本的」であるわけではない。

(15) なお〔17〕の智定は覚心帰朝船の船頭であるが、「智定法眼」と呼ばれており、法名である。したがって名前から日本系・中国系を判断することはできない。ちなみに覚心の門弟に智定なる者がおり〔和歌山県興国寺蔵『無本覚心像』胎内骨蔵器外筒銘〕、おそらく同一人物であろう。

(16) いまだ十分な定義のなされていない「民族」という言葉をここで用いるのは、必ずしも適当とは思われないが、他に適当な言葉もないので、行論上ひとまず「特定の個別文化およびそれへの帰属意識を共有する、人類の下位集団」とする『文化人類学事典』（弘文堂、一九九四年）の定義で用いることにする。なお、これ以降特に断りのない場合は、単に日本人・中国人とある時は民族的な意味で用いることとし、「日本商人」のようにカギカッコを付けて記した場合は史料上の表現として用いることにする。

(17)　ほとんどが単に「日本船」「日本人」と記すだけで、その構成や乗組員の名まで窺うことはできない。例外は倭船火児滕太明と庄次郎である。後者については既に述べた通り、日本人と断定することはできない。

　前者の滕太明についても述べておこう。「日本国人滕木吉」〔『宋史』巻四九一、日本伝〕・「日本国使正上位権隷（正七位権掾か）藤原朝臣頼忠」〔『高麗史』巻七、文宗世家、文宗十年十月己酉条〕等の「滕」は、藤原姓を表現するために用いられているようである。しかし、「滕」は中国系の姓としても一般的なもので、『宋人伝記資料索引』に載せるものだけで三〇例近くの人名が検索できる。したがって、「滕」をただちに藤原として日本名と考えるのは不当である。

　滕太明の肩書き「火児」については、古く松下見林が「肥後」かとしている〔『異称日本伝』上所収、『宋史』〕が、乗組員の称号と考えるべきである。斯波義信氏によると、宋代の中国船には、火長の下にいる下級船夫の称号として、「火工」「火人」「火下」「夫児」などが存在する〔斯波　一九六八年：七九―八九頁〕。「火児」もこれらの一つと解釈してよいだろう。周密『癸辛雑識』続集上、宋江三十六賛に、「船火児張横」なる人物が見えることも、参考になる。

(18)　無準が径山の火災（一二四二年）を円爾に伝えた二通の尺牘が現存する。東京国立博物館蔵無準師範尺牘〔辻善之助　一九四九年：一〇二―〇三頁〕・『禅林墨蹟』上一四、畠山一清氏蔵無準師範尺牘。

(19)　〔13・05〕〔13・06〕〔13・07〕〔13・09〕について、表2での年代比定の根拠を示しておく。〔13・05〕〔13・06〕は内容から見て同時に送られたものと思われるが、〔13・06〕は〔13・04〕が宋に到着した翌年の仲夏（五月）の作成であることが明記されており、一二四五年のものと考えられる。〔13・07〕の無準尺牘の作成年代はよく分からないが、板木のことが触れられているから、〔13・05〕以降、無準没年（一二四九）以前の作成である。〔13・09〕には「師範備二茲山一（径山）十有八載」と記されており、無準が径山に移ってから一八年目のものであることが分かる。無準の径山住持は一二三二年である〔『無準師範禅師語録』付収、無準禅師行状〕から、一二四九年のものである。

(20) 明清代、紛争終結時に当事者間で取り交わされた民間文書の一種に、「合同文約」がある［周紹泉 一九九三年・中島楽章 二〇〇二年 第六章：二一五—一六頁（初出 一九九八年）］。徳敷尺牘の「能兄諸公歴々皆知臨解纜之時又無此項可還諸人倶来面訴作合同文約借起来年夏信舡至送還」の箇所は、従来「能兄諸公歴々皆な知る。解纜の時に臨んで、又た此の項の還すべき無し。諸人倶に来り面訴し、合同の文を作る。来年夏の信舡を借起し送還に至るを約す」と読まれていたが、「合同文約」が一語であることを踏まえると、ここは「能兄諸公歴々として皆な知る、解纜の時に臨みて、又た此の項の還すべき無きを。諸人倶に来りて面訴し、合同文約を作る。来年夏の信舡の至るを借起して送還せん」と読むべきであろう（この点、川添昭二氏の私信で指摘を受けた）。つまり能兄側と徳敷の間で、代価支払いを約束する契約書を作成したのである。

(21) 本章の元になった旧稿［榎本渉 二〇〇一年ａ］でのこの部分の解釈に対し、西尾賢隆氏の批判があった。「手紙全体の基調から、径山が材木の寄贈に与ったと理解する。もし喜捨でないとしたら、無準が板木を贈られて支援を受け、径山の落成したことに感激し、お礼の尺牘に添えて宣城の虎図二本を謝国明に送り届ける必要があったであろうか。そんな必要はあるまい」というものである［西尾 二〇〇三年：九二頁］。つまり、径山から感謝されている以上、謝国明の行為は貿易活動ではなく、したがって「（銭）参万緡」も貿易代価ではないというのである。

しかしこれについては、以下のように考えればいいのではないか。すなわち、南宋期になると浙東地域で森林伐採が進み、森林環境が破壊され、木材入手が困難になった［岡元司 一九九八年ａ］。このため宋では木材の値段が高騰し、安価な日本の木材が注目されるようになった。たとえば陸游は子孫に厚葬を禁じ、倭船が四明（明州）・臨安に来れば、良質の柩を三〇貫で購入することができるとしている［『放翁家訓』］。倭船がもたらした木材は、宋国内で採取されるものと比べ、質の割に安価だったのであろう。径山のような大寺院の造営の場合、良質の材木を大量に確保することが重要であり、またちょうど円爾というつてもあったため、日本の木材が注目されたのではないか。後述するように径山の例以外にも、当時入宋僧を介して日本から宋の大寺院へ盛んに建材が贈られているが、その背景にはこのような事情があった。としてみれば、謝国明が材木千枚を用意したことは、たとえそれが有償であったとしても、径山としては充分に感謝に値する行ないだったとも考えられる。

西尾氏は徳敷尺牘中の「用過人情銭参万緡此蓋不可免」の箇所を、「用は人情銭参万緡に過ぐ。此れ蓋し免るべからず」と読み、「費用は切り詰めても関税としての参万緡、免れることはできません」と解釈する。これについて当面必要な点にのみ触れておけば、この解釈は文脈は措いても二つの点で成り立ち難い。まず一つ、この時の船団が運んだ木材にかかった関税が三万緡とすると、額が巨大に過ぎる。『開慶四明続志』巻八、中書省箚に拠れば、一二五七年における慶元（明州）市舶務の官貿易の元金（商人には商品に換えて渡す）は年間三万〇六五六貫である。謝国明の船団の徴税額がこれとほぼ同額だとすると、一船団にしては大規模に過ぎる印象がある（包恢『敝帚藁略』巻一、禁銅銭申省状では、この頃の倭船来航数は年間四〇―五〇艘以上）。もう一つ、「（銭）参万緡」を関税ととらえる点について。宋代においては原則として、銅銭の海外流出は認められていない〔曾我部静雄 一九四九年 第二章〕。したがって、建前として日本船が銅銭をもっているはずがないのである。もちろん現実には大量の銅銭が日本に流出していたわけだが、少なくとも徴税の場面で公然と銅銭を徴収することはあり得ない。実際にそのような事実を示す史料は存在せず、宋代の貿易では、徴税（抽解）は現物徴収である。したがって「参万緡」を、貿易船にかかった関税と考えることは不可能である。またその巨額さから見て、贈物の類とも考え難い。そう考えるとこの三万緡は、貿易代価以外考え難いのではないか。

この部分についての私の解釈は、以下の通りである（旧稿と多少読みを変えている）。徳敷尺牘を少し前の部分から引用すると、「未免経朝省陳請爾用過人情銭参万緡此蓋不可免」となる。私はこれを「未だ朝省を経て陳請するを免れざるのみ。人情銭を用過せり。参万緡、此れ蓋し免るべからず」と読み、「朝廷にお願いせざるをえないので、人情銭（贈物の銭）を使い切ったが、三万緡は支払いを免れることはできない」という意味と考える。この時謝国明の船は嘉興府華亭県に漂着し、木材一〇〇〇枚中八六〇枚のみ宋へ届けることができたが、その内三三〇枚は一年後にも慶元にあり、径山の手元には届かなかった。これはおそらく抽解・博買によって収公されたものであろう。この三三〇枚について、徳敷尺牘に「継用二経劃一請レ帰」とあり、径山側ではなお自分のものになるように工作を続けていた。おそらく「未レ免下経二朝省一陳請上爾。用丁過人情銭二」とは、この工作費のことを伝えていると考えられる（「用過」は使い切る。「人情」は贈物）。さらに言えば、そのために費用を使って代価が払えなくなったと、円爾に言い訳をしているのであろう。しかしその上で、「参万緡、此蓋不レ可レ免」

とあるように、代価の三万緡は必ず払うと伝えているのである。

本来ならば尺牘の全文を示して解釈するべきであるが、本章の趣旨でもないので、これ以上は別の機会に譲りたい。

(22) なお『元亨釈書』巻七、弁円伝に拠ると、この時の材木寄進には一条実経の関与もあったことになっている。これは『日本国丞相藤原公捨経之記』〔『鄰交徴書』初篇巻一〕に記された別の件（実経の捨経）を混同したものである可能性が高い。ただし円爾は一二四三年二月に上洛し、九条道家と接触しており〔『聖一国師年譜』・『元亨釈書』巻七、弁円伝〕、材木寄進の船の出港がこの年の九月以降であることと併せ考えると、摂関家の関与の可能性は大いにある。

(23) 「綱」は貨物の組を示す語であり〔亀井明徳　一九八六年　第二部第四章：二一一頁〕、それを管理する責任者という点では、「綱首」「都綱」「綱司」と同様であろうが、「使」とあるように、使者・代理人という側面が強調された言い方といえる。

なお〔13・05〕に拠ると、謝国明は材木寄進船の派遣に当たって徳敷へ手紙を送り、また〔13・06〕に拠ると、船の帰国に当たって無準から手紙を送られたらしく、謝国明自身は日本にいて渡海していないようでもある。したがってこの時の謝国明は、使者というよりは代理人・請負人などとするべきであろう。一方で〔13・06〕には渡海した「綱首」も登場し、謝国明はこうした綱首の上にあって彼らを取り仕切る立場にあったものと考えられる。

ただし後述する張都綱使の例では自ら渡海しており、「綱使」という称号自体が綱首の上にあって渡海しない商人を示すと考えることは妥当ではない。謝国明は財力・年功などなんらかの条件により、博多の宋人社会において他の博多綱首よりも有力な地位にあったのだろう。

(24) 道元『永平広録』巻十、与南綱使。

(25) 『国朝文類』巻四一、征伐、日本に、一二七七年のこととして、「遣二商人一持レ金来易二銅銭一」とあるが、ここでも商人は派遣されたもので、背後に派遣者が存在している。

(26) 以上は、『山王霊験記』の詞書である『日吉山王利生記』『山王絵詞』に見られる話である。『利生記』は一二八八年前後、『絵詞』は一三一四年前後成立と見られる〔近藤喜博　一九五六年〕。李宇本人が宝地房証真の宿所で述べた子細を弟子隆真に書き取らせたものが典拠とされており、当時の事実をある程度反映していると考えてよかろう。

(27) なお李宇自身も入宋したことは、一切経奉納の後に彼が「船頭」と呼ばれていることから、明らかである。
(28) 重源『南無阿弥陀仏作善集』・楼鑰『攻媿集』巻五七、天童山千仏閣記。
(29) 栄西『興禅護国論』巻中、第五門・付録、未来記。
(30) 『開慶四明続志』巻八、呉潜奏状。
(31) 藤原経光『故一品記（民経記）』仁治三年七月四日条〔『大日本史料』五―一四、四四一頁〕。
(32) 『石清水文書』建保四年付田中宗清願文〔『鎌倉遺文』二二八〇〕。
(33) 春屋妙葩『天龍寺造営記録』所引、暦応四年一二月二五日付至本請文。
(34) なお大庭康時氏は、文献・考古資料双方の分析から、日本の寺社・権門が博多綱首のパトロンとして姿を現すのは一三世紀前半（確実なのは一三世紀第二四半世紀）以降であるとして、本章の元になった旧稿〔榎本渉 二〇〇一年a〕を批判した〔大庭 二〇〇三年：二一〇頁〕。ただし大庭氏は、寺社・権門と博多綱首の関係自体は一一世紀後半から認めており、ここで問題にしているのは、貿易の主導権が博多綱首から寺社・権門へと移る時期である。大庭説が私説と相違する根本的な点は、博多綱首主導の貿易によりもたらされた唐物を寺社・権門が博多で入手する段階と、寺社・権門が出資者となって貿易船を派遣する段階という二段階を想定することにある〔大庭 一九九六年：九頁・二〇〇三年：一五頁〕。大庭説に従い一三世紀前半を境に時期区分をした場合、一三世紀前半以前には出資者として寺社・権門は登場しないことになるだろう。その場合は綱首個人の資本及び一般から募集した資本によって貿易を行なったことになる。
大庭説に対しては十分な反論の用意がないが、一二世紀末においても李宇の例など、貿易船派遣に当たって寺社・権門側の働きかけがうかがえる例もあることを考えると、一三世紀前半以前の寺社・権門が主体的な派遣者としての地位になく、帰属関係を頼りに博多綱首から唐物入手を実現するのみだったと断言できるのか、疑問がないでもない。また大庭氏が呈示する一三世紀博多の貿易陶磁器出土状況の変化―流通に乗らない陶磁器が博多で出土しなくなり（需要に沿った商品調達が行なわれる）、畿内産陶磁器の出土量が激減する（京都の権門が博多に直接関わり商品を確保する必要がなくなった）―は、寺社・権門と博多綱首の関係強化による唐物流通構造の効率化を示している可能性が高いが、この事実が直接示すのは、むしろ寺社・権門の影響の弱い海商（日本に拠点を持たない宋海商など）が減少ないし消滅したことであって、論理的には寺社・権門の出資による貿易船がそれ以前から存在していても問題はない。とすれば如上の貿易陶磁器出土状況は、寺社・権門による海商組織化の量的な進展の結果と見ることも、十分に可能とも思われる。

（35）『宇治拾遺物語』巻一四、玉の価はかりなき事。この説話は、「たうしせうず」本人からの伝聞という形式を取っており、鎌倉初期の事実を反映したものと考えられる。

（36）木宮泰彦氏の表現を借りれば、「入宋僧並びに帰化宋僧にして現にその名の知られてゐるものだけでも、実に百二十余人の多数を数へることが出来るし、彼らのうちには往復二回・三回に及ぶものもあつた」〔木宮　一九五五年：三二三頁（初出　一九二六―二七年）〕。

（37）『清波雑志』巻四、倭国。この件について、『文献通考』巻三二四、四裔考一、倭と、『宋史』巻四九一、日本伝にも関連記事が見える。ただし前者は一一九〇年、後者は一一九三年にかける。『清波雑志』に「紹熙壬子（一一九二）六月」の自序があり、後に書き足された可能性もまったく無しとはしないが、一応本文は一一九二年以前に書かれたと考え、『文献通考』の一一九〇年説を採っておく。

（38）『癸辛雑識』続集下、倭人居処。

番船至二四明一、与二娼婦一合、凡終夕始能竟レ事。至二其暢悦一、則大呼如二猨猱一。或悪二其然一、則以二木槌一扣二其脛一、乃止。

なお「倭人居処」では、この箇所以外にも倭人の風習が詳しく記されており〔森克己　一九七五年d　第七章（初出　一九六四年）〕、その少なからざる部分は、宋に来航した倭人の風習を素材にしたものと思われる。

（39）たとえば、遣明船には運賃が存在する〔橋本雄　一九九八年b：三六―三八頁〕。

（40）成尋『参天台五臺山記』延久四年三月一五日条。ただし、成尋には藤原頼通等の有力なスポンサーがついており〔石井正敏　一九九三年：二八〇―八二頁〕、その巨額の志与を、鎌倉期の便乗者についても当てはまる一般的なものと考えることはできない。

（41）戒覚『渡宋記』永保二年九月五日条。

(42)　『法灯円明国師之縁起』。
(43)　『清渓和尚行実』。
(44)　石室善玖『石室玖禅師語録』偈頌。
(45)　『延宝伝灯録』巻五。
(46)　『中巌月和尚自暦譜』文保二年条。
(47)　『中巌月和尚自暦譜』康永元年条・中巌円月『東海一漚集』巻二、与藤少納言有範・『南海和尚伝』。
(48)　藤田明良氏は、小呂島は農耕地や停泊地としては価値が低く、謝国明の知行はむしろ中国向けの海産物を目的としたものではないかという、興味深い指摘を行なっている〔藤田　一九九六年：八頁〕。
(49)　『宋史』巻四八七、高麗伝。同じ事実を伝えた史料として、『建炎以来繫年要録』紹興三二年三月是月条・朱熹『晦庵先生朱文公文集』巻八八、龍図閣直学士呉公神道碑には、それぞれ「高麗国綱首徐徳栄」「高麗船主」とある。いずれの場合も、徐徳栄を高麗の海商として扱うという基本的なスタンスに変りはない。
　なお旧稿〔榎本渉　二〇〇一年a：四七頁〕では、『宋史』で徐徳栄が高麗を「本国」と呼んでいることを、徐徳栄の帰属を示していると考えて重視した。しかし一般的な用法であるが、この「本」は「その」の意であり、帰属を示しているわけではない。もっとも基礎的な史料である呉公神道碑も、「本国」の部分を「其国」とし、「本」＝「其」であることを示す（高麗舶主、詣二明州一言、「其国願レ得二遣使入賀一」）。
(50)　『高麗史』巻一八、毅宗世家二、毅宗一六年六月庚寅条。
(51)　『宋会要輯稿』巻一九九―四九、隆興二年四月一四日条。
(52)　『高麗史』巻一八、毅宗世家二、毅宗一七年七月乙巳条。
(53)　『高麗史』巻一八、毅宗世家二、毅宗一八年三月壬寅条。
(54)　『宋会要輯稿』巻一九九―四九、隆興二年四月一四日条。
(55)　一例として、一一二〇年に宋使として高麗に来た承信郎許立・進武校尉林大容が、「今詔使、本商人」と言われていることとが挙げられる〔『高麗史』巻九七、韓冲伝〕。

(56) すでに見た例の他に、『高麗史』巻一七、毅宗世家一、毅宗三年七月丙午条。また「宋都綱」としては出てこないが、『高麗史』巻一九、明宗世家一、明宗三年六月甲申条にも、宋の使者として徐徳栄が見える。なお須川英徳氏は、『高麗史』巻一七、毅宗世家一、毅宗五年七月乙丑条の宋都綱徐徳英も、徐徳栄と同一人物と見る〔須川 一九九七年：二八頁〕。

(57) 楼鑰『攻媿集』巻八六、皇伯祖太師崇憲靖王行状。この件については、深澤貴行氏がすでに言及している〔深澤 二〇〇三年：三〇頁〕。

(58) 『高麗史』巻一五、仁宗世家一、仁宗九年四月己丑条。

(59) 『宋史』巻四八七、高麗伝。

(60) 『高麗史』巻一〇、献宗世家、宣宗一一年六月戊子条。

(61) 『高麗史』巻一二、睿宗世家一、睿宗三年一一月戊午条。

(62) 『遼史』巻一一五、高麗伝で、一一〇八年一二月（巻七〇、属国表では一一月）の高麗朝貢が確認される。

(63) 『宋会要輯稿』巻八六一一四、天聖四年一〇月条。

(64) 中野重孝氏旧蔵『大手鑑』所収、長元七年正月一〇日付東宮御手跡〔森克己 一九七五年a：一六一頁〕。

(65) なお大食はイスラーム勢力を指す。三仏斉は通説ではスマトラ島のシュリーヴィジャヤ王国であるが、マラッカ海峡・マレー半島中部を中心にスマトラ島・ジャワ島の一部を含む地域で、アラブ史料のザーバジュに当たり、大食と同様に単独の国ではなく、広範囲にわたる諸国の総称とする説もある〔深見純生 一九八七年・藤善眞澄訳注 一九九一年：五〇—五三頁〕。

(66) 『宋史』巻四九〇、大食伝。

(67) 『宋会要輯稿』巻一九九一一八、大中祥符四年二月一七日条。勿巡国はオマーンのスハール〔藤田豊八 一九三二年：二六一—六三頁（初出 一九一六年）〕。一〇七二年には大食勿巡国として朝貢している〔『宋会要輯稿』巻一九九一三一、煕寧五年二月五日条〕。

(68) 『宋会要輯稿』巻一九九一二〇、大中祥符八年九月二日条。『宋史』巻四八九、注輦伝には「蒲加心」とあるが、中華書局本の校訂の通り、「蒲加心」の誤りだろう。注輦は南インドのチョーラ朝〔藤善眞澄訳注 一九九一年：一三六頁〕。
(69)『宋会要輯稿』巻一九七―九一、天禧三年五月条・『宋史』巻四九〇、大食伝。
(70)『宋会要輯稿』巻一九七―六五、至道元年正月条・『宋史』巻四八九、占城伝。
(71)『宋会要輯稿』巻一九九―一七、大中祥符元年一〇月一九日条・『続資治通鑑長編』大中祥符元年一〇月丁未条。
(72)『慶元条法事類』巻七八、蛮夷門、入貢、進貢令。『宋会要輯稿』巻八六―一〇、政和五年七月八日条で、「政和令」としてこの法令の一部が参照されており、政和元年―五年（一一一一―一一一五）に成立した法令と考えられる。
(73)註(23)参照。
(74)出国許可証。公拠・公験とも。なお『大元聖政国朝典章』巻二二、戸部八、市舶所収、至元三〇年市舶則法第六条に拠ると、大船には公験、小船には公憑という区別があったようであるが、宋代まで溯るかは不明である。
(75)『青方文書』七五、永仁六年八月一八日付対馬守某・武藤盛資連署施行状案。
(76)実はこのことは、別掲表2の〔3〕〔9〕〔10〕の楊三綱・庄次郎・蘇張六に関してもいえることである。
(77)なお川添昭二氏は、張商英を多々良顕孝寺の外護者として挙げ、これを一四世紀の博多綱首の事例としている〔川添 一九九〇年：四四頁〕。典拠は、雪村友梅が撰した大友貞宗追薦の法語中に見える、貞宗の顕孝寺創建の事蹟を称えた次の文である〔雪村友梅『宝覚真空禅師録』乾、為近江太守直庵周忌追薦〕。

不下啻於二本山一添中中興之功上、抑亦於二顕孝一致二草剏之緒一。開┐闢精藍一而非二止一処一、親┐近知識一而非二復一人一。延┐接具闡提一多年益二鞭策之功一、宛如三張無尽投二機於兜率悦一、信┐仰本中峰一万里通二起居之状一、又似三劉遺民奉二書（「於」「于」など脱か）肇法師一。

（読み下し）
啻に本山（豊後万寿寺）に於いて中興の功を添うるのみにあらず、抑も亦た顕孝に於いて草剏の緒を致す。精藍を開闢して而も止だに一処のみに非ず、知識に親近して而も復た一人に非ず。具闡提（顕孝寺開山闡提正具）を延接し多年鞭策の功を益すこと、宛も張無尽の機を兜率悦に投ずるが如く、本中峰（元の中峰明本。貞宗と書簡の往来があった〔西

尾賢隆 一九九九年 第四章：一〇一―〇四頁（初出 一九九五年）〕）を信仰し万里起居の状を通ずること、又た劉遺民の書を肇法師に奉るに似たり。

川添氏はここに見える張無尽を張商英とするが、おそらく『五山文学新集』の玉村竹二氏の傍註に「張商英」とあることに拠ったものであろう。無尽は北宋期の官人張商英の号である。彼は『護法論』を著し宋儒の排仏論を批判して護法に努めた人物であり、兜率寺の従悦（右文中に見える「兜率悦」）との間に交流を持った〔『大慧普覚禅師宗門武庫』・『五灯会元』巻一七、従悦伝〕。「宛如……」の部分が中国の故事であることは、これと対句の関係にある「又似……」の部分も劉遺民と肇法師の故事〔『高僧伝』巻六、宋肇伝〕であることから考えて、間違いない。

つまり、張商英は顕孝寺の外護者ではなく、宋代の故事に現れる護法論者である。したがって、これを博多綱首の事例と考えることはできない。これを除くと、博多綱首の最後の事例は、〔18〕の張都綱使ということになる。

（78）『元史』巻二一、成宗本紀四、大徳一〇年四月甲子条。

（79）『弘治温州府志』巻一七、蕃航に、以下のようにある。

延祐五年冬、有三倭船泊二平陽州五十二都大奥海浜一。其人貌類二中国一。或載二尖巾一、或髠為レ僧。衣二白布及藍青花服一、袖大而短、束帯佩刀。訳二人梅守志・林愛華・綱首二人見覚・道願詞称、「有二本国客商五百餘人一。齎二金珠・白布等物一駕レ船、於二九月二十七日一放洋、意下投二元国慶元路市舶司一、博中易銅銭・薬材・香貨等項上、不レ料十月七日海風飄浪、累日至二十五日辰時一至レ此、十一月十四日移二泊瑞安州飛雲渡一。齎二到拝見上位及与浙省官一」。赤皮甲・大刀・皮袋・箱扇等物、随即起解。

（読み下し）

延祐五年（一三一八）冬、倭船の平陽州五十二都大奥海浜に泊する有り。其の人貌中国に類す。或いは尖巾を載せ、或いは髠して僧と為る。白布及び藍青花の服を衣《き》て、袖大にして短く、束帯佩刀す。訳二人梅守志・林愛華・綱首二人見覚・道願の詞に称す、「本国の客商五百餘人有り。金珠・白布等の物を齎し船に駕し、九月二十七日に於いて放洋し、元国慶元路市舶司に投じ、銅銭・薬材・香貨等の項を博易せんと意《おも》うも、料《はか》らずして十月七日海風にて飄浪し、累日して十五日辰時に至りて此に至り、十一月十四日瑞安州飛雲渡に移泊す。拝見を上位（皇帝）及《およ》び浙省官に齎到す」と。赤皮甲・大刀・皮袋・箱扇等の物、随即《ただち》に起解（発送）す。

この史料については以前紹介したことがある［榎本渉 二〇〇四年a：六四頁］が、読みを改めた。特に「齎到拝見上位及与浙省官」の読みは、「拝見」を元代における贈り物の称とする四日市康博氏の指摘を踏まえている［四日市康博 二〇〇六年：一四〇―四三頁］。ただし四日市氏は「拝見」を宮廷に対する贈り物とするが、ここでは皇帝とともに地方官に対しても送られている。

(80)『弘治温州府志』巻一七、蕃航。

(81) 雪村友梅『宝覚真空禅師録』坤、題筥崎長短句。

(82) 本章では「高麗商人」について触れなかったが、「日本商人」と同様、宋海商と連続する存在であったと考えている。宋における同時代の奏状にも、高麗の在来船が遠洋航海に堪えなかったことは明記されている［呉潜『許国公奏議』巻三、奏暁諭海寇復為良民及関防海道事宜］。

(83) 僧侶の入宋は、一〇八二年入宋の戒覚［『渡宋記』］、翌年皇帝に謁見した快宗［『続資治通鑑長編』元豊六年三月己卯条］以来、八〇年以上確認されないが、一一六七年の重源［『元亨釈書』巻一四、重源伝］・翌年の栄西［『興禅護国論』巻中、第五門］以降は、相次いで確認されるようになる［榎本渉 二〇〇四年c］。

(84)『嘉定赤城志』巻二、地理門、坊市に、台州黄巌県治東一里の新羅坊の説明として、「以二五代時新羅国人居一レ此、故名」とあり、新羅海商が五代の頃まで活動していたことは確認できる。だが宋代に関しては、卓栄のような国家使節を除けば、『建炎以来繋年要録』紹興二九年（一一五九）八月戊午条の「高麗賈人」が、管見の限りで最初の事例である。

(85) 高麗の「日本商人」は大宰府・国衙の在庁官人層や、これと関係を持った在地有力者層と考えられる［山内晋次 二〇〇三年 第一部第三章：八四―八六頁（初出 一九九〇年）］。

第二部　日元交通の展開

第一章　元朝の倭船対策と日元貿易

はじめに

近年の日本対外関係史研究の盛況にもかかわらず、日元関係史についての新成果は乏しい。いわゆる「寺社造営料唐船」の事例紹介を除けば、文化交流史・外交史（蒙古襲来）に限られるといって良い。特に日本遠征以後の貿易については、関心の低さもあり、実証面に関しては長く後藤秀穂・木宮泰彦・森克己各氏の基礎的研究の水準を越えていない〔後藤 一九一四年ａ・木宮 一九五五年（初出 一九二六―二七年）・森 一九七五年ａ（初出 一九四八年）〕。

日本遠征以後の元朝の倭船への姿勢は、森氏によると以下のようなものであった〔森 一九七五年ａ：三六六―七〇頁・五一一―二五頁〕。日本遠征失敗の後、元朝は日本側の報復を恐れ、倭商を警戒し圧迫した。また貿易政策の消極化により、従来ほど自由な往来も行なわれないようになった。これに対して倭商は武装して来航するようになり、不満があると暴動を起こすこともあった。またこうした武装商人団と区別されることを目的として、幕府から公許を受けて出港する船も増えるようになった。これらはそれぞれ、明代の倭寇と朝貢貿易へつながるものであったという。森氏は以上の分析から、宋代・元初と比較してこの時期の貿易統制が厳格で、貿易に対する姿勢も消極的であったことを強調する。

しかし特に近年は、元朝の貿易政策の積極性〔杉山正明 一九九五年〕や、日元間の文化交流・貿易活動の活況が強調されるようになっている〔村井章介 一九九五年 第二章（初出 一九九二年）〕。二度の武力衝突にもかかわらず、日元貿易が活況を呈したのは、疑いのない事実である。その点については森氏も否定しているわけではない。問題にしているのは、盛んな交通の背後にあった元朝の貿易管理体制の変化なのであり、森氏はそれを消極的とするのである。日本遠征失敗という政治的・軍事的事情による政策の変化という想定は自然であるが、近年の論はこうした時間的な変化の可能性を度外視し、一般的な傾向として元朝の積極性を主張するのみである。また森氏の呈示する個別の事例についても、十分に検討が加えられているわけではない。森説の枠組みは、依然としてその生命を失っていないといえる。

しかしそれにしても、一般的傾向として元朝の貿易への積極性が主張されている以上、日本遠征以後における倭船対策のみが、例外的に消極的なものであったと結論付けて良いのか、再検討の価値はある。そのために必要なのは、森説の全面的な再検討も含めて、元朝の倭船対策がどのような方針で行なわれたのか、そこにはどのような背景があったのか、その結果日元交通はどのような影響を蒙ったのかを、改めて具体的に明らかにすることであろう。

この点について、近年中国では新たな研究が発表されている。たとえば高栄盛氏は、従来用いられなかった詩文集・地方志など中国側の倭船関係史料も用い、元代の倭寇を論じている〔高 一九九八年 第三章第二節・二〇〇四年〕。森説の根拠はほとんど『元史』の簡略な記事（表3）のみであったが、高栄盛氏の研究によって、史料状況は相当改善されたといって良い。また高栄盛氏の議論は倭寇問題を中心としているが、本章で触れる事例から明らかなように、元末以前のいわゆる「倭寇」は市舶司貿易と密接な関係があり（その点で私は、元末以前の「倭寇」は元末以降の倭寇と一括してとらえるべきではないと考えており、これらを一括してとらえる高栄盛氏とは意見を異にするが）、「倭寇」問題は日元貿易

内　　容
（至元）十四年，日本遣商人，持金来易銅銭．許之．
詔諭沿海官司，通日本国人市舶．
（至元）十六年，日本商船四艘，篙師二千餘人，至慶元港口．哈剌歹諜知其無他，言于行省，与交易而遣之．
五月，日本行省参議裴国佐等言，「本省右丞相阿剌罕・范右丞・李左丞，先与忻都・茶丘入朝時，同院官議定，領舟師至高麗金州，与忻都・茶丘軍会，然後入征日本．又為風水不便，再議定会於一岐島．今年三月，有日本船為風水漂至者．令其水工画地図．因見，近太宰府西在平戸島者，周囲皆水，可屯軍船．此島非其所防．若徑往拠此島，使人乗船往一岐．呼忻都・茶丘来会，進討為利」．帝曰，「此間不悉彼中事宜．阿剌罕輩必知．令其自処之」．
日本来互市．風壊三舟，惟一舟達慶元路．
日本舟至四明求互市．舟中甲仗皆具，恐有異図．詔立都元帥府，令哈剌帯将之，以防海道．
置千戸所，戍定海，以防歳至倭船．
倭商有慶等，抵慶元貿易．以金・鎧甲為献．命江浙行省平章阿老瓦丁等，備之．
武宗至大二年七月，枢密院臣言，「去年日本商船，焚掠慶元，官軍不能敵．江浙省言，『請，以慶元・台州沿海万戸府新附軍，往陸路鎮守，以蘄県・宿州両万戸府陸路漢軍，移就沿海屯鎮』．臣等議，自世祖時，伯顔・阿朮等，相地之勢，制事之宜，然後安置軍馬．豈可軽動．前行省忙古觧等亦言，『以水陸軍，互換遷調』．世祖有訓曰，『忙古觧得非狂酔，而発此言．以水路之兵，習陸路之伎，駆歩騎之士，而従風水之役，難成易敗，於事何補』．今欲禦備姦宄．莫若従宜於水路沿海万戸府，新附軍三分取一，与陸路蘄県万戸府漢軍，相参鎮守」．従之．
（至大）四年十月，以江浙省嘗言，「両浙沿海瀕江隘口，地接諸蕃，海寇出没．兼収附江南之後，三十余年，承平日久，将驕卒惰，帥領不得其人，軍馬安置不当．乞，斛酌衝要去処，選調鎮遏」，枢密院官議，「慶元与日本相接，且為倭商焚毀．宜如所請．其餘遷調軍馬，事関機務，別議行之」．
延祐三年，大臣以浙東倭奴商舶貿易致乱奏．遣漢卿（虎都鉄木禄），宣慰閩浙，撫戢兵民．海陸為之静謐云．
延祐四年，往四明，監倭人互市．先是往監者，懼外夷情叵測，必厳兵自衛，如待大敵．克敬至悉去之，撫以恩意．皆帖然無敢譁．有呉人従軍征日本，陥於倭者，至是従至中国，訴於克敬，願還本郷．或恐為禍階．克敬曰，「豈有軍士懐恩徳来帰，而不之納邪．脱有釁，吾当坐」．事聞，朝廷嘉之．
倭舶来互市．
日本舶商至福建博易者，江浙行省選廉吏征其税．
日本商百餘人，遇風漂入高麗．高麗掠其貨，表請没入其人以為奴．鉄木児塔識持不可曰，「天子一視同仁．豈宜乗人之険，以為利．宜資其還」．已而日本果上表称謝．俄有日本僧，告其国遣人刺探国事者．鉄木児塔識曰，「刺探在敵国固有之．今六合一家，何以刺探為設．果有之，正可令覩中国之盛，帰告其主，使知嚮化」．

表3 『元史』倭船関係記事

No.	年代	『元史』出典
1	1277	208 日本伝 cf.『国朝文類』41 征伐
2	1278	10 本紀，至元 15/11/丁未
3	1279	132 哈剌䚟伝
4	1281	208 日本伝
5	1292	17 本紀，至元 29/6/己巳
6	1292	17 本紀，至元 29/10/戊子
7	1304	21 本紀，大徳 8/4/丙戌
8	1306	21 本紀，大徳 10/4/甲子
9	1309	99 兵志 2，鎮戍
10	1311	99 兵志 2，鎮戍
11	1316	122 虎都鉄木禄伝
12	1317	184 王克敬伝
13	1325	29 本紀，泰定 2/11/庚申
14	1328	31 本紀，天暦 1/11/庚午
15	1342-45	140 鉄木児塔識伝 cf.『金華黄先生文集』28 勅賜康里氏先塋碑

そのものを考える上でも非常に重要な素材であるといえる。

実際に江静氏は高栄盛氏と同様の史料を用いながら、日元貿易について論じている［江二〇〇〇・二〇〇一・二〇〇二年］。特に本章での関心と重なるのは、元朝の倭船管理の問題を論じた江静［二〇〇一年］である。ただし江静氏の主眼は日本遠征以後も元朝の警戒態勢が継続していたことを強調する点にあり、それを示す史料の内容については詳細な分析をしていない。時間軸に沿って各事件を整理し、改めて考察を行なう余地は、なおある。これは森氏やその他日本の研究についてもいえることであるが、時期的変遷やその背景が極めて精緻に考察されるようになっている日朝貿易に対し、日元貿易研究においてはそのような視点が極めて希薄である。日元貿易に関して、具体的にどのような背景からどのような事件が起こり、どのような影響を及ぼしたのか、現状として我々はほとんど情報を持っていない。

また高栄盛・江静氏の研究では、日本側史料、特に入元僧関係史料への言及が少ない。日本側史料と組み合わせることで、倭船対策の影響や日元交通状況はより詳細な考察や裏付けが可能となる。もちろん日元貿易や元側の管理体制などに直接言及する史料は非常に少ないが、数百に及ぶ渡航事例を網羅的に調査することで、往来頻度などについておおまかな傾向を見ることは可能であろう。また中国史料についても、高栄盛・江静氏の挙げていないものはまだ眠っており、発掘の余地はある。

以上の研究の現状を鑑み、本章では日元貿易の盛期と考えられる一四世紀前半を中心に、元朝の倭船対策と日元貿易の展開を、逐一史料を挙げて確認していきたい。これは日元貿易研究における基礎研究となるものである。

一　元朝の貿易政策と倭船対策

1　貿易政策の消極化論について

近年元朝の貿易に対する積極性が強調されていることはすでに述べたが、森氏によると、世祖クビライ末年以降元朝の貿易政策は消極化するという〔森　一九七五年ａ：五一八―二一頁〕。本節では森説の根拠を確認し、その妥当性を再検討してみたい。

森説の主要な根拠は、市舶司の規模縮小・廃止（一三〇三―〇八・一一―一四・二〇―二三年）の措置である。だが市舶司の廃止・存置の方針は皇帝が代ると覆る傾向があり、時の政権担当者の意向が大きく作用しているようで、元朝の貿易政策の一般的な消極性には必ずしも解消できない(1)。また市舶司の廃止が、ただちに日元貿易の停止を意味するというわけでもなかったようである。市舶司が置かれていない時期にも僧侶の日元間の往来は行なわれているし(2)、称名寺船は市舶司廃止期の一三〇六年に日本に帰国し、これに乗っていた俊如房快誉は「無為帰朝」と言われている(3)。『元史』には、同年倭商有慶が慶元に到り貿易を行なったことが記されている〔3—8〕(以下表〇の項目を引用する場合、〔〇—表中No.〕の形で表記する)。こうして見ると、市舶司がなくても貿易は行なわれたようである。一三二八年に倭船が市舶司非設置地の福州に来航した時、江浙行省が廉官を派遣し徴税したこと〔3—14〕も、このことを示唆する(4)。

一三〇三年の「以レ禁二商下一レ海、罷レ之(制用院)(5)」(市舶司も廃止)(6)、一三一一年の「罷レ之(市舶司)、禁二下レ番船隻一」(7)、一三二〇年の「罷二市舶司一、禁二賈人下一レ番(8)」という『元史』の市舶司廃止記事を文字通りに解釈すれば、市舶司の廃止によって禁止されたのは元海商の下海である。一三一四年の市舶司再置を求める議論の中にも、「在前《さきに》設二立市舶一、下レ番博易」とあり、市舶司の設置と元海商の下海が結び付けられている(9)。元海商は出海に当たり市舶司で手続きを受けることになっていたから、当然である。一方で外国商船の受入れについては何も触れられておらず、直接の関係はないと見るべきであろう。

森氏はまた、一二九三・一三一四年の市舶則法公布の結果、「如上の厳重なる法規によって管理されてゐたのであるから、一般外国商船の元への来航は従来程自由では無くなった」〔森 一九七五年a：五二一頁〕と言う。しかし市舶則法制定の契機になった一二九一年の中書省奏に拠ると、貿易は国家に大きな利益をもたらすものである。宋の頃は貿易が適切な形で行なわれていたが、現在では担当者が私腹を肥やすことに専念しているため、商船の往来がわずかしか見られなくなっている。だから宋代に市舶官を務めていた者に事務の整備を行なわせようとある(10)。貿易の管理を目指しているのは確かだが、商船の往来に制限を加えることが目的ではなく、むしろその振興が目的であった。またここで明らかに述べられているように、市舶則法の制定は、宋代をモデルにしたものであった。[11] その内容を見ても、規定は詳細になっているが、方針は従来と変わるものではない〔陳高華他 一九八一年：八六―九三頁〕。

元朝の海上支配は、クビライの次の成宗テムル朝（一二九四―一三〇七年）から、より有効に機能するようになる。たとえば江南の税糧の漕運は、かつて海賊出身の朱清・張瑄に委任していたが、一三〇二年に改革の議論が持ち上がると六〇―七〇万石から一四〇万石に、翌年政府直営に切り替えると一六〇万石に、一三一九年以降は三〇〇万石に達するようになる〔星斌夫 一九六一年〕。南海諸国との関係も、多くはテムル朝以後安定する。[12]

森氏は日本遠征以後の元朝について、貿易への消極的態度と倭人への警戒を挙げているが、こうして見ると、前者については必ずしもいえない。では後者についてはどうか。これについては節を改め、従来倭人への警戒を示すものとされてきた個々の記事を逐一検討してみたい。

2　慶元の警備強化

元朝が倭船に対して警戒を示した最初の事例とされるのは、一二九二年一〇月倭船が慶元に到来したという『元史』の記事である〔3―6〕。船員が武具を身に着けていたため、元朝は異図あるを恐れ、都元帥府を立てて海道を防御したという。この時都元帥府が置かれたのは、当然慶元路を含む浙東道（江浙行省に属す。治婺州路）であったはずである。それまで浙東道には宣慰使司が置かれていた。宣慰使司は道に置かれ、「軍民之務」を掌るが、「辺陲軍旅之事」がある場合には都元帥府を兼ねることになっていた。[13] この都元帥府設置は、日本襲来の恐れに備えて浙東道の軍事強化を目指したものと考えられる。

ただしこの記事を見る際には、次のことを念頭に置くべきである。すなわち元朝はこの年の夏頃に日本に牒状を送り、九月には高麗に命じて耽羅漂流の倭船を送還させた。この時高麗は、元朝への服属を勧める国書も日本にもたらしている。クビライはこの頃日本遠征を検討し始めており、日本招諭の成功・不成功は、第三次日本遠征を実行するか否かについて決定的な性格を持つべきものであった。結局日本から返答は無く、クビライは日本遠征計画を開始するが、実現前の一二九四年に没する〔池内宏 一九三一年：四二六―三五頁〕。つまり一二九二年一〇月の倭船来航は、元朝が日本からの返答を待機している最中のことであり、特に日元間が緊張していた時のことであった。こうした時期における元朝の過敏な反応を、単純に倭船への警戒の高まりという一般的傾向の中で理解していいかは疑問である。これが一時的なものであったことは、この時設置された都元帥府がまもなく宣慰使司に降格したらしいこと[14]からもうかがえる。

なお付け加えておけば、森氏はこの記事を根拠に、この頃から武装商人団が元に来航するようになり、後の倭寇につながっていくとする〔森 一九七五年a：三六六―六七頁〕。だが倭人が武装していたのは、元朝の招諭に対して警戒心を抱いていたという特殊な事情のためと考える余地もある。元朝の招諭に大きな衝撃を受けた日本は、この頃防衛体制の強化を図っている〔村井章介 一九八八年 第Ⅴ章：一九九―二〇七頁（初出 一九七八年）〕。従来の平和的貿易商人に代わる武装商人団の中国来航という図式は、他にほとんど根拠はなく、疑問である〔李領 一九九九年 第四章：一五八―五九頁〕。

話は横道に逸れたが、一二九二年の記事を除くと、元朝の倭船への警戒を示す最初の事例は、一三〇四年の「置㆓千戸所㆒戍㆓定海㆒、以防㆓歳至倭船㆒」という記事となる〔3―7〕。川添昭二氏はこれを、「年ごとに日本商船が来るのを防ぐため定海に千戸所を置いている」と解釈する〔川添 一九九四年 第二章第四節：一三二頁（初出 一九八六年）〕。定海は慶元の属県で、現在の鎮海。慶元の外港に当たる。ただし「防」は日本語の「防ぐ」のニュアンスのように、遮

表4　テムル朝（1294-1307年）における日元交通

年　代	事　　項	出　　典
1293-99（a）	愚直師侃入元	『愚直和尚伝』[白石虎月編1930年：373-74頁]
1295頃	林叟徳瓊帰朝	『覚源和尚年譜』[『大日本史料』6-31：155-68頁]
1296	可庵円慧入元	『扶桑禅林僧宝伝』5
1298	倭船慶元に来着	『一山国師語録』付収，行記
1298	唐船五島で漂倒	『青方文書』70-73・75
1298-99（b）	蒙兄入元	『希叟紹曇禅師語録』付録
1299	一山一寧・西澗子曇来朝	『一山国師語録』付収，行記 『禅林僧伝』7，勅謚大通禅師行実
1299？（c）	寛首座入元	『済北集』13，寛首座
1305？（d）	龍山徳見入元	『黄龍十世録』付収，龍山徳見行状
1306	遠渓祖雄入元	『名僧行録』1，遠渓祖雄禅師之行実［『大日本史料』6-8：304-05頁］
1306	倭商有慶慶元に到る	『元史』21本紀，大徳10/4/甲子
1306（e）	称名寺船帰朝	『金沢文庫古文書』50・51・610等
1306	峨山韶碩入元？（f）	『諸嶽開山二祖禅師行録』峩山和尚行実
1307	雪村友梅入元	『雪村大和尚行道記』
1307	唐船兵庫神崎に帰着	『春日若宮神主祐春記』徳治2/5/20 ［藤田明良1998年b：43頁］

（a）永仁年間.
（b）元の居涇和尚は，日本の白雲慧暁が1297/12/26（実際は12/25）に死んだことを蒙兄から聞き，1299年追悼偈を作った.
（c）寛首座入元の時期は明記されないが，かつて虎関師錬は彼とともに入元する約束があったという．虎関は1299年入元を中止しており［『海蔵和尚紀年録』］，その時のことか.
（d）この行状の年代にはずれがある可能性がある．本章2-1参照.
（e）年代比定については，前田元重［1978年］参照.
（f）佐藤秀孝氏は疑う［佐藤1984年：282-83頁］.

断したという意味になるとは限らない。「防」が「備」に通じ、またこの翌年以降、日本船の入元事例が継続的に確認できること（表4）を考えると、不慮の事態に対して備えを万全にしたということであろう。

むしろ重要なのは、この少し前に実現した浙東道都元帥府の設置である。このことが建議されたのは定海千戸所設置二年前の一三〇二年一〇月で、実現は一三〇三年秋である。(15) より詳しく言えば、婺州に置かれていた浙東道の治が慶元に移され、宣慰使司が宣慰使司都元帥府に昇格した。その目的について、『元史』は海道の鎮遏と記すのみであるが、『延祐四明志』は「島夷庬雑、宜㆘用㆓重臣㆒鎮㆗服海口㆖」と記している。(16) すなわち「島夷」に対する備えであった。都元帥府設置の件について一三一二年卓玧撰浙東道都元帥府記は、慶元を「且控㆓扼日本諸蕃㆒。厥惟喉襟之地。聖天子臨軒冊命、常選㆓用重臣㆒」と述べ、日本への備えのための重要な地であることを強調する。(17)『延祐四明志』の「島夷」も日本を念頭に置いていると考えて良いだろう。翌年の定海千戸所設置も、倭船への備えという点で、この延長上の措置といえる。

なお高栄盛氏は、クビライ期以来元朝の海運を担当し巨富を得ていた朱清・張瑄に対する弾劾が一三〇二年から強まり、翌年に誅殺されたこと、彼らの軍器・海船が没収され、海外に派遣した商船の籍没が命じられていることなどに注目し、この時期の慶元での対日警備強化を朱・張勢力の海外逃亡への警戒措置と考える［高 一九九八年：二二一—二二三頁］。朱・張滅亡の背景にはテムル皇后のブルガン一派の策動があったと考えられる［植松正 一九九七年 第二部第四章：三〇六—〇九頁（初出 一九六八年）］が、朱・張取り潰し実行の三ヶ月前から予防措置として浙東道都元帥府設置を図っていたとすれば（都元帥設置建議は一三〇二年十月、朱・張誅殺は翌年正月）、非常に用意周到といわざるを得ない。

もっとも、実際にそれを断言することは困難に思われる。浙東道都元帥府設置の実現は朱・張誅殺後（一三〇三年秋）であり、定海千戸所設置はその翌年である。朱・張はさしたる抵抗も見せずに自害し、あるいは誅されたのであり、その残党に対してここまで執拗に警戒する必要があったのか。そもそも朱・張への警戒措置としてならば、慶元よりは彼らの拠点であり海運の要衝でもあった崇明・崑山の警備こそ重視されるべきであろうが、特に目立った措置はない。私は都元帥府設置の最大の眼目は、やはり史料に明記される通り日本への備えであり、朱・張事件との関連は、あったとしても副次的なものだと思う。

少なくともこの時期の元朝には、対日防備を強化する動機があった。それは元朝の日本招諭失敗である。テムルは対日非戦派で、日本を討つことを乞われた時もこれを退け、あくまでも外交交渉によって日本を招諭しようとし、一二九九年には一山一寧を派遣した。しかしこの試みは失敗に終わった。その失敗は、遅くとも派遣から二、三年後には明確に意識されたであろう。これを最後に元朝は、三〇年以上に及んだ日本招諭の努力を放棄する。『元史』日本伝、およびそのもととなった『国朝文類』の日本関係記事は、一山派遣記事の後に「而日本人竟不レ至」と記し、その記述を終えている。(18)

クビライ期においては、少なくとも名目上は、倭船の受入れには日本招諭という政治的動機が込められていた〔南基鶴 一九九六年 第四章：一八九—九〇頁〕。日本はいまだ臣服せざる国であると同時に、いずれ臣服すべき国でもあった。しかし元朝が日本招諭を諦めたことは、日本を不臣国として固定的に位置付けることにもなったはずであり、ここに日本不臣を前提とした新たな体制を慶元に敷く必要が生じることになる。一三〇二年に始まる対倭船警備の強化は、その一環であった。

注目すべきは、日元交通が浙東道都元帥府・定海千戸所設置以後も衰えていないことである。さらに言えば、むしろこれ以降盛んになるのである。表4を見れば分かるように、元朝の一山一寧派遣までは連年の往来が確認できるのに対し、それ以後はしばらく確認できなくなり、一三〇五年頃から往来が復活する。(19)一三〇四年の時点で「歳至倭船」が存在しているから〔3—7〕、それまでも倭船の往来は存在したのであろうが、規模の増大は認めて良いだろう。一三〇六年に倭商有慶が慶元に赴き、貿易を行ない金・鎧甲を献上した時、元朝が江浙行省平章のアラー＝ウッディーンに命じてこれに備えさせたという『元史』の記事〔3—8〕は、元朝の倭船への警戒を示すものとしてよく挙げられる。たしかに警戒はされているのであろうが、それによって貿易が拒否されたわけではない。同年に多くの唐物を積んで帰国し「茶以下唐物多々」の齎来が歓迎されている称名寺船(20)の存在を考えても、この時期の元朝の基本方針が貿易禁止であったとは考えがたい。すなわち、警備強化と貿易は両立していたと考えるべきだろう。一三二八年四月鄧文元[21]撰の記に、日本―慶元間の経由地である昌国（現在の舟山）について、「日本市易、則選レ兵戍守、以領二海道近一」とある。[22]この時期の海道防御は、日本との貿易を前提としたものだった。武宗カイシャン即位翌年の一三〇八年に市舶司が復活したように、カイシャン期には貿易に対する姿勢はさらに積極的になる。明代の史料ではあるが、鄭舜功『日本一鑑』窮河話海、巻六、海市に拠ると、元朝は一三〇八年に日本の来市を招いたともいう。

3　倭人の入城禁止とその目的

この頃の元朝の倭船に対する苛烈な対応を示すものとしてよく挙げられるのが、龍山徳見の行状である。[23]

時師方二二十二歳一、遂去附二商舶一抵二四明一。時高麗・江南・大理等諸国、皆為三蒙古所二一統一、独吾日本不レ服。故将レ不レ許二容交関一、為翔二其抽分之直一、不三惟禁二止商客上岸一、乃至雲游衲子、亦不レ得レ入二城門一、或有二犯者一、例以二細作人一坐レ罪。

（読み下し）

時に師二十二歳（一三〇五）に方り、遂に去きて商船に附し四明（慶元）に抵る。時に高麗・江南・大理等の諸国、皆な蒙古の一統する所と為り、独だ吾が日本服さざるのみ。故に将に交関を許容せざらんとし、為に其の抽分の直を翔し、惟に商客の上岸を禁止するのみならず、乃至雲游の衲子も、亦た城門に入るを得ず、或いは犯す者有らば、例として細作人（間者）を以って罪に坐す。

後述するように、この行状の年代は必ずしも正確ではないが、誤差はあっても一、二年程度で、大体この頃のことと見てよい。この時元朝は、日本が臣服しないことを理由に、貿易を許可しないようにしようとした。そこで税率を上げ、商客の上陸や僧侶の入城を禁止するという措置を取ったという。読み方によっては微妙なニュアンスの違いは生じ得ようが、大枠としてはこのような内容である。

元朝が倭船に関して税率を上げたというのは、他に関連史料がないのでなんともいえないが、市舶司官吏の不正は元代にも多く見られ(24)、これもその一例と考える余地もある（もちろん関連史料がないだけで、実際に税率が上げられた可能性もある）。ついでに触れておくと、少なくとも一三世紀終わりの江浙行省においては、高麗船と倭船の間に税率の面での差別が存在した。これは必ずしも不当な処置ではなく、法的根拠は存在したようである(25)。しかし高麗船・倭船の主要な入港地である慶元で、倭商はこの差別を目の当たりにしていたはずで、不当な扱いを受けているという不満を、倭商に抱かせる原因になったのかもしれない。

入城禁止が行なわれていたことは確かであろう。龍山はこのため、命を捨てる覚悟で城壁をよじ登って慶元城内に侵入したという。こうした措置にも倭人が不満を持ったことは否定できないであろう。しかし果たして従来言われているように、これを倭人の圧迫そのものを意図したものと取って良いのであろうか(26)。

従来注目されていなかったが、倭人入城禁止が定制として規定されていたことを伝える史料が存在する。袁桷撰の『馬元帥防倭記』である。この史料についての考察は後で行なうこととして、ここではとりあえずその定制について触れる前半部分を引用し、一応の訓読を試みることにする(27)。

自レ昔待二蛮夷之国一、必伝二詔令一、以諭二説之一。稍失二撫馭一、則狙詐百出、甚者嗜二錙銖之甘一。傾接如三素所二交往一、失二上国体一。籧侮訕笑、於レ茲有レ年矣。今天子考レ献、令二於疆域一。中書省奏曰、「蛮夷之不庭、実守禦長吏、餌レ利忘レ公。弊不レ可二日長一。維定海、実慶元属県、附二海司一鎮遏。遵二考旧蹟一、茲其為二泊艤之所一。舶有二定制一。輸二其物一以上二于官一、勿レ入二郡城一、勿レ止二貿易一、則得以二永遠一。虚声生レ疑、駱駅伝騎亡レ益也。是宜丙選下帥臣清白有二誉望一者上、制乙置其事甲」。上可二其奏一。

（読み下し）

昔より蛮夷の国を待するは、必ず詔令を伝え、以って之を諭説す。稍や撫馭を失せば、則ち狙詐百出し、甚だしきは錙銖の甘（些細な不正）を嗜む。傾接（恭順の態度を以って接すること）素より交往する所の如くせば、上国の体を失わん。籛侮訕笑（弄びそしり笑うこと）、茲に於いて年有り。今天子献（上奏）を考え、疆域に令す。中書省奏して曰く、「蛮夷の不庭なるや、実に守禦の長吏、利を餌《この》み公を忘る。弊日長すべからず。維に定海は、実に慶元の属県にして、海司に附し鎮遏す。旧蹟を遵考するに、茲は其れ泊艤の所為り。舶に定制有り。その物を輸し以って官に上り、郡城に入るる勿く、貿易を止むる勿ければ、則ち得るに永遠を以ってせん。虚声にて疑を生ずるも、駱駅の伝騎益亡きなり。是宜しく帥臣の清白にして誉望有る者を選び、其の事を制置せしむべし」と。上其の奏を可《ゆる》す。

これは一三二五年冬頃のことを記したもので、「今天子考レ献、令二於疆域一」までが要約、それ以降が具体的な内容となっている。これを踏まえると、時間的な順序としては、中書省奏→皇帝認可→地方への指示（後掲の後半部分から、江浙行省と分かる）ということになる。

重要なのは傍線部である。この頃、官貿易・入城禁止・貿易振興を原則とする定制が存在したという。ここでは単に舶（商船）に関する定制とあるが、仮に商船一般に関する法令ならば、現存する二種の市舶則法に触れられても良いはずだが、入城禁止について触れたものは存在しない。『防倭記』は倭船への対応について記したものであり、傍線部を含む中書省奏もそれに関するものであることから、この定制も特に倭船に関するものと考えたい。

この定制から分かるように、倭人の入城禁止措置は対日貿易振興の方針と両立するものであった。龍山が入城を認められなかったのは、直接にはこの定制に拠るものと思われる。もっとも龍山行状では、不当な税率と倭人入城の禁止は、貿易禁止の意図に拠るものであったとする。だが日本の一僧侶や海商が、元朝の措置の背景にある方針を必ずしも正確に把握できたとは思われず、確かな根拠に基づくものかは疑わしい。倭人側の想像と考えるべきであろう。

元朝が倭人の入城を禁じたのは、治安上の問題からであろう。具体的には日本側のスパイ・軍事行動に備えたものと考えられる。また高栄盛説に従えば、朱清・張瑄残党のことも考えていたことになろう。おそらく先に見た浙東道都元帥府・定海千戸所設置と一連の措置と考えられる。日元貿易自体は抑圧せず、安全を確保した上で貿易を行なうというのが、定制の方針であった(28)。元朝の倭人に対する警戒は当然である。度重なる外交交渉の努力にもかかわらず、遂に日本は招聘に応じず、また日本襲来がないという保証は、どこにもなかったのであるから。評価されるべきは、そのような状況下でも環境を整備し貿易を行なおうとする元朝の積極性であろう。

二　倭商暴動事件とその影響

1　至大の「倭寇」

一三〇九年、慶元で最初の「倭寇」(29)事件が勃発した。これに関して最も詳しい情報を伝えるのは、虞集撰の慶元路玄妙観碑銘である(30)。

島夷歳以二土物一互市。郡境吏卒侵二漁之一、不レ堪二以忿一、持二所レ賫流黄等薬一火二城中一。官府・故家・民居幾尽、観亦与レ焉。蓋至大二年也。

（読み下し）

島夷歳ごとに土物を以って互市す。郡境の吏卒之を侵漁すれば、以って忿するに堪えず、賫す所の流黄等の薬を持って城中を火く。官府・故家・民居幾んど尽き、観も亦た焉と与にす。蓋し至大二年（一三〇九）なり。

「島夷」は毎年のように土物を持って貿易に来ていたが、現地の吏卒の侵漁に憤りに堪えず、持ってきた硫黄を用いて城中を燃やし、玄妙観もこの時燃えてしまったという。元末に劉仁本が玄妙観の道蔵の復興に当たり撰した記は、この件を「継有二倭夷之災一、観与レ蔵倶燬」と記しており[(31)]、虞集撰碑銘の「島夷」が倭人であることは疑いない。

元代慶元の地方志である『延祐四明志』『至正四明続志』を見ると、慶元の官舎・学校・廟・寺観等一一三件中、二四件[(補注)]がこの年に焼失しており、倭人によると明記されているものもある（表5）。この事件によるものと考えて間違いないだろう[(32)]。以下ではこの事件を、年号を取って至大の「倭寇」と呼びたい。

入城禁止の規定や税率の差別なども、倭人の潜在的な不満の種になったとは思われるが、玄妙観碑に明記されているように、この事件の直接の原因は、倭商に対する市舶司吏卒の侵漁であった。このことは燕公楠（一二八五―九五年江淮・江浙行省在任）の神道碑にもある。燕公楠の去った後その倭人接待の道を継ぐ者がなく、倭人の貨宝を利とし、兵を以ってこれを脅したため、逆に「殺略焼焚之禍」を受けることになったという[(33)]。元朝が倭人への警戒からこれを圧迫した結果ではないし、倭人も海賊行為のために来たわけではない。後世のような組識的・計画的な海賊行為ではなかったとする説〔後藤秀穂 一九一四年a・田中健夫 一九八二年：五五―五七頁〕は、従うべきであろう。

実際の被害として知られるのは、慶元城内の火災である[(34)]。確かにその被害は大きいものであるが、慶元城外での被害は確認できず、一都市内部での暴動事件に過ぎなかったようである。またその広範な火災の被害も、すべて倭人の放火によるものではなく、少なくとも浙東道都元帥府・慶元路医学・玄妙観は延焼である〔5―1・9・21〕。慶元城

表5　至大2年焼失の慶元府城官舎・学校・廟・寺観

No.	地　名	記事［延祐四明志/至正四明続志］	出　典
1	浙東道都元帥府	至大二年正月郡城火延燎，経始於至大四年二月 /大徳六年建置，至大二年正月倭火燬之，四年建	延8至3
2	浙東海右道粛政廉訪司分司	至大二年燬，今以鄞県旧治為之 (cf. 鄞県治，…皇慶二年重建於此)/	延8至3
3	万戸府	至大二年燬，至大四年重建 /至元十三年置，延祐元年其大門・庁事・吏舎咸備，至大四年民居遺漏延燬，重建	延8至3
4	総管府	中門燬於至大二年之火，延祐五年重建 /延祐五年重建	延8至3
5	司獄司	＊「至大二年獄既燬支弊植仆，僅存其制」［『清容居士集』18，新修司獄司記］	延8至3
6	録事司	/至大二年燬，延祐元年重建 ＊「至大二年正月，倭寇入城．元帥府及録事司皆焚」［『雍正寧波府志』36，逸事］	延8至3
7	恵民薬局	/至大二年燬，天暦二年剏	至3
8	鄞県儒学	至元二十六年郡城火，至大二年正月復燬於火，是冬経営之/	延13至7
9	慶元路医学	至元十八年創建，延祐二年重徙 /至大二年燬於延燎，延祐二年移置	延13至8
10	城隍廟	/至大二年火，延祐七年以来重建	延15至9
11	純徳徴君廟祠	/至大二年火，延祐二年重建	延15至9
12	霊応廟	至元二十六年火，重建，至大二年又火，建 /至元二十六年火，重建，至大二年又火，重建	延15至9
13	東嶽行宮	/至大二年火，元統元年募建	延15至10
14	天寧報恩寺	至元二十九年寺復燬，至大二年正月火於倭人 /至大二年火，至治元年重建	延16至10
15	万寿寺	至元十九年火，至大二年又火 /至大二年火，重建	延16至10
16	吉祥寺	至元十九年・二十六年・至大二年経三火/	延16

No.	地　名	記事［延祐四明志/至正四明続志］	出　典
17	宝雲寺	至元二十六年・至大二年又火 /至大二年火，至元元年重建	延16至10
18	太平興国寺	至大二年火/	延16
19	崇教寺	至元二十五年・至大二年復燬/	延16
20	鎮明霊観音庵	至元十六年・至大二年火，今已復/	延16
21	玄妙観	至元十九年燬，至元二十九年改今額，至大二年復火 /至大二年火，重建 (島夷火城中，…観亦与焉．蓋至大二年也)	延18至10
22	報恩光孝観	至元十九年火，重建，至大二年火 /泰定四年火，営建未完	延18至10
23	明霞観	至元二十八年建，至大二年燬/	延18
24	真隠観	/至大二年火，至治三年重建	至10

は宋代から、「人以二淞隘一為レ詞、猶戸捐以二数尺之地一」というように、人口稠密で土地が不足しており、そのため「凡街衢巷陌経レ火者、悉従」というように、一ヶ所が燃えればすぐに広がってしまう環境にあった(35)。

実は従来言われている最古の「倭寇」はこれではない。龍山徳見の行状に拠ると、一三〇七年に「慶元路官、与二倭商一有レ鬩、一城尽灾。由レ是巡二検於諸寺一捕二倭僧一」ということがあったという。森氏はこれを至大の「倭寇」に先立つものとし［森 一九七五年a：五一八頁］、定説化している。だがそれにもかかわらず、先に至大の「倭寇」を最初の「倭寇」事件としたのは、龍山の行状に見える事件を至大の「倭寇」と同一事件と見る説があり［小野勝年 一九八二年：三七―三八頁・木宮泰彦 一九五五年：四一一頁・後藤秀穂 一九一四年a：四七―四八頁］、これに賛成するからである。

まず事件の内容からすれば、同事件を指したものと見て問題はない（倭商と地方官史の紛争→火災）。逆にこれを別件とすると、一三〇九年の慶元府炎上は地方志で確認できるのに、「一城尽灾」とまで言われたにもかかわらず、一三〇七年に燃えた建物は、地方志で一件も確認できず、不自然である。また至大の「倭寇」は、早くも一ヶ月後の二月には「異賊蜂起」として日本に伝えられているが、(36)一三〇七年にはそのような気配はまったくない。さらに一三〇七年の「倭寇」の結果、「諸寺に巡検し倭僧を捕う」という措置が取られたというが、この頃湖州で検挙された雪山友梅は、一三〇七年に入元した後、二年間「京国観光」を行なっている。(37)検挙まで時間がかかったとしても、不自然さは残る。

では龍山の行状にある一三〇七年の記事は、どう考えるべきか。私はこれを単なる年代の誤りではないかと思う。この行状には他にも年記の誤りが確認出来るからである。たとえば龍山の帰朝は一三四九年と明記されているが、実際は一三五〇年であることは、この年三月一五日に龍山の乗った唐船が博多に来着した由が、二日後に九州探題一色直氏から京都に報告されていることから、(38)明らかである。特に若い頃に関しては、この行状の年代はズレがある可能性が高い。以下では龍山行状に見える事件も至大の「倭寇」事件を指すものとして、議論を進めたい。

2　至大の「倭寇」以後の倭船対策

至大の「倭寇」は、元に大きな衝撃を与えた。よく取り上げられるのは、倭僧の検挙である。特に慶元天童寺においては十数人が捕らえられて大都に送検され、その中には龍山徳見も含まれていた。(39)嵩山居中は一三〇九年春に入元し天童寺に参じたが、まもなく帰朝し、後再び入元している。(40)天童寺における倭僧検挙を避けての帰朝かもしれない。雪村友梅もこの時逮捕されたが、その行状の記述を信じれば、「一例刑籍」と言うように、倭僧は無差別に捕らえられたらしい。(41)

また至大の「倭寇」以降しばらくの間、日元間の往来の事例はわずかしか確認できなくなる。(42)一三一一年頃の孤峰覚明の入元の時には、入港地として温州が利用されているが、(43)宋元代を通じて温州が利用された例は漂着を除き他にはなく〔本書第一部第一章表1〕、あるいは至大の「倭寇」の影響で一時的に慶元への倭船入港が禁じられていた可能性も考えられる。

だがこうした措置は、一時的なものだったようである。龍山は釈放後に天童寺の竺西妙坦に参じているが、竺西の天童寺住持は一三〇八―一五年であるから、(44)遅くても一三一五年までに釈放されたことになる。(45)日元間の往来も、一三一四年の大智入元(46)以降、連年確認されるようになる。(47)

むしろこの事件の影響として重視すべきは、警備体制の強化である。至大の「倭寇」事件を受けて江浙行省がさらなる軍備の充実を求め、一三〇九年には慶元・台州の沿海万戸府新附軍の三分の一と蘄県万戸府漢軍が、新たに鎮戍のために認められた。江浙行省はさらに、その二年後にも軍馬の遷調を乞うている〔3―9・10〕。

倭人への警戒は、長く解消することはなかったようである。一三一六年クトゥグ＝テムルは、浙東道都元帥として慶元に派遣された。(48)『元史』の伝に拠れば、浙東は倭奴の商船が貿易し乱を起こす地として恐れられていたが、クトゥグ＝テムルが派遣されると海陸は静まったという〔3―11〕。また一三一七年、王克敬は慶元に赴き、倭人の互市を監している〔3―12〕。これは監抽のことを述べた記事と思われる。監抽とは貿易事務を監察する職務で、商船の来着が行省に報告されると、これに応じて監抽官が派遣された〔陳高華他 一九八一年：八八頁〕。これはあくまでも貿易事務の一部であり、軍事的な措置ではない。にもかかわらず、この頃監抽に赴くものは、外夷（倭人）の情のはかり難いため、必ず厳兵自衛したという。元朝の官人がいかに倭人の暴動を恐怖していたかがうかがわれる。また監抽官のそのような行動は、倭人の反感を招くものであったに違いない。王克敬は厳兵自衛しなかったことで称賛されており、また後述するように、馬鋳は一三二五年に監抽を行なった時も、「騶従を減ず」という措置を採り、称賛された。

元朝の倭人への警戒は、この頃から質的に変化している。すなわちテムル期には倭商の暴動というケースは想定されておらず、警戒の対象は軍隊やスパイだったと考えられる。しかし至大「倭寇」以降は、倭商の暴動が最大の警戒対象となってくるのである。だがそれはあくまでも貿易目的で来航した商船の暴動であって、当初から海賊・掠奪行為を目的として来航する倭船は想定されていないことは、看過するべきではない〔3―11〕。至大の「倭寇」事件に関しても、その原因が市舶司吏卒の不正であったことは、元側でも認識されている。そうした不正を防ぎ、また軍備を強化することで、「倭寇」の再発は防止することが可能であると考えられていた。

そのことを示す史料が、先ほど前半部分を掲げた袁桷の『馬元帥防倭記』である。今後半部分を掲げよう。

泰定二年冬十月、倭人以レ舟至二海口一。於レ是行省僉曰、「非二馬公一、孰得レ当二是選一」。公乗レ駅至レ県、即宣二諭上意一。始疑駭不二肯承一レ命、反復申諭訖如レ教。於レ是整二官軍一、合二四部一以一二号召一、列二邏船一以示二備禦一、戢二科調一、減二騶従一、除二征商之姦一、厳二巡警之実一、慮二民之投憲一、為レ文以諭、収二其帆櫓器械一、而舶法卒不二敢移減自便一。事既畢、賈区・市虚、陳列分錯、咿嚘争レ奇、踏歌転舞、川后・山君、徳色効霊。而公之淵思曲画、若二防一レ之制一レ水。不レ可レ得二以殫述一。自レ始訖レ終、凡一百三十有七日。古之禦辺、莫レ踰二於諸葛武侯一、韋皐善継、史有レ述焉。今公創二始於前一、願二後之賢帥、規随以成一、非二惟郷里之奠安一、則国家懐来。将三自レ茲始二王会之篇一。桷願レ有レ継レ焉。

（読み下し）

泰定二年（一三二五）冬十月、倭人舟を以って海口に至る。是に於いて行省僉な曰く、「馬公に非ずして、孰か是の選に当るを得んや」と。公駅に乗り県（定海）に至り、即ち上意を宣諭す。始め疑駭して肯えて命を承けざるも、反復申諭して訖《つい》に教の如し。是に於いて官軍を整え、四部を合わせて以って号召を一にし、邏船を列して以って備禦を示し、科調（臨時の課税）を戢《おさ》め、騶従（供奉の者）を減じ、征商の姦を除き、巡警の実を厳にし、民の投憲を慮り、文を為《つく》り以って諭し、其の帆櫓器械を収め、而も船法卒いに敢えて移滅自便せず。事既に畢り、買区・市虚（＝虚市。地方の市場）、陳列分錯し、咿嚘として奇を争い、踏歌転舞し、川后・山妃、徳色効霊す(49)。而うして公の淵思曲画は、之に防《そな》え水を制するが若し。以って殫《ことごと》く述ぶるを得べからず。始めより終わりに訖《いた》るまで、凡そ一百三十有七日。古の禦辺は諸葛武侯（諸葛亮）を踰ゆる莫く、韋皐（唐の人。諸葛亮の生まれ変わりという説があった）善く継ぐこと、史に述ぶる有り。今公前に創始すれば、後の賢帥、規随し以って成さんことを願う。惟《ただ》に郷里の奠安のみにあらず、則ち国家懐来せん。将に茲より王会（周公が法を後世に垂れようと作った書）の篇を始めんとす。桷焉に継ぐ有らんことを願う。

前半部分の中書省奏と併せ見ると、以下のようなことが読み取られる。

①　一三二五年一〇月に倭人が来航した。中書省奏からすると、定海県に来たらしい。この知らせは定海県→慶元路→江浙行省→中書省→皇帝というルートで上奏されたと思われる（それが前半の中書省奏）。『元史』本紀にある同年一一月の倭船来航記事〔3―13〕もおそらく同件で、一一月は大都に報告された時期であろう。中巌円月は同年九月に入元したというが、その船は昌国・定海に碇泊している(50)。これもおそらく同件で、九月とは最初の碇泊地である昌国に到着した時点を言ったものであろう。中巌の便乗船は、建長寺船と考えられている〔柴謙太郎 一九三一年〕。建長寺船は同年八月以降に出港予定で(51)、時期的にも一致する。中巌、そして彼と同道の不聞契聞(52)が、ともに建長寺の東明慧日の会下にあったことも、偶然ではないだろう。以上を認めれば、この船は一三二五年八―九月出港、九月昌国、一〇月定海に到着し、そのことが一一月に報告されたことになる。

②　官貿易・入城禁止・貿易振興の原則を持つ定制は存在するものの、から脅しの声でかえって疑を生じるという現

状で、また緊急の事態があったとしても、伝馬も役に立たなくなっている。そこで清廉有望の武官をしてこれに当たらせるべきであると中書省が奏し、泰定帝イスン＝テムルに認められた。このことは江浙行省へ伝えられ、行省は馬公を登用した。二年前の一三二三年に浙東道都元帥に任じられた馬鋳のことで、「有二威風一知二大体一。軍民畏而愛レ之」と評された人物である[53]。この時に任命されたのは都元帥ではあり得ず、監抽官とするべきであろう[54]。

③馬鋳は不要な課税の廃止・自己の護衛の削減・市舶司における不正の防止・警備の強化・民間の不正行為取締り等を方針とし、規定通りに倭船と貿易を行なった。史料を読む限り、取引の場は定海県だったようである。至大の「倭寇」の時の倭船は、明らかに慶元路治（鄞県）に来航しているが、それ以降は暴動再発に備えて外港の定海で取引を行ない、それよりも奥地に来航することは禁止されたのかもしれない。さらに『防倭記』は、公貿易完了後の市場の盛況を記している。

④なおこの倭船が到来する前年の一三二四年に、上海東南の松江府鶴沙で倭寇事件があったとする説がある。だとすれば当然何らかの影響があったはずで、考慮しておかねばならない。その事件を示す史料とは、王逢『梧渓集』巻七、酬趙天放并後序である。趙鎮（天放と号す）は、倭寇に抵抗して死んだ喬永貞を称える詩を作り、これに感じた王逢は趙鎮に詩を贈った。その詩の後序を以下に引用しよう。

右、鶴沙瞿婦喬永貞氏、淑而豔。甲子歳六月六日、倭賊欲レ犯、貞拒不レ絶罵、刃下死。趙天放嘗歌レ之有レ曰、「倭賊殺レ民凡六百、独有二婦喬一死貞白」。……

（読み下し）

右、鶴沙瞿婦喬永貞氏、淑として豔たり。甲子歳六月六日、倭賊犯さんと欲するも、貞拒み絶えず罵れば、刃下りて死す。趙天放嘗て之を歌いて曰う有り、「倭賊民を殺すこと凡そ六百、独だ婦喬有り死して貞白たり」と。

……

高栄盛氏は、ここに見える「甲子歳」を一三二四年とし、元代倭寇の事例とした〔高 一九九八年：九八頁・二〇〇四年：二三頁〕。江静氏も同様の見解である〔江 二〇〇一年：一八頁・二〇〇二年：一二五頁〕。

しかし王逢は一三一九―八八年の人で[55]、「甲子歳」は一三八四年の可能性もある。そして私は、その方が妥当と考える。『明史』巻二八五の伝に拠れば、王逢は江陰の人だが、一三六七年に張士誠が朱元璋に滅ぼされると、朱元璋の誘いを断り上海へ隠遁した。おそらく趙鎮が鶴沙の倭寇を詩に詠んだのは、鶴沙の辺りに住んでいたためであり、王逢が趙鎮に詩を贈ったのは、上海移住後のことだろう。二人は当事者の瞿氏・喬氏と知り合いだったのかもしれない。王逢の詩に「天放瞶翁吾故人、衣帯水隔逾㆓十春㆒」とあり、この時点で二人は一〇年以上の付き合いだった。王逢の上海移住時期を考えれば、一三七〇年代後半以降ということになる。その時点で五〇年近く前の倭寇を詩に詠んだと考えるのはあまり自然でなく、この倭寇事件は明初と考えた方が良い。なお『明史』巻一二六、湯和伝に拠れば、一三八五年、朱元璋は倭寇の上海襲撃に悩み、湯和に対策を命じたという。おそらくこの倭寇は、趙鎮の詩に詠まれた倭寇と同じものであろう。つまり『防倭記』の倭船到来の直前の事件ではなく、本章で問題にする必要は無い。

このように『防倭記』は、倭人との貿易に当たっての対応を主要な内容としている。馬鋳の主眼は、警備充実と不正防止の上での貿易実施にあった。つまり従来の制度を理想の形で運用するという方針だった。至大の「倭寇」以来、倭人に対する警戒は高まりながら、一五年以上経ったこの時点でも、なお従来の方針は遵守されていた。それによって倭人暴動の再現は防ぐことができると考えられていたのである。そして『防倭記』の撰者袁桷の絶賛を受けているように、当時の元朝において、こうした対応は理想とされたものだった。

だがこのことは言い換えれば、警備強化・不正防止以外に、倭商暴動の再発を防ぐ具体的な方策を、元朝が持たなかったともいえる。つまり倭商暴動の可能性が想定されるようになったにもかかわらず、元朝では制度的な改革が行なわれることはなかった。基本的に日元貿易は、至大の「倭寇」事件が起こった時と同じ環境で続けられたのである。監抽官が倭商との取引に際して自衛措置を取ったのも、彼らの立場からすれば、やむをえないことであったといえよう。そしてまもなく、第二の倭商暴動事件が勃発する。

3　泰定の「倭寇」

森氏の研究では、元末に本格的な倭寇が現れるまでは、至大の「倭寇」以外に倭人が元朝で起こした暴力事件は指摘されていない。だが現実には、この間にもいくつかの事例が確認される。それを伝える史料の一つが、次に掲げる張文震の神道碑である(56)。

至順元年、陸二胡（「陞朝」カ）請大夫同知慶元路総管府事一。浙東帥府、内治二甌越一、外接二海島一。而寓二治慶元一(57)、郡政多所二牽制一。公之至也、以レ缺レ守摂二郡事一、撫レ下事レ上、動存二礼貌一、政無レ撓焉。先レ是、偻（「倭」カ）舶交易、吏卒互市、欺虐凌侮、致二其肆暴一、蓄毒火攻、残二民骨肉一、未レ有二以大鎮一レ之。公議二于帥一、「接レ之以レ誠、而防二其不測一、交易而退」。遂以無レ事。

（読み下し）

至順元年（一三三〇）、朝請大夫同知慶元路総管府事に陞る。浙東帥府、内は甌越（ここでは浙東道を指す）を治め、外は海島に接す。而るに慶元に寓治するも、郡政多く牽制する所なり。公の至るや、守を缺くを以って(58)郡事を摂り、下を撫し上に事え、動もすれば礼貌を存じ、政撓む無し。是より先、倭舶交易し、吏卒互市し、欺虐凌侮し、其の肆暴を致し、蓄毒火攻し、民の骨肉を残《むさぼ》るも、未だ以って大いに之を鎮むる有らず。公帥（都元帥）に議す、「之に接するに誠を以ってして、其の不測を防ぎ、交易して退けん」と。遂に以って事無し。

一三三〇年の少し前、倭船が貿易のために慶元に来航したが、その時また暴動事件が起こったようである。これが至大「倭寇」事件を指している可能性もないわけではないが、二〇年前の事件について都元帥と議論したとするのは、必ずしも自然とはいえない。また一三二〇年代終わりに倭船をめぐってトラブルが存在したらしい徴証がいくつかあり、張文震神道碑の倭商暴動事件はこの頃に起こった可能性が高いように思う。以下にその徴証となる史料や事例を挙げていこう。

一つは不聞契聞の検挙である。彼は一三二五年入元し、台州から杭州に移り滞在していたが、時に官が「異方之人」の検挙を行なっており、不聞も逮捕され武昌に送られたという[59]。この年代は詳らかではないが、在元中の友人中巌円月は、一三二九年に不聞を救おうと武昌に向かう途中、釈放の知らせを聞いている[60]。不聞逮捕はこの少し前のことであろう。元朝が「異方之人」という基準で逮捕したというのは、倭僧を「一例刑籍」したという至大の「倭寇」の時と同様であり、これと同レベルの事件がこの頃存在した可能性を匂わせる。

一三二八年一一月、先に例のない倭船の福州来着があったことが知られる〔3―14〕。翌年士林得文は、明極楚俊招聘のために杭州径山に来て、福州に来着している倭船で日本へ向かうことを勧めているが、同じ船であろう[61]。明極と竺仙梵僊・懶牛希融は、この船に乗って来日した[62]。ここで疑問なのは、なぜ士林がわざわざ福州の船を利用したのかである[63]。福州は決して杭州と近くはないし、また倭船の一般的な入港地でもない[64]。杭州まで距離の上でも近くにあり、運河・海路を通じて交通の便も良く、またもっとも一般的な倭船入港地である慶元を用いるのが普通であろう〔本書第一部第一章〕。

この船で入元したと考えられる一行がある。太虚元寿・元旨・曇韶らで、彼らは一三二八年冬、師の約翁徳倹の語録・塔銘を持って入元し、元の高僧の下を偏参した。太虚自身がその入元ルートを「従レ閩之レ浙」と述べており、閩（福建）から入国し浙（両浙）へ向かったことが知られる[65]。注目すべきは、彼らが入元後に両浙へ向かったことである。彼らも本来の目的地は両浙方面だったのではないか。その時期は正確には分からないが、一三二九年四月には福建道の福州雪峰山の樵隠悟逸を、同年冬には浙西道の湖州道場山の月江正印を訪ねており、一三二九年の夏から冬の間に福建から両浙方面へ移動したらしい[66]。

以上を鑑みるに、おそらく〔3―14〕の倭船には、慶元への入港ができない何らかの事情があり、急遽入港地を福州に変更したのではないか。その背後に張文震神道碑に見える慶元の倭商暴動事件があるとすれば、それは倭船が福州に来着した一三二八年一一月以前ということになる。なお『古源和尚伝』に拠れば、一三二七年に古源邵元の便乗船が慶元に入港している。この頃はまだ事件は起こっていなかったものか。とすれば、一三二七―二八年のことということになる。

ここで参考にしたい史料がある。田中健夫・西尾賢隆・澤田瑞穂氏等がすでに利用したもの〔田中　一九八二年：一六〇―六四頁・西尾　一九九九年　第八章：一九二頁（初出　一九九二年）・澤田　二〇〇〇年：九三―一〇二頁〕だが、『古今小説』巻一八に収める「楊八老越国奇逢」という小説である。内容は以下のようなものである。至大年間（一三〇七―一一年）、西安人の楊復が商売のために漳浦県（福建道）まで出向いたところ、倭寇が襲ってきて楊復はさらわれてしまった。その後泰定年間（一三二三―二八年）に日本で飢饉が起こり、倭奴はまた中国に入寇し、楊復も連れていかれた。倭寇は各地を襲い、浙江の寧波（慶元）・紹興・余杭等に至った。平江路の普花元帥は詔を受け、浙江の兵馬と協力し、倭人を清水閘（紹興路上虞県）に破った。楊復は紹興府に送られ、そこで身元を確認された。

『中国古典文学大系』一一五の解説は、この説話の成立を後期倭寇の激化した明代嘉靖年間以降であろうとする。「胡元之世」という表現が用いられ、明代の成立であることは動かせないようである。至大の「倭寇」の襲撃地が漳浦県となっているなど（実際は慶元府）、全面的にその内容を信じるわけにはいかないが、倭寇事件を至大・泰定年間と具体的に記しているのは、なんらかの事実の反映と見ることができるかもしれない。少なくとも至大年間に「倭寇」（と後世認識され得る事件）があったことについては事実と合致し、現実の事件の記憶をもとにしたものであった可能性は否定できない。楊復が一九年間日本に滞在し、また一九歳で生き別れた随童が再会した時三八歳になっていたというから、泰定の倭寇は一三〇九年の一九年後、すなわち一三二八年のことということになる。これは僧侶の往来状況から推定した「倭寇」の時期＝一三二七―二八年と矛盾しない。確実ではないが、張文震神道碑の倭寇がこれであると仮定し、泰定の「倭寇」と呼ぶことにしたい。

泰定「倭寇」の内容を確認してみよう。張文震神道碑からは、事件の原因や具体的な経過はよく分からない。だが地方志等でも至大の「倭寇」のように大規模な火災は確認できず、大きな被害はなかったと見てよいであろう。警備体制充実の成果であろうか。この事件は張文震の到任時にも問題にされていたが、彼がそこで議したのは、倭人に誠を以って接し交易して退けるという方針であった。倭船が慶元を避けて福州に入港していることからすると、おそらくこれまで倭船の入港は禁止されていたのであろう。それに対して張文震は、貿易の復活を主張したのである。このことは神道碑の銘文でも、「島夷貨交二威恵一」といわれている。この方針により、彼の同治慶元路総管府事在任中（一三三〇―三一年）には倭人の暴動はなかったという。これは先に馬铸が警備強化・不正防止の原則の上で貿易を行なったことと同様の方針といえよう。泰定の「倭寇」の後も、元朝の倭人への対応に変化はなかったといえる。

三　一三三〇—四〇年代の日元交通

1　僧侶の日元往来状況

張文震が慶元を治めていた一三三〇—三二年においては、日元交通は安定していたらしいが、まもなく断絶を迎えることになる。そのことをもっとも雄弁に語るのが、僧侶の往来状況である。表6は一三三〇—四八年において、年代が確定できる例に限り、僧侶の入元・帰朝の事例を挙げたものだが、これを一覧して気付くのは、一三三〇年代後半の事例が極端に乏しいことである。唯一の事例は一三三九年の空叟智玄〔6—12〕の帰朝であるが、その典拠は一五九〇年に記された遠江平田寺（空叟はその二世）の由緒書を江戸時代に写したもので、十分に信頼に価する史料とは言い難く[67]、空叟という人物についても他の史料で確認することができない。この不確実な例を除くと、一三三六—四〇年において、僧侶の往来事例は存在しない。年代が特定できない僧侶の例を含めても、入元・帰朝がこの時期に限定される例はない[68]。

史料に現れるのは全体から見れば一部で、これ以外にも往来がなかったとは言い切れないが、少なくとも頻度の違いを見て取ることは可能であろう。そしてこれを単なる偶然と考えることができないのは、この頃帰国を志して果たせなかった日本僧がいることに拠る。その一人は友山士偲である。彼は一三四〇年秋に「友山思蔵主回郷、偈送云」なる序を持つ送別偈を受け、同年九月には日元交通の要地である補陀山に至っている[69]。ここから帰国しようとしたのであろう。だが実際に帰国を果したのは一三四五年であった〔6—25〕。

表6　1330-48年日元間僧侶往来事例

No.	年代	事　　項	典　　拠
1	1330	別源円旨帰朝	『東海一漚別集』洞春菴別源禅師定光塔銘
2	1330	月林道皎帰朝	『禅林僧伝』3，月林皎禅師［『大日本史料』6-14：786-89頁］
3	1331	約庵徳久入元	『禅林僧伝』1，高山照禅師塔銘［『大日本史料』6-7：838-42頁］
4	1332	中巌円月帰朝	『東海一漚集』1，胡為乎賦幷序
5	1332	鉄牛景印帰朝	『大雄山観念寺年譜』*
6	1333	白石契珣入元	別源円旨『東帰集』送僧之江南
7	1333	竹上人入元	別源円旨『東帰集』送竹上人入江南兼簡旧友
8	1333	不聞契聞帰朝	『不聞和尚行状』
9	1333	徳蔵主帰朝	『禅林墨蹟拾遺』中国篇89，松下家蔵竺田悟心送別偈
10	1334	空叟智玄入元	『平田寺文書』33，平田寺草創記
11	1335	正堂士顕帰朝	『友山録』上付収，友山和尚行状
12	1339	空叟智玄帰朝	『平田寺文書』33，平田寺草創記
13	1341	愚中周及入元	『愚中和尚語録』6，年譜
14	1342	性海霊見入元	『性海和尚遺稿』付収，性海和尚行実
15	1342	無格良標入元	『雪村大和尚行道記』
16	1342	泉侍者以下26名入元（あるいは入元計画）	『竺仙和尚語録』中，竺仙和尚偈頌
17	1342	中巌円月・南海宝洲入元計画	『中巌月和尚自暦譜』・『南海和尚伝』
18	1342	義堂周信入元計画	『空華日用工夫略集』
19	1343	無文元選・元通入元	『無文禅師行業』
20	1344	鉄舟徳済帰朝	『墨蹟之写』断簡2，月江正印墨蹟
21	1344	大拙祖能入元	『大拙和尚年譜』［『大日本史料』6-8：450頁］
22	1344	良樹蔵主入元	『宝覚真空禅師録』乾，良樹蔵主求語西遊，故信筆以餞云爾
23	1345	如聞上座入元	『古林清茂禅師拾遺偈頌』刊古林和尚拾遺偈頌緒
24	1345	友山士偲・此山妙在帰朝	『友山録』上付収，友山和尚行状
25	1345?	大本良中入元	『延宝伝灯録』22
26	1346?	義空性忠入元	『無規矩』坤，和義空首座三偈
27	1346	善慧侍者入元	『大光禅師語録』所収，復庵宗己尺牘・善栄尺牘・珂月尺牘［『大日本史料』6-22：21-24頁］
28	1347	智周房入元計画	『霊洞雑記』所収，智周房寄附状［『大日本史料』6-11：163-64頁］
29	1347	古源邵元帰朝	『古源和尚伝』
30	1348	無我省吾入元	『無我集』付収，無我省吾禅師行状

*　No.5の『観念寺年譜』はいまだ見るを得ない．ここでは景浦勉氏に拠る［景浦1968年：11-12頁］．1331年には在元［『南窓先生荷菱文庫蒐集史料』176，集古録所収，至順辛酉（辛未の誤）菊月付龍巌徳真法語］，1335年には日本にいる［『観念寺文書』4，比丘尼覚法等寄進状］から，この間に帰国していることは確実である．

仲剛□銛の行状にも、同様に不審な点がある。彼は日本側史料から存在をうかがうことができず、あるいは帰国できなかったものかもしれないが、多くの元人の詩文に名を残している〔陳高華　一九八三年：一三三―三六頁〕。そこから断片的に分かる情報をつなぎ合わせ、その行状を復元してみよう。仲剛は一七歳で入元し杭州に、一八歳の時に平江に移り、虎丘山に滞在した。(70) 元僧元璞良琦は虎丘山で五年間仲剛とともにしたというから、(71) 短くても五年間は平江にいたらしい。その後一三三八年、集慶路（＝金陵・南京）の龍翔集慶寺（後の天界寺）に移った。(72) 翌一三三九年、虞集が集慶に来て仲剛の帰国を見送っている。集慶の丁復は、虞集の送別詩を受けた仲剛が平江に向かうのを送り、柯九思への手紙を託している。(73) 仲剛は集慶―平江―杭州―慶元というルートで帰国する予定だったと考えられる。

他に仲剛と関係を持った者に、平江の僧無住善住がおり〔金子眞也　一九九三年〕、仲剛に「送㆓銛上人至㆒㆑京」という偈を贈っている。(74)「江南初春雪載㆑途、送㆔爾作㆓賓于皇都㆒、冀北逐㆓空群騣裏㆒、海東生㆓此真珊瑚㆒、……」とあるが、偈中で行先を「皇都」と呼び、それが平江から見て北に当たる場所であることも分かる。題の「京」が明代に集慶（南京）を「京」と言い換えたものではなく、大都そのものを指していることは明らかである。この時仲剛は、平江から大都へ向かおうとしていたらしい。また鄭東は「送㆓日本僧之㆒㆑京」と題する詩の中で、「丹丘博士（柯九思）与飲㆑酒、青城先生（虞集）邀賦㆑詩」と詠んでおり、(75) これを送られた日本僧が柯九思・虞集と面識があったことが知られる。「京」という行先と交友関係の一致から、この日本僧は仲剛である可能性が高い〔陳高華　一九八三年：一三六頁〕。

多くの仲剛関係の詩文の中で、大都行きの計画を詠んだものは仲剛が集慶から帰国の途に就くまでは確認できない。仲剛が平江にいたのは、集慶に来る前と集慶を出た後の二回だが、おそらく無住から大都行きを送られたのは後者であろう。また鄭東の詩には、仲剛が柯九思と酒を飲んだとあるが、すでに述べたように、仲剛が平江で柯九思と会うことは、集慶を出る時点で予定に入っていたことで、この詩も集慶から出て平江に着いた後のものと考えて良いだろう。となると、仲剛は帰国の途上で行き先を変え、平江から大都へ向かったことになる。鄭東の詩に「伝レ鉢底《なんぞ》須レ帰二故国一、把レ文遂欲レ動二京師一」とあるのは、こうした事情を詠んでいるとも考えられる。正確な年代は不明だが、一三三九年の虞集送別からそう遠くない頃であろう。

最後にもう一人、龍山徳見も見てみよう。『黄龍十世録』に収める行状に拠ると、龍山は一三〇五年入元、一三二九年大友貞宗から豊後万寿寺の住持に招かれるもこれを断り、元土に骨を埋める覚悟を決めた。一三三〇年、龍山は龍興路（江西行省に属す）の兜率寺住持に任命されるが[76]、やがて東帰の情が起こり住持を辞任した。同寺に住すること一〇年というから、一三三九年前後のことである。しかし結局帰国を果たすことはなく、集慶寺で兜率寺の専使に追いつかれ、再住することになる。

従来の研究では触れられていないが、実は龍山は集慶寺に来る前に杭州に寄っている。それは一峰通玄の詩文集『一峰知蔵海滴集』に収める「龍山西堂、将レ回二日本一、至二杭州一不レ遂、再帰二江西兜率一。偈勧二再住一」なる序を持つ偈から知られる。この偈中には「南宕山中親塵払、別来不レ覚既三年」とあり、かつて一峰と龍山が杭州の南宕山（浄慈寺）で出会い、三年後に再会した時の偈であることが分かる。一峰は兜率寺再住を勧めているが、龍山が集慶寺で兜率寺の専使に追いつかれた直後のことであろう[77]。つまり再会の地は集慶と考えられる。

一峰は一三三六年秋から一一月の間に湖州路道場山から杭州路浄慈寺に移り、その後一三三九年には龍興路黄龍寺に、一三四一年には集慶近くの鎮江路竹林寺に、一三四二年には平江路円通庵にいる[78]。一峰が杭州で龍山と会ったのは一三三六―三九年、集慶で会ったのは一三三九―四二年ということになる。これは龍山の兜率寺住持辞任が一三三九年前後であることと矛盾しない。なお一峰の訪れた寺の内、黄龍寺は龍山がかつて参じた寺で、兜率寺の近くでもあり、かつ黄龍派ゆかりの寺ということで、龍山と関係が深い（龍山は黄龍派に属し、元で黄龍派を復興させたことで知られる(79)。おそらく一峰は、浄慈寺で龍山の紹介を得て黄龍寺へ向かったのであろう。そしてその後集慶寺に移って、龍山と再会し、兜率寺再住を勧めた。想像を逞しくすれば、一峰が集慶寺へ向かったのは、兜率寺から龍山の説得を頼まれてのことかもしれない。

杭州は日本への窓口である慶元の近くである。龍山がここに来たのは、偈の序に「将に日本に回らんとして」と明記されるように、帰国のためだった。それは一峰が龍興に移る一三三九年よりも少し前のことであった。しかし龍山は杭州で道を変え、慶元から遠く離れた集慶寺へ向かった。龍山はこの時点で、すでに帰国を諦めていたと考えざるを得ない。兜率寺はそれを知っていたからこそ、使者を集慶寺に送ったのだろう。龍山は兜率寺専使の説得で帰国を諦めたわけではなかったのである。

以上、友山・仲剛・龍山の三人は、一三三〇年代後半から一三四〇年代初めに帰国を試み、いずれもそれを中止している。これはちょうど日本僧の入元・帰朝例が確認できない時期である。この頃在元日本僧は、帰国したくてもできない何らかの事情があったのではないか。

少なくとも公許船の往来は、この時期になかった。春屋妙葩の『天龍寺造営記録』に拠ると、一三四一年に「宋船往来事、有㆓其沙汰㆒、元弘以後中絶、経㆓十ヶ年㆒被㆓興行㆒之条、時節可㆑為㆓何様㆒哉否」について、議論が行なわれている（この結果、一三四二年の天龍寺船派遣が決定される）。ここでいう「宋船」は、幕府・朝廷の「沙汰」の対象＝公許船と考えるべきである。また「元弘以後」は、元弘三年（一三三三）帰朝の唐船以降のこととする三浦周行氏の説に従うべきであろう〔三浦周行　一九二二年　第三編第一章第一節：六七九―八一頁（初出　一九一三年）〕。一三三三―四二年の間、公許船の派遣がなかったことが分かる。

この頃の日元交通の断絶を示唆する史料は他にも存在する。中巌円月が物外可什に送った『東海一漚集』一、謝恵青瓷香炉并序という詩中にある、「粟散王国苦㆓乱離㆒、十年不㆑見㆑通㆓貨売㆒、江南之物皆価翔、陶器況最難㆓運載㆒」という一節である〔村井章介 一九九五年 第三章：九八―一〇〇頁（初出 一九八八年）〕。国の乱離のため貿易が行なわれなくなり、唐物の価格が上昇したという。国の乱離とは鎌倉末期の内乱から幕府滅亡前後のことを指すとするべきで、それ以来一〇年近く経過した時点、つまり一三四〇年代初め頃に書かれたものと思われる。一三四〇年にもなお「元弘以来、博多中在家微弱」と言われた博多の衰微も(80)、その原因は必ずしも内乱のみではなく、貿易関係の断絶によって復興がままならなかったという事情も考えるべきかもしれない。本章でこれまで見てきたように、一般に言われているほど日元交通はコンスタントに盛んであったわけではなかった。

　貿易が行なわれない理由として、中巌の詩中では国の乱離が挙げられている。幕府滅亡が日元交通に関して大きな影響を持ったであろうことは、これ以降しばらく公許船の派遣がなくなったことからも想像できる。だがそれは海商にとってのパトロンが一つ減ったというだけで（もちろん最大のパトロンではあったが）、他の中央権門や九州の地方勢力等が貿易船を派遣することに支障はなかったはずである。むしろ中巌が言っているのは、内乱による海路不安という事情であろうが、それだけでは一三四〇年代に僧侶の往来が復活することを説明できない。たとえば中央が観応の擾乱で混乱を極め、九州で足利直冬が活動していた一三五〇年頃などは、むしろ海路安全の面では悪化したとも思われるのに(81)、僧侶往来は依然として確認できる〔本書第二部第二章表7〕。こう考えると、ことさらに一三三〇年代後半に交通が中絶していた事情は、他に想定されなければならない。それは一体何であったのか。次で元側の状況を見てみよう。

2　元統の「倭寇」

オルジェイトという人物がいる。慶元の文人程端礼が撰した行状[82]に拠ると、彼は一三二〇年に蘄県翼上万戸府ダルガチとして慶元に赴任した。[83]『至正四明続志』では、「在㆑職凡二十年、営戍鎮静、島夷慴服」と評されている。[84]一三四四年には浙東道都元帥となり、同年七月二日に没した。程端礼は一三四五年六月に没したから、[85]この行状はオルジェイトの死の直後に撰されたものと考えられる。

ここで彼のことに触れたのは、その行状の中に「倭寇」事件の記述があるからである。この史料については近年中国側の研究でも簡単に触れられている〔高栄盛 一九九八年：九七頁・二〇〇四年：二三頁・江静 二〇〇一年：一八頁・陳高華 一九九七年：一〇三頁〕が、内容について十分な検討がなされているわけではなく、日本史研究者の間でも広く知られているとは言い難い。またこの事件は日元交通に大きな影響を及ぼしたと考えられるので、ここで今一度その内容を確認しておくことにする。

問題の箇所は、以下の部分である。前には一三二九年の事が、後には一三三八年の事が記され、この間に起きた事件と考えられる。なお底本には『四明叢書』を用いるが、『昌国典詠』巻八、烏哲勒図〔「烏勒哲図」の誤か〕公祠所引の同文（以下「昌」と呼ぶ）と対校して異同を〔　〕で示し、両書を参照した上で読み下しを試みる。

A　初倭寇来㆑鄞、防禦之官、控御無㆑度。且啓㆓肆悪㆒、焚㆓屋廬㆒、剽㆓玉帛㆒、民甚患㆑之、公鎮遏、厳師控制、貿易持平、表㆑之以㆓廉介㆒、懐㆑之以㆓恩威㆒、乃俛首讋服、恭效㆓貢輸之礼㆒。

B　嘗中夜、倭奴四十餘人、擐㆑甲操㆑兵、乗㆑汐入㆑港。公亟訊㆑之、得㆓変状㆒、徴㆘所㆑賂㆓上官㆒金㆖還㆑之。倭旋㆓及昌国北界㆒、擄㆓商貨十有四〔昌「舟」アリ〕㆒、掠㆓民財百三十家㆒、渡㆓其子女㆒、拘㆓能㆑舟者㆒役㆑之、餘氓犇竄。公亟

駕二巨艦（昌「舟」）一追レ之、進二其酋長一諭レ之曰、「曩不軌、在レ律無レ赦、聖上仁慈、不レ忍二殄殲一、汝敢怙、終復肆二蠆毒一。汝亟用二吾命一、幸レ寛二貸之一、稍予。遅違、則汝無二遺類一矣」。皆股栗戦恐、願二尽還レ所レ掠、以贖レ罪。公従レ之、遂招二徠其民一、給二衣食一、使二之保聚一。皆両挙（昌「挙」ナシ）レ手、環レ公拝且泣曰、「吾父母也」。其州牧徐敬、率レ民立レ祠、銘二其徳于（昌「於」）石一。

（読み下し）

A　初め倭寇鄞に来たるも、防禦の官、控御度無し。且つ肆悪を啓《ひら》き、屋廬を焚き、玉帛を剽せば、民甚だ之を患う。公（オルジェイト）鎮遏し、厳師控制し、貿易持平（公正で偏らない）し、之を表わすに廉介を以ってし、之を懐くるに恩威を以ってすれば、乃ち俛首讐服（頭を下げて恐れ服す）し、恭んで貢輸の礼に効《なら》う。

B　嘗て中夜、倭奴四十餘人、甲を擐《き》て兵を操り、汐に乗りて港に入る。公亟《すみや》かに之を訊い、変状を得て、上官に略する所の金を徴し之を還す。倭昌国北界に旋及し、商貨十有四舟を擄め、民財百三十家を掠め、其の子女を渡し、舟を能くする者を拘え之を役し、餘氓（＝民）犇竄（走り逃れる）す。公亟かに巨艦に駕して之を追い、其の酋長に進めて之に諭して曰く、「曩の不軌（国家の法を守らないこと）、律に在りては赦無きも、聖上仁慈して、殄殲に忍びざれば、汝敢えて怙《たの》みて、終《つい》に復た蠆毒を肆にせり。汝亟かに吾が命を用って、之を寛貸せんことを幸《ねが》わば、稍や予《ゆる》さん。遅違せば、則ち汝遺類無からん」と。皆股栗戦恐し（足が震える。恐怖の甚だしい様）、尽く掠むる所を還し、以って罪を贖わんことを願う。公之に従い、遂に其の民を招徠し、衣食を給し、之をして保聚せしむ。皆両ながらに手を挙げ、公を環み拝し且つ泣きて曰く、「吾が父母なり」と。其の州牧徐敬、民を率い祠を立て、其の徳を石に銘《しる》す。

AとBは連続するが、便宜的に分けた。Aが要約で、具体的な内容はBに記されている。Bを中心に事件の経過を確認してみよう。

①　ある時倭船が慶元に来航した。この倭人は慶元の「上官」に賂を贈っているが、取引を有利に進めるためのもの、あるいは「上官」から要求されたものであろう。貿易に当たって官側からの非公式な要求が存在したことは他の事例からも知られるが、それは志次第で取引の条件が大きく変化し得たということでもあり、積極的に賂を贈る者も少なくなかったと思われる〔榎本渉 二〇〇六年a：七一—七四頁〕。

②　倭人は現地の官に接触して賂を贈っているが、これはこの倭船の本来の目的が慶元での正式な取引であったと考えないと、理解し難い。行状では倭人が当初から海賊として襲来したかのように描かれているが、倭人の暴虐を強調するための脚色であろう。「倭寇」とはいっても、至大・泰定の「倭寇」と同様に、貿易を目的としたものであり、後世の倭寇とは性格を異にするものである。

③　オルジェイトは「変状」を知り、賂の金を上官から取り上げ返したという。「変状」の内容はよく分からないが、取引をめぐり官と倭人との間に不穏な動きがあったのだろう。貿易とは直接関係のない武官の彼が行動を起こしたのも、そのためと思われる。とにかくこの時は、彼の判断で事件を未然に防ぐことができた。またこの倭船は定海を通過して鄞県まで来ているが、あるいはこのことも問題だったのかもしれない。

④　倭人は慶元を出て昌国（舟山列島）の北界へ向かい、掠奪行為を行なった。おそらく取引が思い通りにいかなかったことの埋め合わせが目的であったと思われる。③の後で慶元での貿易が認められたかどうかは不明だが、仮に認められたにせよ、満足のいくものではなかったのであろう。

⑤　このことを聞いたオルジェイトは、艦隊を出動させて倭人を屈服させ、奪った人や物を取り返した。人々はオルジェイトを称え、祠を建ててその徳を刻んだ。この事件は一三二九—三八年のことであるが、前節で述べたように、

泰定「倭寇」後、張文震在任中の一三三二年まで「倭寇」事件は無かったから、さらに一三三二―三八年に限定することができる。なお立祠時の州牧（知昌国州）の徐敬は一三三六年一〇月に着任し、一三四〇年まで在任が確認できる。(86) この「倭寇」事件は、おそらく徐敬在任中か、その直前の出来事だろうから、一三三〇年代半ばを上限と考えて良いだろう。

以上を確認した上で、もう一つ見ておきたい史料がある。オルジェイト行状の撰者程端礼が、浙東道都元帥府の掾史朱子中の考満（任期満了）を送った序である。(87)

倭商久不レ至、去年又舟入二定海一。元帥米公、廉明公正有二材略一、不二軽許可一、統軍鎮遏、独選レ君以行。懲下曩年以二金珠磊落一、官吏受レ啗、致上レ激二事変一、尽革二其弊一、一新二禁令一、令行禁止。交易流通、百姓宴然、仁孚威慴、島夷悦服。深得二柔遠一之体、亦多自レ君発レ之。君名実益孚、方専二委任一、而考満得レ代矣。

（読み下し）

倭商久しく至らざるも、去年又た舟定海に入る。元帥米公、廉明公正にして材略有り、軽しくは許可せず、統軍鎮遏し、独り君（朱子中）を選び以って行かしむ。(88) 曩年金珠磊落（多くの金珠）を以って、官吏啗（たぶらかすこと）を受け、事変を激するを致すに懲り、尽く其の弊を革め、一に禁令を新たにすれば、令せば行なわれ禁ぜば止む。(89) 交易流通すれば、百姓宴然として、仁にて孚《はぐく》み威にて慴《おど》せば、島夷悦服せり。深く柔遠を得たるの体、亦た多く君より之を発す。君名実益《ますま》す孚にして、方に委任を専らにし、考満ち代を得たり。

まずはここで言う「去年」がいつのことかを確認しよう。朱子中の考満の年が分かればいいのだが、管見の限りでは不明である。だが先ほど触れたように、程端礼は一三四五年六月に死んだから、当然これ以前のものである。すなわち「去年」は一三四四年以前のある時である。次にその時浙東道都元帥であった米公であるが、『至正四明続志』

巻一、職官、浙東道宣慰使司都元帥府に収める都元帥府の官人リストの中に、米姓の人名は見えない。ただリストの最後に、一三四一年九月二六日任の迷只児（メジル）という人物が見える。『至正四明続志』は一三四二年三月の序があり、この頃までに後任の都元帥は無かったのであろう。メジルという人名は「米只児」と書かれることもあり、(90)「米公」はこれに当たるのかもしれない〔檀上寛 二〇〇六年：三〇頁〕。またもし別人ならば、「米公」は『至正四明続志』に登場しないことになるから、メジル以降の都元帥任命となる。つまりいずれにしろ、米公が都元帥だった「去年」は一三四一年九月以降と考えられ、「去年」の範囲は一三四一年九月―四四年ということになる。

以上を踏まえ、朱子中を送る序の内容をまとめてみよう。

① 倭船は長く慶元に来航していなかったが、一三四一年九月―四四年の間のある時、定海に久々に来航した。これ以前、倭船の来航は長く途絶えていたことが分かるが、これは先に見た僧侶の日元往来状況に整合する。僧侶の往来がなかったのは、彼らが乗る貿易船がこの頃存在しなかったためであることが判明する。

② しかしその時、都元帥米公は簡単には貿易を許可せず、軍を率いてこれを留め、朱子中を派遣した。この時は貿易がただちに認められなかったことが分かる。

③ これより以前、倭商が多くの金珠を以って官吏をそそのかしたことから、「事変」が起こったことがあった。朱子中はこの教訓から、従来の弊をことごとく改め禁令を一新したので、法令がよく行なわれるようになった。ここで問題にされた「事変」とは、内容の一致から見て、オルジェイト行状に見える「倭寇」事件であろう。となると、米公が倭船に対して警戒態勢を取った理由も見えてくる。おそらく慶元では前回の「倭寇」事件の記憶があり、それ以来倭船は警戒の対象とされていたのである。

④ 朱子中の措置によって貿易は行なわれ、民は喜び、倭人も元朝に悦服した。元朝が遠人を懐けたという形は、朱

子中によって実現されたものであった。つまり朱子中の「尽革二其弊一、一新二禁令一」という措置は、倭船との貿易を認める前提としての法制度整備であったと考えられる。

以上から、オルジェイトが鎮めた「倭寇」事件の後、日元貿易が断絶していたことが分かる。日元間の僧侶往来が一三三五年の正堂士顕帰朝〔6―11〕を最後に見られなくなることを考えれば、おそらくこの「倭寇」事件は一三三五年頃ではなかったか(91)。そこで本章ではこれを、年号を取って元統の「倭寇」と呼んでおきたい（ただし一三三五年は一一月に至元に改元しているが、後述するようにこの「倭寇」事件は至元改元以前と考える）。

3　元朝の倭船来航禁止と海防強化

なぜ「倭寇」事件の後に日元貿易が断絶したのか。一つには、日本で内乱が始まり、寺社・権門側に貿易を行なう余裕が失われ、商船の往来自体が激減したという事情もあろうが、貿易船が派遣されれば受け入れられたのかといえば、私はおそらく不可能だったと思う。朱子中を送る序でも、久々に来航した倭船に対して貿易許可はただちには下りておらず、元統の「倭寇」以後、元側で倭船の貿易は認められていなかった可能性が高い。

そこで我々は、この頃の元朝の倭船対策を見てみる必要があるだろう。折しも元朝では、政治の刷新が試みられた時期であった。一三三五年閏一二月に況逵が撰した浙東道都元帥府題名記から、これを確認してみよう(92)。

今上皇帝御極之三年、大振二皇威一、討二削姦宄一、更化改元、治具一新、歴下選台諫侍従廉明剛正材兼二文武一者上、出秉二帥麾一、以壮二国容一。

（読み下し）

今上皇帝（順帝トゴン＝テムル）御極の三年（一三三五）、大いに皇威を振い、姦宄（悪者）を討削し、更化改元し

（一一月の至元改元）、治具（法令）一新し、台諫侍従の廉明剛正にして材文武を兼ぬる者を歴選し、出でて帥麾を秉らしめ、以って国容を壮にす。

この年七月大都で、バヤンはタンギシュを討ち、以後数年間宰相として権勢を振るうことになる。『元史』巻一三八、伯顔《バヤン》伝に「然伯顔自レ誅二唐其勢（タンギシュ）一之後、独秉二国鈞一、専権自恣、変二乱祖宗之成憲一」とあるように、バヤンは旧来の法令を次々と改めた。題名記が記しているのは、この一連のことと思われる。

従来指摘されていないが、この頃元朝で、倭船来航禁止の提言がなされたことが知られる。すなわち凱烈氏（ケレイト部）のバシの神道碑[93]に拠ると、トゴン＝テムル即位（一三三三年六月）の後、バシは僉燕南河北道粛政廉訪司事に任じられ、十数事の建白を行なった。

今天子即位、乃起レ公為二中大夫僉燕南河北道粛政廉訪司事一。建下白①行二大禘一、②罷二遊畋一、③置二諫官一、④開二言路一、⑤択二守令一、⑥厳二考覈一、⑦慎選二投下達魯花赤一、⑧抑二吏員一、⑨挙二孝廉一、⑩蒙古・色目進士、当レ明二一経一、⑪革二蒙古婚姻之俗一、⑫探馬赤軍弓矢、行軍則佩レ之、事畢則納二于公庫一、⑬倭人未レ服、不レ宜レ使レ至二中国一凡十数事上。皆当世切務、後多見二於施行一。

（読み下し）

今天子（トゴン＝テムル）即位し、乃ち公を起てて中大夫僉燕南河北道粛政廉訪司事と為す。①大禘を行なえ、②遊畋を罷めよ、③諫官を置け、④言路を開け、⑤守令を択べ、⑥考覈を厳にせよ、⑦慎んで投下の達魯花赤を選べ、⑧吏員を抑えよ、⑨孝廉を挙せ、⑩蒙古・色目の進士、当に一経に明たるべし、⑪蒙古婚姻の俗を革めよ、⑫探馬赤軍の弓矢、行軍せば則ち之を佩し、事畢らば則ち公庫に納めよ、⑬倭人未だ服さざれば、宜しく中国に至らしむべからざるの凡そ十数事を建白す。皆な当世の切務にして、後多く施行せらる。

建白の最後の条にあるように、バシは「倭人未服」を理由として、その入港禁止を主張した。この建白の各条は多く施行されたという。

建白の時期はいつか。バシ神道碑はこの点を明記しないが、前後関係から推定は可能である。以下に前後の記事を列挙しよう。

A 遷㆓同治隆禧総管府事㆒。太師太平王枋国公、奉㆑旨出使、回既復命。遂移疾不㆑出、屛居三歳、若㆑将㆑終㆓身焉㆒。

B （前引箇所）

C 召為㆓刑部員外郎㆒。宗王晃火帖木而之子、以㆓疑似㆒獲㆓罪獄㆒、将㆑上、公不㆑署㆓其牘㆒。

（読み下し）

A 同治隆禧総管府事に遷る。太師太平王枋国公（エル＝テムル）、旨を奉じて出使し、回りて既に復命す。遂に移疾して出でず、屛居すること三歳、身を焉に終えんとするが若し。

B （前引箇所）

C 召して刑部員外郎と為す。宗王晃火帖木而（コン＝テムル）の子、疑似を以って罪獄を獲たれば、将に上らんとするも、公其の牘に署せず。

Aの直前には文宗（トク＝テムル）皇后冊立の是非に関する話があるが、これは一三二八年のこと(94)だから、Aはそれ以降の話である。Aはバシが同治隆禧総管府事に任じられたが、病と称して辞退し、以後三年間出仕しなかったことを記す。この旨を伝えたエル＝テムルはトク＝テムル即位の功労者で、トク＝テムル期の政治を牛耳った。バヤンに誅されたタンギシュはエル＝テムルの子で、父の死後政権の中心にあった人物である。エル＝テムルは一三三三年に没したから、Aはそれ以前のこととなる。

Cでは、王族のコン＝テムルの子が、自らの処罰決定に対して釈明しようとしたが、バシがこれに協力しなかったことを記す。バヤン政権下で出された詔に拠れば、タンギシュはトゴン＝テムルを廃してコン＝テムルを擁立する計画だったという。この計画が事実かどうかは分からないが、コン＝テムルはエル＝テムル一派と親しかったらしく、エル＝テムル政権下の一三三二年、食邑として安陸府を賜っており、(95)タンギシュが討たれた後に自殺した。(96)一三三五年一〇月にはタンギシュ・ダリ（エル＝テムル弟）・コン＝テムルの子孫が辺地に流されており、(97)Cはこの処分に関する話であろう。とすればCは、タンギシュ討滅の一三三五年七月以降、コン＝テムル子孫の流罪決定の一〇月前後の間ということになる。

おそらくコン＝テムルの子に対する仕打ちから見て、バシはエル＝テムル一派と不和だったのだろう。Aでエル＝テムルからもたらされた旨に対して辞退を以って答えたとするのは、このことを象徴している。とすればバシが三年間隠遁した後にBでトゴン＝テムルに取り立てられたとあるのは、おそらくタンギシュ討滅後、バヤン政権下での反エル＝テムル派登用の一環であろう。つまり建白は一三三五年七月から一〇月頃のことで、倭船来航禁止措置は、バヤン政権下の「祖宗の成憲を変乱す」といわれた改革の機運の中で主張されたものだったことになる。

倭船入港禁止の理由は、「倭人未服」である。おそらく元統の「倭寇」を受けてのことであり、元統の「倭寇」勃発はこの直前と考えられる。日元貿易の断絶は、バシの倭船来航禁止の建白が採用されたためであろう。

なお元統の「倭寇」は、僧侶の往来状況（一三三五年まで事例あり）から一三三五年以降、バシ建白の一三三五年七月から一〇月頃以前と考えられるから、つまり一三三五年ということになる。先に、元統の「倭寇」は一三三五年頃であろうと推定したが、以上の理由から一三三五年に特定して良い。この事件は商船の日本帰国時に起こったものだが、一般に中国から日本へ向かう出航シーズンは夏だから、一三三五年夏頃と考えて良いだろう。これは至元改元

（一一月）以前のこととなる。一三三五年勃発の「倭寇」の年号として、至元ではなく元統を用いるのは、この理由による。

さて浙東道都元帥府題名記では、前引のバヤン改革について触れた箇所に続けて、浙東道都元帥等が新たに任命されたこと、その結果「下車月餘、威令厳粛、辺陲晏清、海波不㆑揚、民物康阜」となったことを記す。倭船来航禁止とともに、バシ建白⑤「守令を択べ」に拠り、地方官更迭によって倭船来航地である慶元での海防強化が試みられたものであろう。都元帥府の人事刷新は、『至正四明続志』巻一、職官に拠れば一三三五年八月（都元帥テムゲ）から行なわれている。とすると、建白とその採用は七月から八月の間に絞られる。ただし慶元路総管などは更迭されておらず、海防と関わる慶元路都元帥府が特に対象とされたらしい。

慶元の海防強化は、単に上から推し進められただけというわけではない。題名記は続けて王猷という人物について、「公念㆓閫寄（将軍の任）之重㆒、寝不㆓安席㆒、閲㆓武於招宝山（定海から鄞県への水路に当たる甬江の入口）下㆒、申㆖励辺防㆒式㆘遏寇衙㆓」と記す。王猷はバヤンの権勢確立を挟み、一三三三年から一三三六年まで浙東道副使僉都元帥府事であり、貿易の監視も担当した(98)。そのような人物が海防の不備を危惧して、辺防の強化を図ったという。題名記が撰述された一三三五年末、慶元現地においても海防への危機意識が高まっていたらしい。

王猷の警戒の対象は「寇衙」であった。この頃活発化しつつあった海賊や、その他の不穏分子への備えの意味もあったらしい。題名記は王猷が城社に拠り衆を惑わす「属群不逞」を捕えたことを称えている。またオルジェイト行状に拠ると、一三三八年頃、海賊が出現して海商が来航しなくなったとある。この頃慶元では治安が悪化しており、警備充実の必要性は現地でも認識されていたのである。このような中で勃発した元統「倭寇」は、都元帥府関係者の警戒対象たる「寇衙」の一つとして、「倭寇」の存在を強く認識させることとなったであろう。つまり元統「倭寇」は、大都のバヤン政権と慶元の都元帥府双方が倭船に警戒心を抱くきっかけとなったと考えられる。そのためこの時の倭船来航禁止は解除されないまま、以後しばらく続くことになる。

4　天龍寺船の派遣と日元貿易の復活

朱子中を送る序に拠れば、一三四一年九月から一三四四年の間のある時、久々に来航した倭船が貿易を許可された。これはいつのことなのか。僧侶の往来状況を見る限り、往来の復活を告げるのは愚中周及の入元である〔6―13〕。有名な史料ではあるが、典拠となる愚中の年譜をここに引用する。

（暦応）四年辛巳、……今茲上皇創二天龍寺一、遣二商舶一、求二蔵経於元国一。於レ是喜而託レ之。秋発二博多一、冬到二明州一。大守鐘万戸、以為二賊船一、舳艪数千、防二海上一。商主通レ書以陳、疑怒不レ已、愈厳二禁防一。至正二年壬午（大元順宗年号。乃本朝康永元年）、踰レ年猶不レ許レ上レ岸。船中水尽数日、師与二同志一、修二円通懺摩法一、以祈二雨水一、密雲忽布、大雨滂注、船中数百人、飲レ之得レ活。鐘氏奇レ之、独許二商人貿易一。師密引二一商人一、告二為レ求レ法来一、彼慨然、夜棹二小舟一邀。師直過二明州一、泝レ江而上。聞二月江退居於曹源（「渓」カ）一、兼レ程進謁。江感二其遠来一、垂レ慈提誘。是年二十歳。

（読み下し）

（暦応）四年辛巳（一三四一）、……今茲に上皇（光厳上皇）天龍寺を創り、商舶を遣わし、蔵経を元国に求む。是において喜びて之に託す。秋博多を発し、冬明州（慶元）に到る。大守鐘万戸、以って賊船と為し、舳艪数千にて、海上を防ぐ。商主書を通じ以って陳ずるも、疑怒已まず、愈よ禁防を厳にす。

至正二年壬午（一三四二）（大元順宗の年号。乃ち本朝の康永元年）、年を踰え猶お岸に上るを許さず。船中の水尽くること数日にして、師同志と与に、円通懺摩法を修し、以って雨水を祈れば、密雲忽ち布《ひろが》り、大雨滂注し、船中の数百人、之を飲み活くるを得たり。鐘氏之を奇とし、独だ商人の貿易のみを許す。師密かに一商人を引き、法を求めんが為に来れるを告ぐれば、彼慨然として、夜小舟に棹し邀《むか》う。師直ちに明州を過り、江を泝りて上る。月江曹渓に退居せるを聞き、程を兼ねて進謁す。江其の遠来に感じ、慈を垂れて提誘す。是の年二十歳なり。

この時の船は光厳上皇が天龍寺を創るために派遣したもので、一三四一年秋出港、冬に慶元に到着した。一見してこの頃派遣された天龍寺船のことかと思われるが、天龍寺船の派遣決定が一三四一年一二月、派遣予定が翌年秋だったことは、『天龍寺造営記録』に引用する三通の文書から明らかで、これを天龍寺船とすると、年代に矛盾が生じることになる。

考えられるのは、ⓐ愚中の船は、いわゆる天龍寺船の直前に派遣された、天龍寺船とは別の公許船である、ⓑ愚中の船は天龍寺船で、年譜の年代が誤っているという二つの可能性である。しかし先に見た通り、元弘以来天龍寺船まで公許船の派遣がなかったことは、『天龍寺造営記録』に明記されている。天龍寺船派遣に際しての議論でも、反対意見の方がむしろ優勢で、その直前の時期に別の公許船が派遣されていたとは考えがたい。よって本章ではⓑを採り、年譜の年代を一年遅らせて考えることにする。

以上を踏まえた上で、この史料から読み取られる内容をまとめてみよう。

① 天龍寺船は一三四二年秋に出港し、同年一〇月に慶元に到着した。(99)

② 天龍寺船は当初貿易が認められなかった。天龍寺船の商主（『天龍寺造営記録』に見える綱司至本であろう）は書を通じ弁明したが、疑いは晴れず、禁防はますます強化された。年が明けて一三四三年になっても、上陸は認められなかった。なお無格良標は、一三四二年に元土へ赴くも、上陸を果たすことなく船中で没した。これは「蒙古与二日

本㆓不和㆒」のためであったという〔6―15〕。おそらく無格も天龍寺船に便乗し、上陸許可が降りる前に病死か衰弱死したのであろう。

③　やがて愚中等の顕した霊験を奇とした鐘万戸により、貿易のみは認められた。しかし僧侶の上陸は認められず、愚中は密入国した。

ここに明記されているように、紆余曲折はあったものの、結果として貿易は許可された。これは朱子中を送る序に見える倭船と同じものと見て良いだろう。朱子中を送る序に記される倭船来航時期が一三四一年九月―一三四四年であることを考えると、一三四二年冬慶元着の天龍寺船であるとすることに矛盾はない。また当初慶元で貿易を許可せず、海防を強化したこと、結果として貿易を許可したことは、天龍寺船の場合と一致する。

③に拠れば、僧侶の入国は依然として認められていないようで、愚中は密入国を行なっている。この取締りは相当厳しかったらしい。それは清拙正澄弟子の入元僧の事蹟から知ることができる。愚中年譜の注釈書である一笑禅慶『愚中周及年譜抄』(100)直過明州条に、

自㆓本朝㆒同船称㆓求法僧㆒六十餘人、唯師之同行十一人、得㆑過㆓明州㆒也。其故者、大鑑之徒弟十七人、与㆑師同謀、而乗㆓別舟㆒、将㆑近㆑岸、忽為㆓厳兵所㆒㆑捉、鐘氏大嗔、一時殺㆑之。其餘在㆓船中㆒者、聞㆑之皆還㆓帰于本朝㆒也。

とあり、天龍寺船には六〇人以上の入元僧が乗船しており、その中で愚中一行の一一人は密入国に成功したが、清拙正澄（大鑑禅師）の弟子一七人は厳兵に捕えられ殺されたという。清拙正澄は一三三九年に没した。当時の通例では、師が死ぬと弟子が入元して、師の行状・塔銘・語録序跋の撰述や頂相の著賛を元の高僧に求めることになっていたが、清拙没時には日元貿易が途絶えていたために、入元の機会がなかった。そのため清拙の弟子たちは、天龍寺船で初めて入元することになったのだが、結果はこのような悲劇に至ったのである。愚中一行一一人と清拙弟子一七人の他に

も、船には三〇人以上の入元僧がいたはずであるが、彼らは一七人の最期を聞いて帰国したという。

なおこの時に入元した清拙弟子は一説に二五人であり、一七人以外に無事入国した者や、帰国した者もいたと思われる[101]。入国に成功した一人と考えられるのが堅一蔵主で、一三四三年三月に清拙の語録と遺像を持って、松江府曹渓山の月江正印に参じている[102]。月江が清拙の俗兄であることを考えると、堅一は当初から月江に参じる予定だった可能性が高い。愚中は年譜に拠れば、入国後に月江の下へ向かっているが、おそらく堅一は愚中一行の一一人に含まれていたのであろう。あるいは愚中一行も、中心は清拙一門だったのかもしれない。

だが表6に示したように、以後も多くの日本僧が元に出入国しており、元側の厳戒事態はまもなく解消されたものと思われる。テムルタスが中書省平章政事の任にあった頃（一三四二―四五年）のエピソードであるが、日本から元にスパイが送られていることを密告してきた日本僧がいたが、テムルタスは「正可乙令下覩二中国之盛一、帰告中其国人上、使甲レ知二嚮慕一」と言って問題にせず、それを見ていた者は「真天朝宰相之言也」と称歎したという[103]。僧侶の出入国を禁じていた最大の理由と思われる情報漏洩の恐れは、元朝の中枢部において重要なことと意識されていない。

また同じ頃、高麗で拿捕されテムルタスの指示で保護された倭船が、元に来航し上表称謝したともいう[104]。この頃倭船来航は公認されていたと見てよいだろう。浙東道都元帥府の天龍寺船に対する措置は一過性のものではなく、以後の日元交通を一般に認めるものであったと思われる。先に見た朱子中の禁令一新は、以後の倭船との貿易に当たっても有効だったのだろう。一三四七年頃に昌国（舟山）の辺りで沈没した倭船があったことなどからも[105]、天龍寺船以降日元貿易が行なわれたことは確認できる。こう考えると天龍寺船の意義は、従来考えられてきたものとまったく別の意味で、非常に大きいと言わざるを得ない。天龍寺船によって、一三四三年に日元貿易は復活したのである。

ではなぜ貿易が認められるようになったのか。天龍寺船の行動として史料から読み取られるのは、愚中の霊力を示す宗教譚を除けば、「商主通レ書以陳」というものだけで、しかも慶元の警備がこれで収まったわけではなく、むしろ強化されている。しかし案外ここらへんに貿易復活の真相があるのではないか。元統「倭寇」の後、慶元では倭人は暴力事件を起こしかねない存在として警戒されていた。鐘万戸の対応も、倭人を恐れての自衛措置であった。一方で天龍寺船があくまでも平和的な手段で貿易の復活を要求し、年が明けても我慢を続けたことは、浙東道都元帥府の倭船への信用を回復させることになったのであろう。朱子中を送る序の表現を借りれば、「深得二柔遠一之体」が示されたのである。

他に注意しておきたいのは、バヤンが一三四〇年に失脚したことである。慶元の警備強化がバヤン改革の一環だったとすれば、その意味は大きい。一方でバヤンの後に実権を握ったトクトの政治は、「乃悉更二伯顔《バヤン》旧政一」というものであった[106]。この影響で倭船への警戒を強調する立場は、慶元でも大都でも弱まったのかもしれない。

もちろん経済的事情も無視するべきではない。数年にわたって貿易を絶っていた慶元路の財政上の事情から、貿易の復活が望まれていた可能性も考えられる。また貿易禁止が民間にも経済的な混乱を招いていた可能性もある。たとえば一三一一年、元は市舶司を廃止したが、「禁止以来、香貨・薬物、銷用漸少、価直陡増、民用闕乏」という事情のため、一三一四年には復活している[107]。貿易の禁止・制限の措置が元側でも経済的混乱につながったことがうかがい知られる。倭船が来航し従順な態度を見せたことは、あるいは都元帥府にとって貿易復活をはかる絶好の口実だったのかもしれない。

以上論じた所は多少複雑なので、最後に整理して本節を終える。

①　一三三五年夏頃の元統「倭寇」は、慶元に貿易のために来航した商船だった。取引が思い通りに行かなかったためか、この倭船は昌国で海賊行為を行なったが、オルジェイトの出動で事態は収まった。

② 同年七月に確立したバヤン政権下、バシは八月以前に元統「倭寇」を受けて倭船来航禁止を提言し、おそらく採用された。

③ バシ建白の採用を受け、八月から海防強化のため、慶元の浙東道都元帥府の人事が更迭された。慶元でも元統「倭寇」を機に倭船への警戒が強まり、海防強化の必要性が認識されていた。

④ この結果、日元貿易は一三三五年から一三四三年まで断絶した。僧侶往来の途絶はその影響である。元からの帰国を志しながら果たせなかった日本僧の存在も確認される。

⑤ 一三四二年に派遣された天龍寺船は、しばらく入港が認められなかったが、辛抱強く交渉した結果、翌年になって貿易が許可された。日元貿易はここに復活した。

おわりに

第一節で見てきたように、元朝は日本遠征以後も、決して貿易に関して消極化したわけではない。警備体制を整えた上で貿易に臨むというように、むしろ現実的かつ積極的な側面を見出すこともできる。第二節では、至大・泰定「倭寇」という二度の倭商暴動事件と、それに対する元朝の対応を見た。結果として元側の警戒は高まり、その対象も倭商の暴動へと移っていったが、市舶司官吏の不正防止と暴動再発に備えての警備強化が行なわれた他には具体的な対策はなかった。第三節では、元統「倭寇」とその後の貿易断絶、天龍寺船を契機とする貿易復活の様子を見た。一三三〇年代後半から一三四〇年代初めにおいては、政権の志向も影響して、慶元で海防が重視され、日元貿易も断絶せざるを得なかった。

日元貿易は、なぜこれほどまでにトラブルに見舞われるのか。元朝の政治システム上の限界に因るところもあろうが、元代において頻繁な貿易トラブルが対日本関係以外で確認できないことを考えれば、むしろ元朝にとっての日本の特殊性、日元貿易の構造的な問題に因るところが大きいと考えるべきだろう。呉莱撰「論レ倭」中に「然以二倭奴海東蕞爾之区一、独違二朝化一三十餘年」（倭奴は海東のちっぽけな場所であるが、三〇年以上の間、一人朝化に従っていない）という一節がある。[108]常套句ではあるが、元にとっての日本の位置を的確に表現したものと言えよう。元朝は度重なる平和的・暴力的努力によっても、ついに日本を服属させることができなかった。つまり日本に対して政治的圧力を行使する手段がなかった。それは日元の政府間の意志統一によって、貿易円滑化・海域安全確保のための協力体制を構築することが不可能だったことを意味する。このため倭商の暴動に対しても、元朝には根本的解決手段が存在せず、採り得た対策は貿易港での警備強化と不正防止のみであった。

元代を通じて倭商への警戒心は増大していくが、それは元朝が日本招諭を諦めた時点で宿命付けられた、元代海域秩序の持つ構造的な弱点であった。そして警備の強化によっても安全を確保できないと判断した時は、商船の受入れ自体をシャットアウトするほかなかったのである。このような事情は天龍寺船以降も解消されたわけではなく、倭船の行動次第で同様の措置が再び取られる可能性は、十分に存在した。日元貿易は盛期の一四世紀前半においても、不安定な環境下で行なわれていたといえよう。

海防を重視した貿易禁止措置が、自由な交流を望む現地の人々に対して上から一方的に押し付けられたものであったというのも、一概には言えないだろう。「論レ倭」の撰者呉莱は、弟子の宋濂が撰した碑銘[109]に拠ると、山居著述し一三四〇年に四四歳で没したという。「論レ倭」の中の倭人のイメージは、船を連ね慶元に来航し、不満があると暴動を起こすというものである。このような振舞に憤激する呉莱は、自ら日本に出使しこれを説得しようという。説得の内容は、「元には宝珠金帛が山のようにあり、外夷の貢献を必要としていない。だから我の互市（元で行なう貿易）をやめて、王の貿易（日本で行なう貿易）を行なおうではないか」というものである。[110]「論レ倭」は呉莱一八歳、一三一四年頃に書かれたものと考えられ〔高栄盛 二〇〇四年：三一頁〕、怒りの対象は至大「倭寇」だったことになる。若さに任せて過激なことを書いたという面もあったとは思われるが、このようなことを書く若者がいたということは、それ自体が注目されるべきではないか。在野の意見としても、倭人にびくびくするくらいならば市舶司貿易をやめてしまえという意見はあったのである。

一般に元代は自由貿易の時代、明代は管理貿易の時代とされる。そして元朝のルースな貿易管理体制により活況を呈した日元交通が、明洪武帝の海禁政策によって衰退することになったといわれる〔村井章介 一九九五年 第二章：四六―四八・七九―八〇頁・杉山正明 一九九七年：二六六―七〇頁〕。しかしこのような評価は、必ずしも元代の貿易政策を具体的に検討した上での論とは言い難い。至大・泰定・元統の三度の「倭寇」事件の直後の状況を見れば分かるように、貿易上のトラブルを鑑み海防を重視する官司によって貿易が途絶することは、実際には元代においてもありえた。見方によっては明初における海禁＝朝貢体制も同様の志向ということは可能であり（はるかに長期的、かつ強力ではあったが）、元代の自由な海域のあり方が明の洪武帝という特異な独裁者によって一変したという評価についても、ある程度の留保は必要かもしれない。[111]いずれにしろ元朝の貿易政策について、放任的というイメージだけを強調することは、多分に一面的である。

元代におけるルースな管理による貿易の盛況という図式は、明代における厳格な管理による貿易禁止という事態のネガとしての評価に他ならないが、少なくとも元代の慶元においては、貿易を前提とした管理体制を構築しようとしており、元明の相違を管理の有無で片付けることはできない。そもそも貿易事務を安全に遂行するべく管理を志した元代と、民間貿易を禁止するべく管理していた明代とでは、貿易管理の持つ意味自体がまったく異なる。管理がルースか厳格かだけではなく、その管理が何を目指していたのかについても目を向けなければ、このような比較は意味を持たないだろう。本章では、この問題について考える素材を一つ提供できたと思う。

註

（1）成宗テムルの時に行なわれた一三〇三年の市舶司廃止措置は、後述する朱清・張瑄の失脚事件と関係するようである［植松正 一九九七年 第二部第四章：三一一頁（初出 一九六八年）］が、武宗カイシャン即位翌年の一三〇八年にはまた市舶司が設置された。カイシャンの頃、朱清・張瑄の名誉回復が行なわれており［植松正 二〇〇四年：一三〇頁］、政権交替と密接な関係があったようである。カイシャン崩御・仁宗アユルバルワダ即位の一三一一年には、再び市舶司は廃止された。英宗シディバラ即位の一三二〇年に市舶司は三度目の廃止となり、暗殺された一三二三年に三たび設置された。

（2）一三〇五―〇七年に関しては、表4参照。一三二一年には祖庭□芳［川添昭二 一九九三年：三一〇―一三頁］・無涯仁浩『無涯仁浩禅師語録』金峰柏兄秋思詩軸序［『大日本史料』六―二二、三一五頁］が、一三二二年には月林道皎［『禅林僧伝』巻三、月林皎禅師［『大日本史料』六―一四、七八六―八九頁］］が入元している。

（3）『金沢文庫古文書』五一、金沢貞顕書状。前田元重［一九七八年］参照。なお公許船派遣が市舶司設置期に対応しているとする説［森克己 一九七五年 a：五二〇―二二頁・岡内三真 一九八六年：一一八頁］は、称名寺船の事例によって否定される。

（4）四日市康博氏は、元代において南海貿易の管理・経営は、必ずしも市舶司・行泉府司など特定の官府に依っておらず、財務官僚や重臣が関連ポストを兼任することによって機能したため、官府廃止など表面的な制度変更があっても支障をきたさなかったことを論じている［四日市 二〇〇六年：一四八―四九頁］。

（5）『元史』巻九四、食貨志二、市舶。

(6)『延祐四明志』巻三、職官攷下、慶元市舶提挙司。

(7)『元史』巻九一、百官志七、市舶提挙司。

(8)『元史』巻二七、英宗本紀一、延祐七年四月己巳条。

(9)『通制条格』巻一八、市舶。

(10)『大元聖政国朝典章』巻二二、戸部八、市舶、市舶則法二十三条。

(11)なおこの奏上の背景には、同年二月における宰相サンガ失脚がある。サンガは貿易も含め元朝の財政に大きく関与しており［高栄盛 一九九八年 第一章第三節］、サンガ失脚後、彼の組織した行政機構に対する非難が集中し、行政改革が行なわれることになる。八月に行泉府司や泉州―杭州間の水站一五所の廃止等、貿易・海運関係の機構の改編が行なわれたこと［『元史』巻一六、世祖本紀一三、至元二八年八月己巳条］も、その文脈で考えるべきであろう。つまり一二九三年の市舶則法制定は、直接にはサンガ時代の貿易体制の否定として、宋代の貿易体制への復帰を標榜したものであった［四日市康博 二〇〇六年：一三五―一三六頁］。

(12)一二九五年ヴェトナム［『元史』巻一八、成宗本紀一、元貞元年三月乙巳条］・ジャワ［『元史』巻一八、成宗本紀一、元貞元年九月丁亥条］・暹（アヨードヤ［Yamamoto Tatsuo 1989］、あるいはそれを含む海域に進出したシャム人勢力か［石井米雄 二〇〇一年：一三五頁］）［『元史』巻二一〇、暹伝］・一三〇一年ミャンマーのシャン人［『元史』巻二一〇、緬伝］。この他にカンボディアは、すでに一二八五年入貢の記事があるが、その後も一二九二・九五年に元から招諭使が派遣され、一二九五年臣服したという［和田久徳訳注 一九八九年 解説：一四〇―四二頁］。これらの諸国は、おおむね一三三〇年代までは朝貢を継続する。なおクビライ最末年の一二九三年には、ジャワ遠征の時の招諭に応じて、周辺の島嶼部諸国が遣使している［『元史』巻一三一、亦黒迷失伝］。

　付け加えておくと、モンゴル帝国内部に関しても、元朝に対して長く抵抗を続けたカイドゥは一三〇三年に死に、まもなく元朝と各モンゴル王家の間に和平が成立することになる［杉山正明 一九九六年：一六五―一六八頁］。モンゴル帝国の国家システムは、テムル朝を経てカイシャンの頃にはひとまずの完成を見た［同 一七七―一七九頁］。

(13)『元史』巻九一、百官志七、宣慰司。

(14)後述するように、一三〇二年には浙東道都元帥府設置の建議が行なわれており、これ以前に宣慰使司に降格していたことが分かる。第三次日本遠征計画中止の時か。

(15)『元史』巻二〇、成宗本紀三、大徳六年一〇月甲子条・『延祐四明志』巻八、城邑攷上、公宇所引、卓玖撰浙東道都元帥府記・『至正四明続志』巻一、職官所引、況逵撰浙東道宣慰使司都元帥府題名記。

(16)『延祐四明志』巻一、沿革攷。

(17)『延祐四明志』巻八、城邑攷上、公宇。

(18)『元史』巻二〇八、日本伝・『国朝文類』巻四一、征伐、日本。なお福建本土の平定とともに南海方面の招撫・鎮圧を責務とした福建行省も、一二九九年には江浙行省に吸収されており〔大島立子　二〇〇二年〕、元朝の海外への武力進出志向はこの頃沈静化したと見られる。

(19)木宮泰彦氏は、一山来朝後入元僧が増加したとし〔木宮　一九五五年：四四四頁〕、以後の研究でもしばしば踏襲されているが、厳密に言えば事実はむしろ逆である。

(20)『金沢文庫古文書』五一、金沢貞顕書状。

(21)鄧文元は四川綿州の人。杭州に流寓、元朝に仕え国士監祭酒に到る。一三二四年致仕帰郷、一三二八年五月没〔黄溍『金華黄先生文集』巻二六、鄧公神道碑銘〕。朱元璋の避諱でしばしば「鄧文原」と記される。

(22)『昌国典詠』巻六、譙楼銅漏、及び『民国定海県志』巻一、輿地志、名勝・古蹟、譙楼所引。少し後の史料ではあるが、後述するように、この頃にも元朝の倭船対策には大きな変化はないと考える。

(23)龍山徳見『黄龍十世録』付収。

(24)宋代に関しては榎本渉〔二〇〇六年a〕参照。元代についても、たとえば澉浦市舶司にて不当な税の取立てに憤慨した番人が、市舶司長吏らを殺害したという逸話がある〔姚桐寿『楽郊私語』〕。倭人についても同様であったことは、後に触れる至大の「倭寇」の例からも明らかである。

（25）　姚燧『牧庵集』巻一六、栄禄大夫福建等処行中書省平章政事大司農史公神道碑に、史耀が江浙行省右丞だった時（一二九五―九七年）のこととして、次のようにある。

高麗王遣㆓周侍郎㆒、浮海来商。有司求㆘比㆓泉・広市舶㆒、十取㆗其三㆖。公曰、「王于属為㆓副車㆒、且内附久。豈可㆘下同㆓海外不臣之国㆒。惟如㆑令三十税㆑一」。

（読み下し）

高麗王周侍郎を遣わし、浮海来商せしむ。有司泉・広市舶に比して、十に其の三を取らんことを求む。公曰く、「王于属して副車と為り、且つ内附して久し。豈に下して海外不臣の国と同じくすべけんや。惟だ令の如く三十に一を税《と》れ」と。

高麗王の派遣した船が来着した時、有司が一〇分の三を徴税しようとしたところ、高麗は元に内属しており、「海外不臣之国」と同様に扱うわけにはいかないということで、史耀は三〇分の一を取れと命じた。それも「令の如く」とあるように、何らかの法的根拠も存在したのである。「海外不臣之国」は、当然日本も含む（おそらく日本を念頭に置いたもの）。つまり日本は一〇分の三、高麗は三〇分の一という、実に九倍の違いが税率に関して見られたのである。

元は一二八〇年以降、海上貿易において土産（国内の物貨）は単抽、番貨（海外の物貨）は双抽とすることとした〔『大元聖旨国朝典章』巻二二、戸部八、市舶、泉福物貨単抽分〕。双抽は抽解（一二九三年市舶則法では細貨1／10・粗貨1／15）・舶税銭（同法では1／30）の両方を、単抽はその片方のみを徴収するものである〔高栄盛　一九九八年：二〇〇―〇三頁〕。舶税銭税率の1／30は元朝国内における商税の税率でもあり〔『元史』巻九四、食貨志二、商税〕、単抽はおそらく国内の商取引として、商税＝舶税銭のみを徴収するのであろう。高麗王は公主を娶って皇帝の駙馬となっており、そのため元朝に内附する存在として、貿易についても国内の商取引に準じて扱われることがあったのであろう。ただし有司が外国船に準じて徴税しようとしたように、高麗貿易船の扱いの基準は曖昧で、貿易管理者の判断によっては外国船として双抽の対象になることもあったと思われる。

（26）　なお杉山正明氏は、この一連の措置は地方官が勝手に行なったことで、中央政府の方針はあくまでも自由貿易であったとする〔杉山 一九九七年：二六八—七〇頁〕。だが一般書ということもあり、あえてこのような評価を下すだけの積極的な根拠は挙げられていない。

(27) 袁桷『清容居士集』巻一九、馬元帥防倭記。なおこの史料については、後半部分も含めて旧稿〔榎本渉 二〇〇一年c〕での読みについて、遠藤隆俊氏から私信にてご訂正をいただいた。

(28) ただしこの後も日本僧が次々と入元しているように、この規定は一時期を除いてザル法とならざるを得なかったようである。なお鄭舜功『日本一鑑』窮河話海、巻七、使館に拠ると、元代には倭人の来市を招き、慶元天寧寺で接待を行なったが、これを馭す策がなく、ついに火災に遭ってしまったという（米谷均氏のご教示に拠る）。ここでいう火災は、次節で述べる至大の「倭寇」によるものである〔5—14〕。入城禁止とはいっても、一部の倭人は接待や事務のために城内に入ることはあったのであろう。ただし接待と管理は表裏の関係にあり、城内でも自由な行動を取ることはできなかったと考えたい。

(29) 後述するように、その実態は倭商の暴動であり、一三五〇年以来高麗を襲った「庚寅以来倭寇」とは性格を異にする。そこでいわゆる倭寇と区別するためにも、「倭寇」とカッコ付きで記すことにする。あえて「倭寇」という言葉をここで用いるのは、明代の中国においてすでにこの事件が初期の倭寇として認識されており（たとえば、薛俊『日本考略』寇辺路）、従来の研究史においても初期の倭寇として紹介されているという事情に拠る。

(30) 森克己氏は『明州繋年録』なる書（『康熙寧波府志』が引用されており、清代・民国期成立か）に拠る〔森 一九七五年a：三六九頁〕が、ここでは元代成立の『至正四明続志』巻十、釈道、玄妙観所引の碑銘に拠る。

(31) 劉仁本『羽庭集』巻六、慶元路玄妙観重修道蔵記。

(32) 明らかに倭人に拠るものとしては、都元帥府・録事司・天寧寺・玄妙観がある〔5—1・6・14・21〕。また都元帥府の門である儀門〔『延祐四明志』巻八、城邑攷上〕も、この時に倭人によって焼失している〔『成化寧波郡志』巻五、廨宇考、治〕。

(33) 程鉅夫『程雪楼文集』巻二一、資徳大夫湖広等処行中書省右丞燕公神道碑に、「倭人入二市慶元一、有司不レ能レ用二公前後待レ之之道一、而利二其貨宝一、切レ之以レ兵、反被二殺略焼焚之禍一」とある。

(34) なお燕公楠神道碑には、「殺略焼焚之禍」とあり、刃傷沙汰があったようにも見えるが、大量虐殺のようなものではなく、市舶司官吏とのいざこざをめぐる小規模なものだろう。
(35) 『宝慶四明志』巻三、郡志三、叙郡下、坊巷。具体例としては、たとえば一二八九年に、延寿寺が民家の火事のために延焼している〔周密『癸辛雑識』続集上、四明延寿寺火〕。
(36) 『肥前実相院文書』延慶二年二月二六日付北条政顕書下案・『長門住吉神社文書』同日付某書下案〔『鎌倉遺文』二三六〇四・二三六〇五〕。また関周一氏より、『肥前島原松平文庫文書』の同日付鎮西探題北条政顕御教書写〔『鎌倉遺文』補一八七九〕の存在をご教示いただいた。
(37) 『雪村大和尚行道記』・雪村友梅『岷峨集』巻下、寄臨済住持。
(38) 洞院公賢『園太暦』観応元年四月一四日条。
(39) 龍山徳見『黄龍十世録』付収、龍山徳見行状。
(40) 『延宝伝灯録』巻二一、嵩山居中伝。
(41) 『雪村大和尚行道記』。ただし天目山の遠渓祖雄のように、検挙の手が及ばなかった者もいたようである。
(42) 静嘉堂文庫蔵復庵宗己『大光禅師語録』付収、復庵己和尚行状・東京大学史料編纂所蔵『大光禅師語録』付収、年譜〔『大日本史料』六―二一、一〇頁〕に拠ると、一三一〇年には復庵宗己等が入元している。ただしこれには異説もあり、史料編纂所蔵『大光禅師語録』付収、復庵己和尚行状〔『大日本史料』六―二一、一一―一三頁〕は一三一七年、『本朝高僧伝』巻三〇、斉哲伝は一三一八年説を採る。彼と同船という無隠元晦は、『豊鐘善鳴録』巻一、無隠禅師伝に拠れば、一三〇九年入元である。また『豊前興国寺文書』所収の『無隠元晦像』楚石梵琦賛写〔広渡正利二〇〇一年：八一頁〕に、無隠は二五歳で入元とあるが、『善鳴録』の伝える生没年を信じれば、一三〇八年入元ということになる。とにかくこの二人の入元年に関しては、諸書で混乱が見られ、確定は困難である。
(43) 『禅林僧伝』一、孤峰和尚行実〔『大日本史料』六―二三、五六一―六六頁〕に拠ると、孤峰覚明は「応長元年辛亥春、歳四十」「大元至大二年」に入元とある。応長元年は一三一一年、孤峰四〇歳は一三一〇年、至大二年は一三〇九年であり、一致しない。この行状は孤峰没の直後に弟子が撰したもので、史料的価値は低くない。なぜこのような混乱が起こったかは不審だが、ともかくこの頃入元である。

(44) 黄溍『金華黄先生文集』巻四一、天童坦禅師塔銘。

(45) もっとも雪村のように、一三二六年頃まで釈放されなかった例もある［小野勝年 一九八二年：三五―四〇頁］が、これは特に嫌疑をかけられたためであろう。

(46) 祖渓大智『拾遺大智禅師逸偈行録』祇陀大智禅師行録並序。

(47) 例えば『名僧行録』巻一、遠渓祖雄禅師之行実［『大日本史料』六―八、三〇四―〇五頁］に拠れば、遠渓祖雄は一三一五年か一三一六年に帰国している。極楽寺船派遣が計画されたのもこの頃である［福島金治 一九九七年 第三章第一節（初出 一九九一年）］。

(48) 『元史』の記事では派遣されたとあるのみで、その立場を記さないが、『延祐四明志』巻二、職官攷上に、浙東道都元帥として劉忽都魯帖木児《クトゥグ＝テムル》が見え、同一人物と思われる（クトゥグ＝テムルは劉氏を母に持った）。

(49) この一節は、廟市の様子を記したものであろう。斯波義信［一九六八年：三七六―八八頁］参照。

(50) 『中巌月和尚自暦譜』正中二年条・中巌円月『東海一漚集』一、和儀則堂韻謝琳荊山諸兄見留・明和元年版『東海一漚集』二、祭竺仙和尚。

(51) 『中村文書』正中二年七月八日付恵雲奉書［『鎌倉遺文』二九一五五］に拠ると、中村孫四郎は七月二一日から八月五日まで建長寺船の警固を命じられている。

(52) 二人の同道については、中巌［『中巌月和尚自暦譜』］・不聞［『不聞和尚行状』］の行状ともに明記しないが、認めてよいだろう。二人とも建長寺の東明慧日の会下にあり、一三二四年九州に下向、豊後万寿寺の闡提正具に参じ、一三二五年定海から入元している（なお不聞の入港地について、『続群書類従』九輯下本は明州＝慶元の「家海」とするが、もととなった『名僧行録』巻二は「定海」とする）。特に闡提への参禅は二人の宿願で、かつてそのために二人で八坂法観寺に赴いたことがある（しかしこの時は闡提に会えなかった）。以上については蔭木英雄［一九八七年：四〇―五六頁］も参照。

(53)『至正四明続志』巻一、職官、浙東道宣慰使司都元帥府。高栄盛氏は馬充実とする〔高　一九九八年：九八頁〕が、これは馬鋳の父であり、都元帥に就任した事実はない。高氏自身が挙げている馬充実の神道碑〔袁桷『清容居士集』巻二七、贈翰林學士嘉議大夫馬公神道碑銘〕に拠れば、馬充実は一二九二年没であるから、一三二五年の倭船来航に対処した人物ではありえない。

(54)監抽は省官が担当することが原則だったらしいが、馬鋳は省官ではない。だが現実には、省官以外を監抽官に任命することもあったようである。程端礼『畏斎集』巻五、監抽慶元市舶右丞資徳約蘇穆爾公去思碑に、以下のようにある。

謹按、国朝因㆓唐・宋㆒、於㆓慶元・泉・広㆒、建㆓市舶司㆒設㆓提挙官㆒、酌㆓古今之宜㆒、頒㆓舶法二十有二条㆒。抽分省官親臨、具有㆓定制㆒。惟是近年、或委㆓他官㆒、選択未㆑精、法外生㆑弊、船戸病㆑之。

(読み下し)

謹しんで按ずるに、国朝唐・宋に因《よ》り、慶元・泉・広に於いて、市舶司を建て、提挙官を設け、古今の宜を酌し、舶法二十有二条を頒す。抽分は省官親臨すること、具に定制有り。惟だ是れ近年（一三四三年頃）、或いは他官に委ね、選択未だ精ならず、法外に弊を生ずれば、船戸之を病む。

なお一三一四年の市舶則法第一二条で、「監抽・監臨有司」のことが触れられており〔『通制条格』巻一八、市舶〕、約蘇穆爾去思碑に舶法二二条に「具に定制有り」としているのは、このことと思われる。

(55)『明史』巻二八五、王逢伝。

(56)虞集『道園類稿』巻四三、順徳路総管張公神道碑。なお『道園類稿』は、『元人珍本文集叢刊』五に収める元版の覆刻(明初刊)を用いたが、誤刻が多い。神道碑は張公の諱を公震に作るが、『至正四明続志』巻一、職官に拠って、文震とする。

(57)同碑の銘で、張文震の事蹟を称えて「島夷貨交㆓威恵㆒」と述べているのは、おそらくここで引用した件に関するものと考えられる。「威恵」を交えて貿易に当たった相手である「島夷」が「倭船」と同じものとすれば、「倭船」は「倭舶」の誤刻と考えても良いだろう。

(58)慶元路総管がいなかったため、次官である同治の張文震が政務を執ったという。この頃は范クトゥグ＝テムルが総管だったと思われる（一三二八―三二？年）が、『至正四明続志』巻一では、彼に関して名前を挙げるのみで、事蹟は一切記していない。あるいは赴任しなかったものか。

(59)『不聞和尚行状』。

(60)『中巌月和尚自暦譜』天暦元年（二年の誤）条。

(61)竺仙梵僊『竺仙和尚語録』巻上、住南禅寺語録、明極和尚七周忌普説法語・同巻中、住建長寺語録、仏乗禅師十三年忌陞座法語。

(62)天岸慧広『東帰集』明極和尚滄海餘波序。

(63)明極・竺仙招聘の背後には北条高時や安達高景・大友貞宗がおり［西尾賢隆　一九九九年　第六章：一三九―四〇頁（初出一九九一年）］、士林はその使僧として入元したものと思われる。士林が福州の船で来日を勧めたのは、この船がまさに明極・竺仙招聘を目的として派遣された船だったからで、士林自身もこの船で入元した可能性は高い。仮にそうでなかったとしても、なぜ士林がわざわざ杭州から遠くの福州からの出港を勧め、明極がこれに従ったのかという問題は残る。いずれにしろ、ここで福州の船が話題に出てくるのは問題である。

(64)村井章介氏は、士林が「此船一去、明年即便又来」と言っていることから、福州に日本商船が毎年入港していたことを想定している［村井　一九九五年　第二章：六六頁］が、士林が言っているのはこの船がまた元に来ることだけで、福州に来るとまでは言っていない。管見の限りで、宋元代では漂流船を除きこれ以前に日本・福州間の往来例はない［本書第一部第一章表1］。

(65)約翁徳倹『仏灯禅師語録』太虚元寿跋。

(66)約翁徳倹『仏灯禅師語録』月江序・樵隠跋。

(67)『平田寺文書』三三、平田寺草創記に拠ると、一二八四年外護者の一条三位が、平田寺開山龍峰宏雲のもとに次子月輪童子を連れてきて出家させたのが空叟である。一条三位については、『平田寺文書』三、永仁四年（一二九六）五月一三日付伏見天皇綸旨に、その田地寄進のことが触れられている。『草創記』はこれを上杉憲藤とし、一二九三年田地寄進、一二九六年没とする。しかし憲藤は、一三七〇年に三三回忌が修されている〔義堂周信『空華日用工夫略集』応安三年三月一五日条〕ことから、没年が一三三八年であることは疑いない。また後世の系図類に拠れば、彼は三一歳、あるいは二一歳没であり、一条三位の田地寄進の時にはまだ生まれていなかったことになる。憲藤と一条三位は明らかに別人であり、後世になって両者が結び付けられたのであろう。

また空叟の入元の年齢が非常に高い。『草創記』に伝える生年を信じれば、入元五七歳、帰朝六二歳である。他の入元僧を見ても多くは二〇代前後で、六〇歳近くで入元という例はないのではないか。『草創記』の内容について細かい点まで信じるのは危険であり、空叟の入元・帰朝年の扱いについても慎重になるべきであろう。

(68) 木宮泰彦氏は、元弘年間以降天龍寺船の間（一三三二—四二年）にも商船の往来があったことを論じる〔木宮 一九五五年：四一九—二〇頁〕が、一三三五年以降の事例に関しては、誤解である。

なお〔6—3〕の約庵徳久入元について、旧稿〔榎本渉 二〇〇二年a：六頁〕では『続群書類従』九輯下所収「高山照禅師塔銘」に「問二道中国一、留レ世五年」とあることから、塔銘撰述の一三六五年の時点で在元五年、すなわち一三六一年入元と考えたが、「留世」という表現の不自然さが気にかかっていた。そこで他の本に当たってみると、国立公文書館所蔵の『禅林僧伝』巻一は確かに『続群書類従』本と同じだが、『名僧行録』巻二や『諸祖行実』巻中を見ると、東京大学史料編纂所所蔵の謄写本に関していえば、「留世五年」は「留卅五年」とも読める。となると、約庵は一三六五年の時点で在元三五年、すなわち一三三一年入元の可能性も出てくる。

ここで『名僧行録』巻二・『禅林僧伝』巻一〔『大日本史料』六—七、八四五頁〕・『諸祖行実』巻中等に収める約庵の伝記を見ると、約庵は紀伊大慈寺の高山慈照（一三四〇年まで三〇年以上大慈寺住持）の下で出家し、一三二五年に受戒し、入元の後は帰国することなく、一三七六年に没。元では了庵清欲の下で焼香侍者・蔵主を務め、「演二唱安禅・浄行・玉律一四十年」だったと記され、没年の四〇年近く前、すなわち一三三〇年代頃に入元していたことになる。これを裏付けるのが、『名僧行録』巻二に収める高山慈照像の三種の賛文である。その一つに「建仁広斉（「済」カ）高山禅師遺像、小師徳久蔵主求二天童平石如砥賛一」とあり、約庵が高山の遺像を持って天童寺の平石如砥に賛を求めたことが分かる。高山は一三四三年没〔『高山禅師塔銘』〕、平石は一三二九年に天童寺住持に就任し、一三五七年に没〔『平石如砥禅師語録』序・天童禅寺語録〕だから、約庵は一三四三―五七年の間に在元していなければならない。すなわち約庵入元は一三六一年ではありえない。以上から本書では、『高山禅師塔銘』の問題の箇所を「留世五年」ではなく「留卅五年」と読み、約庵は一三三一年入元と考える。高山没前に入元しながら遺像を持っていることになるが、後に入元した他の日本僧から高山没の情報を得て頂相を作成したか、入元僧から頂相を託され、著賛の交渉を依頼されたのであろう。年齢の面でも、一三三一年＝一九歳は一般的な入元年齢だが、一三六一年＝四九歳は、当時としては高齢に過ぎる。

なお恕中無慍は一三二九年に霊石如芝に、一三三〇年一元□霊に、後に元叟行端に参じ、さらに天童寺の平石の下で一〇年間蔵鑰を掌ったという〔『恕中無慍禅師語録』付収、天台空室慍禅師行業記〕から、平石は一三四〇年前後までは天童寺住持を務めたらしい。また一三四三年には龍門□膺が天童寺住持に就くように行宣政院の命が下っており〔『天童寺志』巻三、先覚考〕、平石はこれ以前に天童寺住持を退いていたことになる。つまり賛文に「天童平石如砥」とあるが、約庵が訪ねた時点（一三四三年以降）では、平石はすでに天童寺の前住だったと考えられる。

以下で、一三三〇―四八年における日元間の僧侶往来事例を、年代が特定できない事例について列挙しておく。なお旧稿〔榎本渉 二〇〇一年b：三二頁〕で挙げた古鏡明千入元・清渓通徹帰国は、時期について考え直すところがあったため、ここでは挙げない（古鏡＝一三二七―三五年、清渓＝一三二〇―四六年）。

① 礼智蔵主は師鉄庵道生の語録を持って入元し、元の高僧に序跋を請うた。一三三二年には福州雪峰山の樵隠悟逸の下におり〔鉄庵道生『鉄庵和尚語録』序〕、これ以前の入元である。また鉄庵が一三三一年正月に没していることを考えると、礼智は鉄庵の死を受けて語録をまとめ入元したものと考えられる。つまり礼智の入元は一三三一―三二年である。

② 大朴元素は元応年間（一三一九―二一年）に入元し、一三年間在元の後に帰国〔『延宝伝灯録』巻一三〕。つまり、一三三一―三三年の帰国である。

③ 『了庵清欲禅師語録』巻六、送曙蔵主に、「道人信宿来二禾城一、三反無レ覓二南堂（了庵）処一、……帰二向扶桑一更那辺、別有二光明一蓋二天地一」とある。元僧了庵清欲が曙蔵主の日本への帰国を送る送別偈である。「道人信宿（再来）して禾城

（嘉興）に来る」とあるように、曙蔵主は嘉興本覚寺住持時代（一三三三—四五年）の了庵の下を一度去り、また帰ってきて、そこから日本へ帰ったのである。ここから曙蔵主の帰国が一三三三—四五年であることが分かる。

この頃に入元した日本僧で「曙」の諱を持つ日本僧に、東白円曙がいる。建仁寺両足院蔵『刻楮』水三所収、義堂周信『空華日用工夫集』巻八別抄に、「禅安上主出㆓一軸㆒。乃古鄞異見堂々々号頌。作者十二人。……曙東白求㆓東嶼跋㆒」とあり、東白が「異見堂々々号頌」の跋を元僧東嶼徳海に求めたことが分かる。東嶼は一三二七年没〔『阿育王山志』巻八、有元霊隠景徳禅寺明宗恵忍禅師東嶼海和尚塔銘〕だから、東白はこれ以前に入元していたはずである。

東白と曙蔵主が同一人物であることを裏付けるのは、曙蔵主が一度了庵の下から出て、慶元天童寺の宏智正覚の塔を礼しに行った事実である〔『了庵清欲禅師語録』巻七、次韻送曙蔵主礼宏智塔〕。宏智正覚は曹洞宗宏智派の祖であり、曙蔵主がその塔へ向かったのは、彼が日本で宏智派の会下で活躍していたことを示しているのではないか。当時日本の宏智派は、渡来僧東明慧日の一派のみであり、ほかならぬ東白円曙も東明会下にあった。となれば、曙蔵主が東白である可能性は、極めて高いといえよう。

以上を認めた場合、東白は一三三九年に日本にいたことが知られる〔『中巌月和尚自暦譜』暦応二年条〕から、東白の行状は、一三二七年以前に入元→一三三三年以降に帰国→一三三九年日本と復元される。すなわち一三三三—三九年の帰国である。

④ 玉泉周皓は一三三四年、夢窓疎石から偈を書き与えられた〔『禅林墨蹟拾遺』日本篇一七、東山家蔵夢窓疎石偈〕が、一三四八年には元の松江真浄寺の月江正印の下におり〔『続禅林墨蹟』九一、根津美術館蔵月江正印道号偈〕、この間に入元したことが分かる。

⑤ 雪竇源光は、一三四四年に前慶元阿育王山住持の月江正印の下に参じ、師の双峰宗源の頂相に賛を求めた〔『双峰国師語録』真賛〕。双峰没の一三三五年以降の入元の可能性が高く、一三三五—四四年の入元と見られる。

⑥ 石室善玖は、一三三九年頃には在元〔友山士偲『友山録』上付収、友山和尚行状〕。また一三四六年には、京都にいることが確認できる〔竺仙梵僊『竺仙和尚語録』巻中、真如寺語録〕。この間の帰国である。

⑦　友石清交は清拙正澄没（一三三九）の後まもなく、その徒として入元した二五人の一人〔瑞渓周鳳『臥雲日件録抜尤』寛正元年一一月一九日条〕。後述するように、一三四二年に天龍寺船で入元したものと考えるが、史料上は明記されていないので、表6には挙げていない。この一行の一人に、おそらく堅一蔵主がいた（後述）。

⑧　南海宝洲は一三四二年に中巌円月とともに入元を試みたが、官司の制止に遭い果たせなかった〔6―17〕。その後二〇餘歳にして、「同士十餘輩」とともに入元を図ったが、船は急風に煽られ転覆し、高麗に漂着した〔『南海和尚伝』〕。南海二〇餘歳というが、南海は一三二一年生だから、一三四〇年代のことである。南海の「同士十余輩」に含まれると思われるのが、如聞上座・玄璵侍者である。一三四五年竺仙梵僊撰の「刊古林和尚拾遺偈頌緒」〔『古林清茂禅師拾遺偈頌』〕に拠れば、彼らは入元しようとして高麗の耽羅に漂流したことがあった。南海と玄璵は、ともに一三四二年に天龍寺船で入元を希望し、竺仙梵僊から送別偈を送られている〔竺仙梵僊『竺仙和尚語録』巻中、竺仙和尚偈頌、洲侍者・浄智璵侍者〕。両者は同様の経歴をたどっており、その入元計画・高麗漂着は、同件と見て良さそうである。となれば三人の入元失敗は、天龍寺船派遣の一三四二年以降、「刊古林和尚拾遺偈頌緒」撰の一三四五年以前ということになろう。

なお、章末付記も参照のこと。

(69) 友山士偲『友山録』巻下、行宜送別偈・孚中懐信偈。
(70) 『元詩選』二己集所収、丁復『桧亭集』扶桑行送銛仲剛東帰。
(71) 『草堂雅集』巻一四、釈良琦、秋日帰虎丘懐銛仲剛書記。
(72) 丁復『桧亭集』巻三、送銛仲剛之呉中兼柬柯敬仲博士・『元詩選』二己集所収、丁復『桧亭集』扶桑行送銛仲剛東帰・鄭元祐『僑呉集』巻五、送銛仲剛遊金陵。
(73) 丁復『桧亭集』巻三、送銛仲剛之呉中兼柬柯敬仲博士・虞集『道園学古録』巻二七、送海東銛上人十首。
(74) 科学院図書館蔵無住善住『谷響集』送銛上人至京〔陳高華　一九八三年：一三六頁〕。
(75) 『草堂雅集』巻七、鄭東、送日本僧之京。
(76) 龍山徳見『黄龍十世録』所収、龍興路山門疏・諸山疏・江湖疏。

(77) 一峰も集慶寺にいたことがある。たとえば、一峰通玄『一峰知蔵海滴集』会金沙居長老・奉悼龍翔咲隠和尚。

(78) 一峰通玄『一峰知蔵海滴集』玉渓思珉跋・樵隠悟逸跋・無外宗廓跋・田雲法鎧跋・別岸若舟跋。

(79) 龍山徳見『黄龍十世録』付収、行状。

(80) 『祇園社施行日記』裏文書、暦応三年二月日付一色道猷目安状〔『南北朝遺文』九州編一四八一〕。

(81) 李領〔一九九九年 第四章：一四八―五七頁〕では、この時期に高麗で活動をはじめた「庚寅以来倭寇」が、九州の内乱状況の悪化に対応したものであったことを想定する。

(82) 程端礼『畏斎集』巻六、故中奉大夫浙東道宣慰都元帥兼蘄県翼上万戸府達嚕噶斉諤勒哲図公行状。

(83) 蘄県は河南江北行省宿州路に属す。至大の「倭寇」事件以来、蘄県万戸府漢軍が慶元の防備に当たったこと〔3―9〕は、第二節で述べた。

(84) 巻二、職官、蘄県翼上万戸府、達魯花赤。オルジェイトを「完者都」に作り、行状の「諤勒哲図」と表記が異なるが、同じ音を写したもので、同一人物である。

(85) 黄溍『金華黄先生文集』巻三三、将仕佐郎台州路儒学教授致仕程先生墓誌銘・『畏斎集』付収、『蘄県志』程端礼伝。

(86) 『昌国典詠』巻一、鎮鼇山・巻八、烏哲勒図公祠。

(87) 程端礼『畏斎集』巻四、送浙東帥掾朱子中考満序。

(88) この部分について、旧稿では「以行懲。曩年……」と切った〔榎本渉 二〇〇一年b：二五頁〕が、桃木至朗氏から、「以行。懲曩年……」と読むべきであるとご指摘をいただき、再考の結果、私もその方がより自然であると判断した。このためこの史料の解釈と論旨は旧稿と大幅に変わっている。

(89) 「令行禁止、交易流通」について、旧稿では「交易流通を禁止するを行なわしむ」と読んだ〔榎本渉 二〇〇一年b：二五頁〕が、この点について江静氏からご訂正を頂いた。『荀子』第九篇、王制に「令行禁止、王者之事畢矣」とあり、『旧唐書』巻一一、代宗本紀、即位前記に「既收㆓京城㆒、令行禁止、民庶按堵、秋毫不㆑犯」とあるように、「令行禁止」は四字で一熟語である。

(90)　『元人伝記資料索引』二四六八頁。

(91)　村井章介氏は正堂の一三三五年帰国を「疑うべきである」とする［村井 二〇〇三年：二二三頁・二〇〇五年・一二四―二五頁］が、一三三五年説の根拠はある。友山士偲『友山録』巻上付収、友山和尚行状に、「与㆓法兄顕正堂㆒、同遊㆓元国㆒（二人とも南山士雲の弟子）正堂乃師之族伯父。在元八年、後開㆓山与州善応寺㆒皇朝嘉暦三年戊辰、大元明宗天暦改元之歳也」とあり、正堂が甥で同門の友山とともに一三二八年に入元し、八年の在元の後に帰国したという。これを信じれば、正堂の帰国は一三二八年から足掛け八年後、すなわち一三三五年ということになる。私見では友山行状の内容は、疑うべき理由を見出せない。少なくとも友山については、一三四五年に帰国したこと、および在元一八年であったことを自身で記しており［友山士偲『友山録』巻上、潜渓普円国師三十三周忌辰拈香幷陞座・巻中、自賛・巻下、次韻悼愚西堂］、一三二八年入元であることは確実である。両者の関係を考えれば、友山と正堂が同船であることは自然である。また正堂の在元期間として確認できるのは一三三〇年一二月から一三三四年冬であり［『禅林墨蹟』上九三、高野時次蔵定門時習偈・『続禅林墨蹟』六七、中島たま蔵竺田悟心道号偈］、この点でも友山行状の記述と矛盾しない。正堂が一三三五年に帰国したことを自ら記したものがないことは残念だが、親しい僧の行状史料にそのことが明記されていることと、一次史料に矛盾するものがないことから、特に理由がない限り、これを否定する必要はないと考える。

なお村井氏は、本章でも引く中巌円月『東海一漚集』一、謝恵青瓷香炉幷序に、「十年」貿易が行なわれず唐物の価格が急騰しているとあることと、春屋妙葩『天龍寺造営記録』に、一三三二年帰国（一三三二年派遣？）のいわゆる住吉社船以来「十ヶ年を経て」一三四一年に公許船派遣が計画されたことを指摘し、両者の「十年」「十ヶ年」を同定して、一三三三年から一〇年間、日元間に（公許船に限らず）商船の往来がなかったと考えた。正堂の帰国記事を疑う理由は、この推定と矛盾する点にある。

しかし『造営記録』が一三三三―四一年に公許船の往来がなかったことを言っているのに対し、中巌の詩は貿易が約一〇年間なかったことを言っているに過ぎず、両者が同じ期間を指す保証はない。公許船とともに貿易が絶えたとする確かな根拠がないならば、中巌の詩の「十年」の起点を一三三三年にする必要もない。そして「十年」の起点が一三三三年ではないならば、『友山和尚行状』に明記される正堂の帰国記事を「疑うべき」として否定するという史料操作をする必要もない。要は村井氏の主張の前提となる二つの「十年」の起点の一致（＝公許船断絶と同時に日元貿易断絶）が示されていない以上、一三三五年の正堂帰国説にまったく矛盾はないのである。

なお後述するように、日元貿易は天龍寺船によって一三四三年に復活したと考えられる。貿易の途絶が一三三五年頃からだとすると、その期間は八年程度となり、中巌の詩に「十年」貿易がないとするのと矛盾するという意見があるかもしれない。しかしこの「十年」はあくまでも詩の中の文学的表現であって、実数とは限らない。二〜三年を「十年」とは表現しないだろうが、七〜八年を「十年」と表現することは珍しくない（しかも中巌の詩は、高価な唐物の贈呈に対する感謝を述べたもので、唐物価格高騰の原因である貿易不通の年数を長めに表現することは、大いにあり得る）。今更いうまでもないことだとは思うが、念のために記しておく。＊章末付記参照。

(92)『至正四明続志』巻一、職官、浙東道宣慰使司都元帥府所引。
(93) 黄溍『金華黄先生文集』巻二五、資善大夫河西隴北道粛政廉訪使凱烈公神道碑。本史料は旧稿［榎本渉 二〇〇一年b］執筆時には気付かなかったものである。この史料の発見により、以下の本節の記述は大きく改めた。
(94) トク＝テムル即位は一三二八年九月［『元史』巻三二、文宗本紀一、天暦元年九月壬申条］。同年一二月、ブダシリ立后の玉冊・玉宝が作られている［同一二月己亥条］。
(95)『元史』巻三六、文宗本紀五、至順三年三月庚辰条。
(96)『元史』巻三八、順帝本紀一、至元元年七月戊申条・同巻一三八、唐其勢伝。
(97)『元史』巻三八、順帝本紀一、至元元年十月丁巳条。
(98)『至正四明続志』巻一、職官、浙東道宣慰使司都元帥。
(99) 愚中の年譜では「冬」とするのみだが、愚中と同船と思われる性海霊見は、一三四二年秋に海船に乗り込み、一〇月に慶元に達している〔6—14〕。
(100)『年譜抄』は一四二六年撰。撰者の一笑は愚中法嗣で、かつ愚中年譜の撰者その人でもある。史料的信憑性は高い。

(101) 瑞渓周鳳『臥雲日件録抜尤』寛正元年一一月一九日条に、「始大鑑（清拙正澄）入滅、未ㇾ幾其徒二十五人度唐。交（友石清交）其一也」とあり、清拙没後まもなく二五人の弟子が入元したというが、以下で述べるように、清拙没後最初の入元船は天龍寺船だった。なお友石は一八歳で入元し、二八年目で帰国したといい、無事入国を果たしたらしい。

(102) 『禅居附録』大鑑禅師入滅相讃・大鑑禅師賛・日本五会録序。なお独芳清曇は一三五〇年、月江正印に清拙頂相の著賛を求めており［『禅居附録』大鑑禅師真宝］、時間が空くが、あるいはこれも一一人の一人かもしれない。

(103) 黄溍『金華黄先生文集』巻二八、勅賜康里氏先塋碑。

(104) 黄溍『金華黄先生文集』巻二八、勅賜康里氏先塋碑。

(105) 友山士偲『友山録』巻中、答等持古先和尚書。

(106) 『元史』巻一三八、脱脱伝。なお先ほど見たテムルタスは、対日貿易積極派だったと思われるが、「伯顔《バヤン》罷ㇾ相、庶務多所二更張一。鉄木児塔識《テムルタス》尽ㇾ心輔賛」とある［『元史』巻一四〇、鉄木児塔識伝］ように、彼はバヤン失脚後の政務をよく取り仕切った人物であった。

(107) 『通制条格』巻一八、市舶。

(108) 呉莱『淵頴呉先生文集』巻五。なお後述するように、この文は一三一四年のものと考えられ、「三十餘年」というのは、弘安の役（一二八一年）を起点とした表現と考えられる。

(109) 呉莱『淵頴呉先生文集』付収、淵頴先生碑。

(110) 「論ㇾ倭」の全体の内容については、石原道博氏の解説がある［石原 一九五三年：八二―八三頁］。

(111) 檀上寛氏は、明初の海禁政策の起源を元代の対倭船対策に求める［檀上 二〇〇六年：二六―三一頁］。

［付記］

渡来元僧清拙正澄の著作の中で、詩文集『禅居集』は『五山文学全集』一に収めるものの、語録はいまだに活字化されていない。これについて私は今まで、在元時代の語録は東洋文庫蔵の五山版、来日後の語録は東京大学史料編纂所蔵の謄写本

（上村観光原蔵）を利用していた。ところが先日東京大学文学部瀧田文庫所蔵史料を調査したところ、寛政二年版『大鑑録（清拙和尚語録）』が、来日後の語録であるにもかかわらず、史料編纂所本とまったく内容を異にしていることに気付いた。本来は寛政版を遡る諸本の調査が必要であるが、とりあえず史料編纂所本と寛政版の相違点のみ触れれば、史料編纂所本は全三冊で、住院法語はなく、詩文を中心とした内容となっているのに対し、寛政版は全四冊で、一冊目が序・建長寺語録・浄智寺語録・円覚寺語録、二冊目が建仁寺語録・南禅寺語録・再住南禅寺語録、三・四冊目が『禅居集』で、最後には塔銘・跋が付いている。この内一・二冊目については、活字として刊行されたものを見ない。川瀬一馬氏に拠れば、寛政版第二冊の内容は、大東急文庫蔵の五山版（明徳二年版）と共通する内容のようである〔川瀬　一九七〇年：三九九頁〕。

寛政版の第二冊に収める建仁寺語録に、「何山貞蔵主至上堂」の法語がある。前に一三三五年の仏涅槃上堂法語（二月一五日）、後に仏誕上堂法語（四月八日）があり、この間に建仁寺に「何山貞蔵主」が来たらしい。何山は元の湖州宣化寺のこと。一三二一―二九年には清拙正澄の俗兄月江正印が住持し〔『月江正印禅師語録』巻上、宣化禅寺語録・道場禅寺語録〕、清拙自身も来日前に何山に掛搭したことがある〔『清拙和尚語録』付収、大鑑禅師塔銘〕。清拙は貞蔵主至上堂法語の中で、「海国帰来今十載、一回相見一歓レ顔」と述べており、渡日以来一〇年ぶりの貞蔵主との再会を喜んでいる（一三三五年は清拙渡日の一三二六年から足掛け一〇年目）。貞蔵主は人脈から考えても、清拙を頼って来日したものとするべきで、来日から清拙来訪まで長期間のブランクがあるとは思われない（おそらく一三三四―三五年頃来日）。これは一三三〇―四八年の日元往来事例として、註(68)に追加できる。また日元貿易の途絶を一三三三年と考えて、一三三五年の正堂士顕帰国を誤りとする村井章介説（註(91)参照）に対する反証ともなると考える。

この件については、初校を終えた後で気が付いたため、付記の形で追記することにする。

［補注］

本書初版刊行後、『延祐四明志』巻一六に著録する経蔵寺・広福院・戒香十方寺の火災記事も表5に加えるべきことに気付いた。焼失事例はこの三件を加えて二七件とすべきである。

第二章　元末内乱期の日元交通

はじめに

研究の乏しい日元関係史であるが、その傾向が特に目立つのが元末である。日宋・日元関係において参照される基礎的研究として、森克己・木宮泰彦氏の業績［森 一九七五年a（初出 一九四八年）・木宮 一九五五年（初出 一九二六―二七年）］があるが、前者は天龍寺船派遣（一三四二年）で事実上考証を終え、後者も元末という時期について特に言及することはない。おそらくこの時期に関する唯一の専論は、大正期の後藤秀穂氏の研究である［後藤 一九一四年b］。また中村栄孝・田中健夫両氏の言及もある［中村 一九六五年 第一章（初出 一九六三年）・田中 一九八二年］が、いずれも元末倭寇を対象とし、商船の往来等についてはまったく触れるところがない。日本対外関係史の通史でも、天龍寺船の後に来るのは洪武帝と征西府の交通である［川添昭二 一九九六年 第三章（初出 一九九二・一九九四年）等］。

明代になると日明交通は国家使節により担われ、一般商船の貿易活動は否定される。元末における商船の活動に積極的な評価が与えられてこなかったのも、それが明代に否定される運命にあったという事情のためと思われる。だが明初海禁体制に関して活発な議論が行なわれている現状［曹永和 一九八四年・大隅晶子 一九九〇年・檀上寛 一九九七・二〇〇四・二〇〇六年］で、その海禁体制の前提となる元末商船の活動がいかなるものかを考察することは、決して無駄な作業ではなかろう。
本章では以上の関心に従い、元末の日元交通について基礎的事実を確認することを目的とする。なおここでいう「元末」は、方国珍が一三四八年一一月に台州で蜂起して以降、一三六七年一二月に朱元璋に降伏するまでを指す。日元交通の中心である慶元は一三五五年に方国珍に占拠され、一三五八年以降は方政権の治となる。日元交通について論じる場合、方国珍の活動が重要なキーとなると考えられる。

一　元末日元交通の展開

1　元末倭寇の活動

商船の往来に触れる前に、まず元末倭寇について言及しておく。その活動を物語るものとしてしばしば挙げられるのは、『元史』巻四六、順帝本紀九、至正二三年（一三六三）八月丁酉条である。

倭人寇二蓬州一、守将劉暹撃二敗之一。自二十八年一以来、倭人連寇二瀬海郡県一、至レ是海隅遂安。

（読み下し）

倭人蓬州に寇すれば、守将劉暹之を撃敗す。十八年（至正一八年＝一三五八）より以来、倭人連《しき》りに瀬海の郡県に寇するも、是に至りて海隅遂に安んず。

一三五八―六三年頃、連年瀬海の郡県を襲う倭寇が存在したという。倭寇襲撃地である蓬州は、山東半島の登州蓬萊県とされる［後藤秀穂　一九一四年b：八―九頁］。これ以前の「倭寇」が取引を目的として慶元に来航した商船の暴動であったこと［本書第二部第一章二・三］と比較すると、この頃から倭寇の性格が変化することは認めて良い。

元末倭寇の襲撃地と目的がそれ以前の「倭寇」と異なることは、すでに指摘されている［後藤秀穂 一九一四年b・田中健夫 一九八二年：五五—五八頁］。根拠はほぼこの『元史』の記事のみだが、私見でもこの結論に変更を加える必要はないと考える。元末倭寇の襲撃地を示す事例としては他に以下のものがあるが、江南の事例はなく、先の蓬莱の事例と併せ、いずれも渤海海峡近辺である。

・一三五八年頃、福州から大都へ帰る途中に、鉄山（遼東半島の先端）で倭寇に出会った船があった。(1)
・一三五八—六〇年頃、倭人が遼東半島の金復州を攻めた。(2)
・一三六六年、ウルグ＝ブカが山南江北道粛政廉訪使に任命され、慶元から海路北上したが、鉄山で倭賊に襲われ殺された。(3)

有井智徳氏は、『高麗史』巻四一、恭愍王世家四、恭愍王一六年（一三六七）五月乙巳条に引く元中書省牒に、「倭賊入寇、必経二高麗一」とあることから、この時期の倭寇は高麗経由で襲来したとする［有井 一九八五年 第八章：四二九頁（初出 一九八一年）］。倭寇が渤海海峡近辺に出現した事情も、容易に納得されよう。

その目的が掠奪行為だったことはもちろんであるが、特にターゲットとされたのが江南から華北へ税糧を輸送する海運船であったことは、明代に指摘されている。たとえば銭薇は一五三〇年代、中国と日本の関係を述べた時に、「終二元世一為レ寇横甚、何也。……元為二海運一、倭奴刧二掠運舟一」と述べている。(4) 元末倭寇の襲撃地だった渤海海峡は、まさしく江南から大都へ向かうルート上にあり、ここを襲撃することの利益が甚大だったことは、想像に難くない。

ただし元末の海運は、倭寇の活動以前に、すでに方国珍・張士誠の反乱で大きな損害を受けていた。特に最大のターミナルの平江路太倉が方国珍・張士誠の攻撃を受けたことは大きかった。しかし一三五六年に方国珍が、翌年張士誠が元朝に帰服したことで、こうした状況に変化が生まれ、元朝の努力の結果、両者の協力のもとで一三五九年に海運が復活する。方国珍は一三五六年に海道運糧漕運万戸兼防禦海道運糧万戸に任じられ、海運船の護衛を担当した。これ以降方国珍政権は、倭寇を含む海寇勢力と対抗する立場となる。[5] そのことを示す史料を挙げてみよう。

たとえば方国珍政権のブレーンの一人劉仁本〔檀上寛 二〇〇一年〕は、『羽庭集』巻五、送江浙行省検校官章公彦復序で、一三六二年に海運を監督した章彦復が、倭寇の襲撃に遭いこれを撃退したことを記す。

至正二十有二年春、奉レ命駕二海舶一督二糧運一、蹈二鯨鯢険阻一、出二没風濤一、万里趨レ京、為二国家一広儲蓄。値二倭夷寇一レ海、能挟二弓矢一、力却無レ虞、奏二功庾氏一。

（読み下し）

至正二十有二年（一三六二）春、命を奉け海舶に駕し糧運を督し、鯨鯢の険阻を蹈み風濤に出没し、万里京に趨き、国家の為に広く儲蓄す。倭夷の海に寇するに値うも、能く弓矢を挟み、力めて却け虞無く、功を庾氏に奏す。

また烏斯道『春草斎集』巻八、送陳仲寛都事従元帥捕倭寇序には、以下のようにある。

太尉丞相方公、以二至正十有七年一、受二天子命一、控二制東藩一。有二梗化者一討レ之、自レ是東方以寧。倭為二東海梟夷一処二化外一。比歳候二舶趠風至一寇二海中一、凡水中行而北者病レ焉。今年夏、丞相曰、「天子方以三中土未二尽平一、弗レ暇レ理二東海事一、吾為二天子一弭二盗賊一耳。悪得レ不レ選二吾爪牙一」。

（読み下し）

太尉丞相方公（方国珍）、至正十有七年（一三五七）を以って、天子の命を受け、東藩を控制す。梗化せる者有らば之を討ち、是より東方以って寧んず。倭は東海の梟夷為りて化外に処す。比歳舶趠し風至るを候ちて海中に寇すれば、凡そ水中に行きて北する者焉に病む。今年夏、丞相曰く、「天子方に中土未だ尽くは平げざるを以って、東海の事を理むるに暇あらざれば、吾天子の為に盗賊を弭《ほろぼ》すのみ。悪んぞ吾が爪牙を選ばざるを得んや」と。(6) 倭寇の襲撃対象は江浙から華北へ北上する船であり、方国珍は天子のためにこれを撲滅することを使命としていた。海運船を襲う倭寇を撃退し、江南の税糧を無事に大都へ届けることを言っているのであろう。

すなわち元末の倭寇は、地方における治安上の問題には留まらず、大都の生命線である海運の存続に関わる、国家財政上の問題ともいえるものであった。もっともこれは倭寇の活動に限らず、当時の海寇活動一般についていえることである。(7) したがって海寇勢力全般まで見通した考察が本来要求されるべきかもしれないが、(8) 日元関係史をテーマとする本章の立場からは、ひとまずここまでで考察を留めておきたい。

2　元末における日元交通の様相

ここまで確認したように、元末の倭寇の襲撃地は、確認される限り渤海海峡近辺であり、日元交通の中心であった江浙を襲撃したことを物語る史料はない。少なくとも江浙において、従来通りの平和裏の交通が存在したことは確かである。たとえば一三六七―六八年には日本で療病院造営のための唐船派遣が計画されているし、(9) 江南を窓口とした日元間の僧侶の往来も確認される（表7参照）。(10) これらは商船によるものと考えてよいであろう。貿易事務も基本的に従来の市舶機構を通じて行なわれたものと考えられる。姚桐寿『楽郊私語』によると、張士誠支配下の澉浦で、「番人」が市舶司管理下で取引を行なっている。こうした倭寇活動によらない日元交通は、元末にいかに展開したのか。以下で通覧したい。

◇第一期：方国珍の蜂起と日元交通の動揺（一三四八―五一年）

本章が元末の日元交通というテーマを特に論じるのは、元末が日中交通史において、前後と比較して特殊な事情を持つ時期だと考えるからである。その事情とは、内乱状況による交通事情の悪化である。

一三四八年に台州黄巌県の海上に叛旗を翻した方国珍の脅威が、日元交通のターミナルである昌国に及ぶのは一三五一年、慶元が制圧されるのは一三五五年であるが、一三五〇年には昌国への襲来の恐れが認識されている[11]。当然商船の往来も、危険を覚悟しながらのものとなったであろう。「大元既衰、海内沸騰、敢無二一日安一、外国船舶、尽罹二殃逆一[12]」という日本側の情報は、このことを反映している。一三五一年頃のものである。

おそらくこの情報は、この頃元から帰国した僧侶がもたらしたものであろう。危険を察知し帰国を急ぐ日本僧は少なくなかったと思われる。たとえば無文元選が一三五〇年に兵乱を避けて同志とともに帰国したことは、彼の行状に明記される〔3〕[13]（以下、表7の各項目に言及する時、〔No.〕で表現する）。

大元兵乱大起、四海不安。径山・霊隠・浄慈・天童等皆虚席、無二安単地一、多為レ賊遭（群「曹」）下奪二衣盂一去上。師避レ兵欲レ帰二本朝一、相二随義南菩薩中峰下・璨碧岩長千岩首座等諸老（群「耆」）宿一。舶発二明州（群ナシ）一到二博多之城山一。

（読み下し）

大元兵乱大いに起り、四海不安。径山・霊隠・浄慈・天童等皆な虚席にして、安単の地無く、多く賊の為に衣盂を奪い去らる。師兵を避け本朝に帰らんと欲し、義南菩薩中峰下・璨碧岩長千岩首座等の諸老（耆）宿を相随う。舶明州（慶元）を発し博多の城山[14]に到る。

紅巾の乱勃発前のこの時点において、「大元兵乱大起」が方国珍の乱を指すことは明らかである。同年に愚中周及が師の即休契了の死を目前にしながら帰国の途につき慶元へ向かったのは、即休の説得によるとされる〔6〕[15]が、仮にそうだとしても、なぜ帰国を急ぐ必要があったのか。兵乱の悪化を恐れたためと考える余地もあろう。

表7　日元間僧侶往来事例（1348年11月-1367年12月）

No.	年　代	事　　項	航　　路	典　　拠
1	1350	椿庭海寿入元		『延宝伝灯録』27
2	1350	龍山徳見以下18名帰朝	太倉―高麗沿岸―対馬―博多	『園太暦』観応1/4/14
3	1350	無文元選・義南・碧巌□璨帰朝	慶元―博多	『無文禅師行業』
4	1351?（a）	太初啓原・宗猷以下18名入元		『釈氏稽古略続集』3
5	1351	東陵永璵来朝	太倉―壱岐―博多	『璵東陵日本録』書夢窓国師天龍十境頌巻末
6	1351	愚中周及・性海霊見帰朝	慶元―博多	『愚中和尚語録』6，年譜 『愚中周及年譜抄』北野天神如夢有冥助条
7	1357	無我省吾帰朝	杭州―博多	『無我集』付収，無我省吾禅師行状
8	1357?（b）	石屛子介帰朝	福州―高瀬？	『肥後国誌』9，永徳寺 『絶海和尚語録』下，次普明国師韻寄新命天龍石屛和尚
9	1358	大本良中帰朝		『雪村大和尚行道記』
10	1358	大拙祖能帰朝	明州興化県（ママ）―甑島―高瀬	『大拙和尚年譜』［『大日本史料』6-8：455頁・6-21：882頁］
11	1359	中庵寿允入元計画	高麗王京（礼成江か）に漂着	『牧隠文藁』13，跋黄檗語録
12	1360	逆流建順入元		『豊州羅漢窟記』［『大日本史料』6-22：794-97年］
13	1361?（c）	伯英徳俊・大年祥登入元	？―福州―江浙	『延宝伝灯録』17 『東海璚華集』2，登大年禅師
14	1362?	範堂令儀入元	？―福建―江浙	『宋学士文集』翰苑別集8，贈令儀蔵主序
15	1363	無我省吾入元		『無我集』付収，無我省吾禅師行状
16	1363?	義空性忠帰朝	？―筑紫	『無規矩』坤，和義空首座三偈
17	1364	観中中諦入元	？―台州	『諸師行実』下，観中和尚十三忌就乾徳院陞座［『大日本史料』7-7：921-24頁］
18	1365	以亨得謙帰朝		佐賀県万歳寺蔵見心来復像自賛・楊彝賛［井手誠之輔1986年］

No.	年　代	事　　項	航　　　路	典　　　拠
19	1365	古剣妙快帰朝		『了幻集』乙巳歳東帰日本舟中値結制日賦偈記即事云

（a）　太初啓原は物外可什の門弟．『釈氏稽古略続集』に拠れば，19 歳で入元，1366 年に応天に至り，1407 年に 75 歳で没．逆算すると 1351 年入元ということになるが，『補続高僧伝』26 では 1367 年に入元し応天に至ったとしている．ここでは『補続高僧伝』の説を応天に来た年と混同したものと考え，『釈氏稽古略続集』の 1351 年説を採る．

（b）　1356 年には長門にいたとする説もある［『防長風土注進案』河島庄，龍蔵寺］．1353 年には在元［『禅林墨蹟』上 89，箱根美術館蔵楚石梵琦偈］．

（c）　『延宝伝灯録』は応安（1368–76）初め入元とするが，伯英は元で古剣妙快と会ったことがあり［『了幻集』招伯英］，1365 年の古剣帰朝〔19〕以前の入元は確実である．「応安」は「康安」（1361–62）の誤りではないか．師の了堂素安が 1360 年没なのも傍証になろう．

かつて元土で一生を終えようと決意し在元四〇数年に及んだ龍山徳見(16)が、この時に帰国を決意したのも、無文同様の危険を察知したためと思われる。龍山の帰国の顚末については、九州探題一色直氏宛の龍山徳見尺牘から詳しく知られる［上村観光一九七三年：一一一一頁（初出一九〇七年）］。

……徳見、訪㆓‐参侘邦㆒四十六年矣。臨㆑老懐㆑帰、而郷舟不㆑至、只得㆘率㆓同志円薫等一十七人㆒、雇㆗‐倩小船一隻・棹者施栄甫等十一人㆖。正月二十七日離㆓蘇州大倉㆒、三月十四日方至㆓本国博多津㆒上岸。……棹工等在㆑此、日夜思㆓‐念郷土㆒、悃々不㆑安。其欲㆑帰之心、実為㆓愍憐㆒、惟閣下為㆓民父母㆒、遐邇無㆑不㆓綏懐㆒。敢乞、移文上㆓‐申京師政府㆒、早賜㆑発㆓‐帰故園㆒。是所㆓至懇㆒。……三月日、徳見端粛上啓。

（読み下し）

……徳見、侘邦に訪参すること四十六年なり。老に臨みて帰を懐うも、郷舟至らず、只だ同志円薫等一十七人を率い、小船一隻・棹者施栄甫等十一人を雇倩するを得たるのみ。正月二十七日蘇州大倉を離れ、三月十四日方に本国博多津に至り上岸す。……棹工等此に在りて、日夜郷土を思念し、悃々として安んぜず。其の帰らんと欲するの心、実に愍憐為り。惟うに閣下民の父母として、遐邇綏懐せざるは無し。敢えて乞う、移文して京師の政府に上申し、早く故園に発帰するを賜わらんことを。是れ至懇する所なり。……（一三五〇年）三月日、徳見端粛上啓す。

すなわち龍山は、帰国の便を得られなかったため、小舟と舟師を雇ったというのである。博多来着から半月経つか経たないかの時点で舟師が帰国を希望しているのも、この舟師が貿易のためではなく、龍山たちを運ぶこと自体を目的として来日したことを裏付ける。

なお中巌円月撰の龍山の行状は、その入元について「商舶に附す」と記す。これは日元間の往来を述べる際の常套句であるが、同じ中巌が龍山の帰国について述べる場合には、「舟を買う」「呉舟を借る」と別の表現を用いている。商船への便乗ではないことから、意識的にそう表現したのかもしれない(17)。

龍山の件で興味深いのは、出航地である。龍山尺牘で「蘇州大倉（＝平江路太倉）」、行状で「崑山」と記されるが、平江路崑山州治の太倉のことで、海運のターミナル劉家港を擁す〔沈福偉　一九八八年〕。龍山の出航地も劉家港であろう。実は太倉が日本への出航地として現れるのは、宋元期を通じてこれが最初である。これ以前にはおおむね慶元―昌国から東シナ海を直行し北九州沿岸部―博多というルートが採られた〔本書第一部第一章〕。太倉はこのルートよりも北方に位置し、経由地としても現れてこない。一方元の南北海運ルートは、太倉から出航し北上して、山東半島を回って渤海湾に入り、直沽から運河を利用し大都へ至るというものである。日元交通路と接続するものではない。

ただし注目すべきは、元代に南北海運路を利用して渤海付近まで行き、そこから高麗方面へ向かうルートが存在したことである〔陳高華　二〇〇五年：三六四―六五頁（初出　一九九一年）〕。つまり太倉は高麗方面への窓口となり得る港だった。たとえば太倉で海道万戸を務めた殷九宰は、高麗で貿易を行ない巨富を得たという〔植松正　二〇〇四年：一五七―五八頁〕し、明初一三七一年には高麗海舶が太倉に来航している(18)。太倉には一三四二年に慶元市舶司の分司が置かれ(19)、また朱元璋が張士誠を降し太倉を支配下に置くと、一三六七年一二月に黄渡市舶司が設置される〔佐久間重男　一九九

二年 第一編第一章：五二―五三頁（初出 一九六六年）」。この頃から太倉は、主に高麗方面向けの海外貿易港としても機能するようになったのであろう。(20)

実際に太倉を出航した龍山は、高麗沿岸―対馬―博多というルートを採ったようである。(21) 太倉の利用例はもう一つ、龍山帰朝翌年の一三五一年三月、東陵永璵来朝船があるが、この場合も太倉―壱岐―博多という同様のルートである〔5〕。龍山・東陵は太倉の市舶分司から高麗へ向かうルートを利用し、高麗から南下して対馬・壱岐を経由し博多へ向かったと考えられる。類似のルートは九世紀前半に利用されているが、それ以降五世紀にわたり確認されず［本書第一部第一章表1］、日元交通に関する一般的なルートとは考えがたい。

龍山徳見は帰国前において江西行省の龍興兜率寺住持である。龍興から太倉への移動には長江を利用したのであろうが、わざわざ太倉を出航地として選ぶ必然性はない。実際に一三三〇年代後半には、龍山は帰国のために龍興から杭州へ向かっている［第二部第一章三―1］（杭州は慶元―博多ルートの延長上に位置付けられる港［本書第一部第一章一―2］）。一三五〇年においても、同様に杭州なり慶元から出航するという選択肢はあり得たはずである。東陵に至っては慶元天寧寺住持であり、慶元―博多ルートを利用するのにもっとも便利な環境にあった。つまり龍山・東陵は、地理的には慶元―博多ルートの利用が可能だったにもかかわらず、あえてこれを利用しなかったということになる。

もちろん慶元は、この時期においても日本への出航地として利用されている〔3・6〕が、方国珍の乱の影響で危険性は増していた。(22) 龍山・東陵が北方の太倉を出航地として選んだのは、ここがいまだ方国珍勢力の及ばない安全な港であったためと考えられるが、方国珍の乱が日元交通路に動揺を与えていたことを示している。

◇第二期：内乱の進展と日元交通の衰退（一三五一―五七年）

一三五一年五月、河南における紅巾軍の蜂起以降、東西紅巾軍、その他の諸勢力の活動に伴い、元の港湾・航路の安全性はさらに悪化する。方国珍は海上から各地を襲撃し、一三五四―五五年には台・温・慶元の浙東三路を制圧する。日元交通において浙東に次いで重要な地である浙西でも様々な勢力の侵略が見られるが、一三五六年の杭州を始めとして、沿岸部は張士誠が制圧する。太倉も一三五二年以降方国珍・張士誠の度重なる攻撃を受け、一三五六年には張士誠の支配下に入る。

　こうした戦乱状況の中、ことに江南に関して交通状況の悪化は否定できない。一三五一年には蕭景微が崑山から紹興へ帰るに当たり「当㆓是時㆒、已有㆓行路難行之歎㆒、継而荊蛮・淮夷・山戎・海寇、謷呼並起」[23]と述べている。また一三五四年には崑山の人顧徳輝が「三二年来、商旅難㆑行、畏㆓途多㆑棘、政以為㆑歎」[24]と述べており、この二・三年前（三二年＝二三年）から崑山周辺は商人の往来が困難な状態であった。海運も一三五二年には不通の事態に陥り、翌年も河船を代用するというありさまであった〔檀上寛 二〇〇一年：一二〇頁〕。

　表7に見るように、日元間の僧侶の往来も、年代が特定できる事例に関しては、一三五二―五六年において一つも確認できない。慶元・杭州・太倉等の主要港湾が（むしろ「主要港湾だったからこそ」というべきか）戦禍に巻き込まれ、航路の安全性も損なわれたことが影響したものと考えられる[25]。

◇第三期：江浙における治安回復と日元交通の復活、およびその不安定要因（一三五七―六五年）

　日元交通がふたたび継続的に確認されるようになるのは一三五七年以降である。その背景には、第一節で触れた方国珍・張士誠の元朝への帰順、元朝による方・張政権の公認という事態がある。この結果江浙では、官軍と反乱勢力の対立という図式は解消し、戦乱状況はひとまず沈静化する。また方・張両政権は、制圧した城市・港湾の復興に務めたが[26]、これは貿易活動の回復にも寄与したものと思われる。たとえば杭州では、張士誠の制圧が完了した翌年の一三五七年、日本への商船出航が確認される〔7〕し、方・張両政権の高麗への遣使並びに貿易活動も、一三五七年以

降に始まる〔末松保和　一九九六年　第二部第一章：一三二―一三六頁（初出　一九四一年）〕。

しかし元末内乱は各地で展開しており、浙東・浙西はともかくとして、依然として治安が未回復の地域も少なくない。たとえば観中中諦は一三六四年に台州から入元、福州へ向かったが、そこで「青巾の乱」に遭い、平生徧参の志を果たさずして、まもなく帰国した〔17〕。「青巾の乱」とは、この頃ムスリムを中心に福建で展開していた亦思巴奚の乱のことであろう。一三五七年に勃発したこの反乱は、一三六六年に陳友定等の活躍で鎮圧されるまで、福州・興化・泉州路で猛威を振るった〔前嶋信次　一九七一年：四〇三―五四頁（初出　一九五三年）〕。

日元交通に不安を与えたもう一つの要因は、高麗における倭寇活動である。倭寇の商船襲撃という事態をいっているのではない。一三五〇年以降連年倭寇の襲撃を受け、倭船への警戒心を高めた高麗が、漂流船に関しても海賊船と認定し攻撃を加えるという事態をいっているのである。従来の倭寇研究は、地方官から報告された倭寇がすべて海寇であることを前提としているが、その反例となる史料が、高麗人李穡が日本僧中庵寿允の『黄檗録』に与えた跋文である〔11〕。

知レ允者云、「允年二十五、以二歳己亥一、携二是録一航海、西学二中原一、為二風所一レ揺、遂来二王京一、道梗志不レ果、中遭二兵厄一、失二其所レ携本一」。

（読み下し）

允（中庵寿允）を知る者云う、「允は年二十五、歳己亥（一三五九）を以って、是の録（黄檗録）を携え航海し、西に中原に学ぶに、風の揺らす所と為り、遂に王京に来り、道梗《ふさが》りて志果さず、中に兵厄に遭い、其の携うる所の本を失う」と。

一三五九年に入元せんとして高麗の王京（開城）に漂着した倭船が「兵厄」に遭ったという。『高麗史』はこの年五月に開城の外港礼成江に倭寇が襲来したことを伝え、[27]漂流倭船が倭寇と誤解され攻撃されたことが分かる。

倭船が漂流した場合、高麗は元の指示を仰ぎ処置を決めるのが原則だったようである。[28]一三五二年に日本船が高麗賊に襲われた時も、高麗はおそらく元の意を受け、犯人検挙を行なっている。[29]しかし一三五六年の恭愍王の反元運動が成功を収めて以来、高麗は従来と比較して、元に対して自由な立場を取ることが可能になった。この結果漂流倭船にも、躊躇なく攻撃を加えるようになったのではないか。[30]東シナ海海域秩序の分裂を示しているといえよう。

◇第四期：戦争状態の再発と日元交通の衰退（一三六五—六七年）

浙東・浙西の小康状態も、長続きしたわけではない。一三六三年には張士誠が再び元朝から離反する。彼の最大のライバルは朱元璋であり、方国珍や元朝との全面戦争には至らないが、杭州湾沿岸が政治的に慶元（方国珍）と杭州・嘉興・松江（張士誠）に分裂したことの影響は、小さくなかったであろう。また方・張政権との直接の衝突はなかったが、一三六五年には福建の陳友定が、浙東への進出を試みて処州に進撃している。[31]

決定的だったのは応天（集慶）の朱元璋の活動である。[32]彼は一三六五年一〇月から張士誠に対して侵攻を開始し、一三六六年一一月には平江・杭州に兵を進め、一三六七年には張士誠を滅ぼし（九月）、方国珍を降す（一二月）。

戦争状態の再発による危険性の増大から、海外との貿易・交通関係はふたたび妨げられる。たとえば高麗への遣使について、方国珍は一三六五年、張士誠は一三六六年を最後に史料上で確認ができなくなる。[33]日元間の僧侶の往来も、一三六六—六七年に関して確認できない。たとえば絶海中津は、一三六六年に入元のために義堂周信に別れを告げているが、日本からの出航は一三六八年だった。[34]一三六八年まで便船がなかったのではなかろうか。慶元市舶司も一三六五年に廃止されている。[35]事情は不明だが、戦争状態に備えた出海規制措置であろうか。この時期、慶元において貿易が困難になったことは想像に難くない。

もっともこの時期においても、日元交通がまったく断絶していたわけではない。商船に便乗したものかは即断できないが、この頃元人の日本亡命が頻繁に見られ〔本書第三部第一章〕、少なくとも彼らから元側の情報を得ることは可能だった。陸仁なる元人は、内乱を避け博多に亡命、両三年留まった後、「青巾一統、而江南・両浙稍安」を聞き、一三六八年、肥後高瀬から便船に乗り帰国する。二月には博多、四月には高瀬におり、この間に「青巾一統」(明朝の統一)の情報を聞いたらしい(36)。朱元璋の江浙制圧(一三六七年一二月)・皇帝即位(一三六八年正月)を指すと考えられ、この頃の博多も二、三ヶ月で江南の情報が届く環境にあった。

二　日元交通の変質

1　航路の多様化

以上見てきたように、元末の内乱状況は日元交通の盛衰に影響を与えていた。航路・港湾・漂着地における安全は、それを保証してきたモンゴルの東シナ海の統一的支配の終焉とともに崩壊する。藤田明良氏は、この時期に国家的統制が弛緩し海外貿易に拍車がかかったことを主張する〔藤田　一九九七年：二九頁〕が、国家的統制の弛緩と表裏の関係にある危険性の増大は、貿易関係に関して負の要因にもなり得た。その危険性が特に高まる第二期・第四期においても、僧侶の往来が確認できなくなることは、それを反映している。方・張両政権が貿易に積極的だったのは認めるとしても、その志向が現実に意味を持ったのは第三期に限られる。元末は全体として見れば、むしろ日元交通動揺の時期であった。

日元貿易が不安定な環境下で行なわれ、倭商の暴動や貿易関係の断絶なども見られたことは、本書第二部第一章で見た通りである。しかしそれは、取引の場におけるトラブルを元側でいかに処理するかという問題である。しかるに元末内乱によって生じたのは、航海・取引における安全の保証が不充分になるという事態、すなわち取引実現前の問題であり、より深刻であった。この結果、慶元における市舶司管理貿易という、宋代以来の貿易システムは信頼を失うことになり、従来から対日貿易港として制度的に保証されていた慶元の地位〔本書第一部第一章二〕は相対化する。そして第一期の太倉、第三期の台州や福建など〔8・13・14・17〕、市舶司設置港に限らない多様な港湾の利用、さらには航路の多様化という事態が現出することになる。

特に福建を利用した例について見てみよう。一三八〇年頃、絶海中津は石屏子介の帰国（一三五七年頃）について「一舸東還離二福城一」と述べており、石屏が福州から出航して帰国したことが分かる〔8〕。帰国後の石屏は、僧侶の福建渡海を送っており[37]、この頃日本から福建への渡海が予定された行動だったことは明らかである。管見の限りでこうした例は、元末になって初めて現れるものである。福建から入元した僧侶の例としては、伯英徳俊・大年祥登・範堂令儀が挙げられる〔13・14〕。

一三五八年の大拙祖能帰朝時の出航地は「明州興化県」である〔10〕が、明州（慶元）に興化県はない。張士誠の支配地である高郵府興化県の可能性もないではないが、太倉よりも北方に位置するここから出航する場合、龍山徳見〔2〕の例のように高麗沿岸経由で対馬—博多ルートを用いるのが自然である。ところが大拙は出航の後、薩摩甑島を経由し、北上して肥後高瀬に至っており、対馬—博多ルートを採っていない。漂流の可能性を考えれば高郵出航もありえないわけではないが、ここはむしろ福建道の興化路と考える方が自然であろう。大拙も福建から出航したことになるが、その時の航路として、福建—薩摩—高瀬というルートが復元される。同様のルートを採ったと思われるのが石屏子介である。彼は福州から帰国後、まもなく高瀬永徳寺住持になっており[38]、その帰朝船は高瀬に入港した可能性が高い。この頃福建を利用した他の船も、おおむね同様のルートを通ったに違いない。

高瀬が一四世紀後半から利用された貿易港だったことは、森山恒雄・橋本雄氏によって指摘されている［森山 一九八七年：三三―三四頁・橋本 二〇〇五年 第三章：一二〇―一二六頁（初出 二〇〇二年）］。明初の事例についても触れると、石屏子介は高瀬永徳寺住持期の一三六八年、絶海中津一行の入明を見送り、一三七七年の帰国も迎えている[39]。永徳寺が渡海僧・帰朝僧の滞在の場とされたことが推し量られる。また入明僧如心中恕[40]は、硫黄島の俊寛の墓や高瀬を詩に詠んでおり、往路か復路（おそらく復路）において薩摩・高瀬を経由したらしい[41]。ここからも高瀬―薩摩―中国（おそらく福建）ルートの存在を知ることができる。

高瀬―薩摩―福建の南方ルートの出現は、注目に値する。管見の限りでこれ以前においては、史料上ほとんどの船が博多―北九州沿岸部ルートを通っている。唯一の例外として、一二六二年に慶元を出て薩摩川辺郡に入った船が挙げられるのみである[42]。一二―一三世紀における南方ルートの利用は、鹿児島県の持躰松遺跡や倉木崎遺跡の発見［宇検村教育委員会 一九九八年・金峰町教育委員会 一九九八年・柳原敏昭 一九九九年a］で認識されるようになった。一二六二年の事例は従来指摘されていないが、南方ルート利用を伝える貴重なケースといえる。だが史料に現れる頻度、あるいは博多遺跡との比較［大庭康時 一九九九年］からは、サブルートという以上の評価は与え難く、博多―五島ルートが圧倒的な比重を占めていたと見られる。しかし元末になると事態は変わり、今見たように南方ルートの利用例が多く確認されるようになるのである。

高瀬―薩摩―福建ルートとともに、もう一つ、博多―高瀬間の交通にも注目したい[43]。前節で触れた陸仁の事例の他、一五世紀においては両港間の移動日数を陸路二日とする史料も存在する。福建―高瀬ルートは博多まで延長していたといえるが、それは高瀬が博多から南方へ向かう時の経由地であったということでもある。博多中心に言い換えれば、博多から北九州（五島・平戸等）・昌国を経由し慶元へ向かうルートと並び、博多から高瀬・薩摩を経由し福建へ向かうルートが、元末から利用されるようになったということである。

南方ルート利用の背後に、高瀬を押えていた菊池氏―征西府の海外貿易への積極姿勢［上田純一 二〇〇〇年 第二章第四節（初出 一九九七年）］があるのはもちろんである。だが南方ルート出現の時期を考えれば、むしろ直接には、元末の内乱状況による交通路の混乱の影響と見るべきであろう。(44) 博多―慶元ルートの危険増大は、日本向けの中国側港湾として福建の利用頻度が上昇し、これに接続する日本側の港として、高瀬が台頭する契機となったと考えられる。(45)

なお福建―薩摩―高瀬という南方ルートは、琉球を経由するものであったに相違ない。章潢『図書編』巻五〇、海中風汎によれば、明初倭寇は日本―大小琉球―福建―両浙というルートを利用したらしい。このルートの発達が日琉・琉元交通の活性化を促し、三山の統合にとっても刺激になったことは、想像に難くない。一三七二年に中山王が明の招諭に応じ朝貢を行なったことを契機として、(46) 琉球三山の国際的な活動が開始されることになるが、その背景として想定してよいのではないか。付言しておきたい。(47)

2　渡海ブームの沈静化

この時期の傾向としてもう一つ挙げたいのが、日本禅林における渡海ブームの沈静化である。これに関して見てみたいのが、『証羊集』所収の松嶺道秀行状である。(48) 松嶺は誰に参禅すべきか悩んでいた折、夢中で観音から入元を促され、「私の求めるものは元朝にあるはずだ」と考え、入元に先立ってその志を師の実翁聡秀に語った。一三五一年のことであるが、その顚末を以下に引用する。

翁謂曰、「我初入二大元一日、靡三嘗有二毫髪帰計一。然為二祖道衰替一、而猥残二不肖之徒一、競作二鄙事一、甚二於吾朝一、再渡二鯨波一帰矣。況耆衲・老宿、相続逝去。余所レ識者、了菴・即休、未レ聴二其訃一而已。船舶好通、一挙無レ妨。否則敢莫二努力一」。師又問、「本朝山林、無レ有二陰哲一乎」。翁曰、「余心友寂室、南游之後、嘗未レ出二入（「人」カ）間一、懿愛二於林泉一、桟二絶交遊一、蹤跡無二定所一。雖レ不レ審レ寓二何許一、多在二山陽道一矣。公若往謁、雖レ不レ逾二海漠一、殆庶二幾見一レ人。只恐二峻拒一者哉」。

（読み下し）

翁（実翁聡秀）謂いて曰く、「我初め大元に入りし日、嘗て毫髪の帰計有る靡《な》し。然るに祖道衰替を為し、猥りに不肖の徒を残し、競いて鄙事を作すこと、吾が朝より甚だしければ、再び鯨波を渡り帰れり。況んや耆衲・老宿、相続ぎ逝去せり。余の識る所は、了菴（了庵清欲）・即休（即休契了）、未だ其の訃を聴かざるのみ。船舶好く通ずれば、一挙妨げ無からん。否ならば則ち敢えて努力する莫れ」と。師（松嶺道秀）又た問う、「本朝の山林、陰哲有る無きか」と。翁曰く、「余の心友寂室（寂室元光）、南游の後、嘗て未だ人間に出でず、懿《にわ》かに林泉を愛し、交遊を桟絶し、蹤跡定所無し。何許に寓せるかを審かにせずと雖も、多く山陽道に在り。公若し往謁せば、海漠を逾えずと雖も、殆んど人に見ゆるに庶幾し。只だ峻拒を恐るる者か」と。

実翁は言う。「自分はかつて帰国のことなど考えず入元したが、行ってみると元の禅林は日本よりもひどい状態だったので、元土に留まらず帰国したのである。いわんや参ずるべき元の名僧は、次々と没している。『船舶好通』ならまだしも、そうでないならばわざわざ行くほどのことはない」と。そこで松嶺から「日本に陰哲はいないのか」と問われ、実翁は寂室元光を紹介する。入元帰朝後、世間に出ず隠遁している人物である。実翁は言う。「渡海しなくても彼のような立派な人物に会うことはできる。彼に拒絶されなければのことだが」と。

実翁は松嶺の入元を思いとどまらせたわけだが、史料から判明する理由としては、入元の成果の疑問、日元交通の危険性、日本禅林の質への自信が挙げられよう。このうち一つ目と三つ目の理由は表裏の関係にあり、中国禅林崇拝熱の低下として、一括して捉えて良い。渡海参学の経歴を持つ寂室が紹介されたという点も重要である。実翁は彼への参禅を入元に準じる価値を持つと判断したのであろう。入元経験を持つ多くの高僧の存在は、皮肉なことに、新たな入元僧の出現を抑える役割を果たしたのである。

こうした傾向は実翁のみに見られるものではない。一三五一年から間もない頃、峰翁祖一は入元を志していた月庵宗光に、「なぜその前に我が底蘊を尽くそうとしないのか。その後ならば中国だろうがインドだろうが、お前の行くに任せよう」と言って、入元を中止させた(49)。

時期的には少し遅れるが、一三六八年、峻翁令山は相模須々萱山に抜隊得勝を訪ね、入明の志を語った。抜隊は、日本にも幸いにして優れた師（大善知識）がいるのだから、これに参究すべきだとし、「異境に入りいたずらに身力を費やすことに、どんな益があるのか」と述べる。ここに峻翁は入明を中止し抜隊に随侍する(50)。抜隊は一三五七年に孤峰覚明に参じ大悟を得たが、これ以前、「もしも国内に自分を受け入れるだけの師がいなければ、入元して真道の人を求めよう」と考えていたという(51)。元土の禅の価値を低く評価するわけではないが、入元は国内においてしかるべき師が見つからない場合の手段であり、安易に入元するという方針ではなかった。

以上見てきた実翁・峰翁・抜隊、さらに寂室は相互に道交があった(52)。このうち峰翁・抜隊・寂室は、五山系の寺院を拠点としない林下の僧である［玉村竹二 一九七六年：四一九―二六頁（初出 一九六六年）・古田紹欽 一九八一年：二八四―九八頁（初出 一九七〇年）・一九八八年 第十一章（初出 一九七九年）・西尾賢隆 一九九九年 第四章（初出 一九九五年）］。渡海参禅を無前提に肯定しない傾向は、こうした新興教団に共通するものだったのであろう。彼らには語録が現存するが(53)、そこに渡海僧を送る偈が一つも見られないことは、偶然ではないだろう。そして五山においても、実翁のように彼ら林下僧と同様の志向を持つ者は存在した。

日本禅林界における如上の傾向が顕著になるのは一三五〇年以降である。一三五〇—六〇年代における渡海中止例、及び中止未遂例は、すでに挙げた三例に次の二例を加え、計五例を数える。

・大歇勇健は若い頃から入元の志があり、一三四九年、諏訪に一七日間参籠、左手の小指を切って神前に立て弁香を炊き、神慮を得たという。これほどの思いを抱きながら、翌一三五〇年、大歇は入元を中止する。華厳経を見て省覚するところがあったためという(54)。大歇はこの後峰翁に参じるが、峰翁末年に会下にあった月庵・大歇が、ともに入元を中止した僧であったことは興味深い。

・逆流建順は一三五九年、豊前睡龍山の円龕昭覚に参じ、一見して旧識の如きだった。逆流は円龕とともに四方の道俗に幹縁を募り、山中に石仏を彫り、一三六〇年一〇月一四日には慶讃が行なわれた。この翌日、逆流は入元の志を周りに告げた。諸人は泣いて留めたが叶わず、逆流は商船に乗り入元して天台山に参じ、まもなく逝去した(12)。

これ以前にも渡海を中止した事例はあるが、多くは病気や外護者・肉親の制止など、いわば当事者としては不本意な事情によるものである(55)。だが今見た例は、師による制止等、禅林内部における動きであること、つまり師なり当事者なりが渡海の価値を見限っていたことを示す事例である点で異なる。これ以前に類例がないわけではないが、頻度の点では比較にならない(56)。一つの背景として、禅林各派の派閥化・教団化の進展が挙げられよう。それに伴い各派では、有能な人材を手元から放そうとしなくなる(57)。人材確保のために、師が弟子の入元を留めるというケースを、一四世紀前半に関して挙げてみよう。

・黙庵周諭が入元しようとした時、夢窓疎石が「元土にも我を越える師はいない」と言ってこれを留め、一三二九年に雪村友梅が帰国すると、「元土のことを知りたいならば、雪村に就いて学ぶのがよいだろう」と言って、これに随侍させた(58)。

・剛中玄柔が入元を志して豊後に帰郷し玉山玄提に省観した時、玉山は自らの余命いくばくもないことを理由に、剛中を留めて入元させなかった(59)。玉山は一三四〇年まで二〇年近く豊後崇祥寺におり、一三二〇―三〇年代のことと考えられる。玉山は一三四〇年に日向大慈寺に移り、一三四八年には剛中がその跡を継ぐ〔佐藤秀孝二〇〇五年：一四七―五〇頁〕。

だがこうした傾向が存在したにしろ、渡海中止例（中止未遂も含む）が一三五〇―六〇年代に頻出することを説明するには十分ではない。特に一三五〇―五一年頃に、松嶺・月庵・大歇の三事例が集中すること、大歇が一三五〇年になって突如入元を中止したことを考えれば、この頃に渡海の妨げとなる何らかの契機があったとするのが自然であろう。そしてこれに関しては、実翁が松嶺の入元を留めた二つ目の理由、すなわち日元交通の危険性という事情を考えるべきと思われる。僧侶の高徳を称えることを目的とする僧伝史料ゆえ、明記されることは少ないが、渡海に関わる危険の増大の中、わざわざ渡海することはないという認識が、日本禅林の中で強まっていったのではないか。まずは国内の師に参ずべしというのも、渡海を中止することを正当化する理由付けと考えても、あながちうがち過ぎではなかろう。

渡海中止を正当化する論理が定着していけば、それは逆に渡海ブームを抑制する思想的背景にもなり得る。ここで挙げておきたいのが、かつて峰翁の説得により入元を中止した月庵宗光の偈の序に見える問答である。月庵が但馬黒川に居を構えてから没するまで（一三六七―八九年）のものであろう。ある僧が月庵の下に来て、渡海参学の時のことを語り、「千聞は一見にしかず」と述べた。そこで月庵は問う。「五臺山に行ってきたか」「そこの一草一木まで見てきたか」。その僧は「行った」「見た」と答える。しかし月庵の「どれが文殊だったか」との問いには、「分からない」と答えた。そこで月庵は「千見は一聞にしかず」と述べ、どういうことだと問われると、耳のところに一掌（平手打ち）を与え、「このように聞き取れ」と答える。この時月庵が与えた偈を次に掲げる(60)（下段は読み下し）。

太唐即是扶桑　　太唐は即ち是れ扶桑
扶桑即是太唐　　扶桑は即ち是れ太唐
無辺刹境毫不レ隔　　無辺の刹境毫も隔てず
十世古今念当陽　　十世古今念は当陽
愚人分レ彼分レ此　　愚人は彼を分け此を分くるも
智者不二曾迷方一　　智者は曾て迷方せず
文殊不レ在二五臺上一　　文殊は五臺の上に在らず
一草一木徒蒼蒼　　一草一木徒だ蒼蒼たるのみ
千聞一見見不レ得　　千聞一見見て得ず
千見一聞聞不レ当　　千見一聞聞きて当らず
劈レ耳便与二一掌一　　耳を劈《つんざ》き便ち一掌を与う
只是夢中商量　　只是《ひたすら》夢中に商量せよ

中国と日本は同じであり、分けて考えるべきではないとする。仏教の普遍性を論じているようにも見えるが、月庵の意図は渡海参学の意義の相対化にあり、結果的に渡海の価値を低く評価する論理として働いている。

元代ほどではないにしても、明代にも僧侶の渡海は多く確認され、渡海の価値が全面的に否定されたわけではもちろんない。しかし一五世紀になると、渡海の目的は参学というよりは、文書作成・現地での交渉のように、遣明使節の事務に関わるものが中心になる。詩文の交流などはあっても、たとえば明僧のもとで得悟し嗣法した例は、一三七四年入明の無初徳始（季潭宗泐法嗣）[61]を最後に絶える。もっぱら使節としての渡海だった以上、当然ともいえるが、渡海に宗教的な成果が期待されなくなったという、思想的背景も考えるべきであろう。

日本禅林で渡海参学志向が下火になる契機の一つに元末内乱があり、明朝の成立に先行していた。元末明初を移行期として、参学目的での渡海は影をひそめる。その意味で元末は、日中文化交流史においても特筆すべき時代だったといえるだろう。

おわりに

本章では第一節において、元末内乱期における倭寇の活動を確認し、また僧侶の渡海事例と内乱の展開を絡め、日元間における商船の往来状況を考察した。この時期の日元交通は、江浙における内乱状況を相当敏感に反映している。さらに第二節では、内乱状況による日元交通の動揺がもたらした二つの事態を指摘した。一つは航路の多様化、ことに福建―薩摩―高瀬ルートの利用であり、一つは日本禅林における渡海ブームの沈静化である。元末内乱による海上の治安悪化は、概して日元交通に負の影響を与えていた。

明朝成立後も、倭寇や方国珍・張士誠残党の活動により、東シナ海は依然として不安定な状態であったが、そうした現状の克服を目指した明初の海禁は、日本への倭寇禁圧要求と並んで、日明交通における安全の確保を志向した側面もあった。海禁は本来民間貿易を否定するものではなく、海寇勢力に備えたものである〔檀上寛　一九九七年：二〇六―

一四頁〕。結果的に管理徹底が民間貿易の禁止という事態にまで及ぶことになるが、そこから明朝を内向きな政権と決め付け、海禁の負の側面のみを強調するのは一面的であろう。

この問題を論じるに当っては、初期日明交通そのものを見る必要がある。重厚な研究史の中でも、考察対象はほぼ日明間の使節往来と倭寇に限られるが、洪武期においては使船の派遣によらない商船や僧侶・渡来人の往来も確認され、これも併せて改めて日明交通の展開を見ることも、無駄ではないと思う。第三部第一章では元末明初の渡来人の動向を扱ったが、今後も使節・倭寇以外を視野に入れた日明関係研究の進展が望まれる。

註

（1）宋濂『宋学士文集』巻六三、芝園続集巻三、元故秘書少監掲君墓碑。
（2）『元史』巻一三九、紐的該伝。
（3）烏斯道『春草斎集』巻七、送遜都月公赴山南廉訪使序・『元史』巻一四五、月魯不花伝。
（4）『皇明経世文編』巻二一四所収、銭薇『承啓堂文集』巻一、海上事宜議。過去の海防の議論として一五二九年の奏に触れており、これ以降に書かれたもの。また寧波の乱後の倭船への対応について論じており、寧波の乱後の最初の遣明倭船が到来した一五三九年以前と考えられる。
（5）以下特に断らない限り、方国珍・張士誠の事蹟については、田村実造〔一九七一年研究篇第八章〕・檀上寛〔二〇〇三年〕・寺地遵〔一九九九年〕や『元代農民戦争史料彙編』中編第二冊（中華書局）を、当該期の海運運営については、高栄盛〔一九八三年〕・檀上寛〔二〇〇一年〕を参照。
（6）なお同序には他にも興味深い記述がある。たとえば方国珍幕下にいた陳仲寛の、「然彼与レ海習二檣櫓一、剽軽出二入波濤中一。若飛有二不利一、則掎《たぐり》二沙石一、大舟卒不レ可レ近。此不レ可レ不二予計一也」という発言は、元末倭寇を描写した数少ない史料として貴重である。また同じく「第停《ただ》㆓吾中国人㆒日夥、就《ただちに》為㆓郷導㆒為㆓羽翼㆒。原《たずぬれば》㆓其心㆒、豈得㆑已哉。苟我軍相攻撃、玉石弗㆑暇㆑論。必令㆓吾中国人自告者免㆒、乃生致㆑之」という発言からは、倭人が多くの元人を捕虜にして、道案内あるいは仲間とし、官軍も倭人と捕虜元人を見分けることが困難であったことが分かる。同時期に高麗を襲った倭寇に関しても同様の事態が確認されることは、すでに指摘がある［浜中昇 一九九六年：五六頁］。

もちろんこれは官（方国珍）側の視点から記されたもので、方国珍政権に組織されなかった中国の海上勢力と倭寇との間に、より積極的な協力関係が存在した可能性も否定できない。明初に関して、方国珍・張士誠の残党と倭寇の連合の事態はすでに指摘されている［奥崎裕司 一九九〇年・檀上寛 二〇〇三年・藤田明良 一九九七年］が、明初以前から、そして方国珍・張士誠以外にも倭寇の連合相手が存在したと考えることは、不可能でないように思う。たとえば順帝妃のオルジェイ＝クトゥグは、故郷の高麗で恭愍王によって一族が誅殺されたことを受け、一三六三年に自ら王・世子・丞相などを任命し兵を付けて高麗に攻め込ませたが、その時「倭兵」も招かれた［『元史』巻一一四、完者忽都皇后伝］。高麗人という特殊事情があったにせよ、元朝宮廷内部にも倭寇とのコネクションを有する者が存在していたことは、注目すべきである。

（7）たとえば鄭元祐『僑呉集』巻一一、亜中大夫海道副万戸燕只哥公政績碑に、「自㆓至正元年（一三四一）㆒、賊於㆓茆竹山・沙門島㆒、公然駕㆑舟張㆑旗、樹㆓矛戟㆒鳴㆓金鼓㆒、焚㆑舟殺㆑人。然而漕船罔㆔敢擅設㆓兵器㆒、拱手待㆔斃以葬㆓魚腹㆒」とあり、一三四一年頃から茆竹山（不詳）や渤海海峡の沙門島付近で海運船を襲撃する賊船があったことが知られる。また宋濂『宋学士文集』巻四〇、翰苑別集巻十、故資善大夫広西等処行中書省左丞方公神道碑銘に、「至正初、李大翁嘯㆑衆倡乱、出㆓入海島㆒、劫㆓奪漕運舟㆒、殺㆓使者㆒」とあるように、同じ頃に台州近辺で活動した李大翁の掠奪対象も海運船であった。

なお明代倭寇襲撃地と輸送船の関係については、川越泰博氏が口頭で指摘している。平成一三年度科学研究費補助金基盤研究（A）（1）「八―一七世紀の東アジア地域における人・物・情報の交流」研究報告会報告「明代中国の異国情報とスパイ」（二〇〇一年四月一四日、於東京大学史料編纂所）。

（8）元末江浙における海寇の跋扈とその背景については、檀上寛氏のまとめがある［檀上 二〇〇三年：一四五―五一頁］。

（9）中原師守『師守記』貞治六年四月二一日条・同五月一六日条・『柳原家記録』七七所収、応安元年一〇月二九日付後光厳天皇綸旨『大日本史料』六―二七、一〇二一頁〕。

(10) 以下に、年代が特定できないが、この時期に入元・帰国したことが明らかな例を挙げる。

①玉泉周皓は一三四八年に元、一三六五年に日本におり、この間に帰国〔『続禅林墨蹟』九一、根津美術館蔵月江正印道号偈・貞治四年版『妙法蓮華経』巻末刊記〔川瀬一馬一九四三年：一五八五―八七頁〕〕。

②浄心照慧は文和年間（一三五二―五六年）に入元。一三六二年（あるいは一三五七年）以前に帰国（本章註(25)参照）。

③一三五三年前後、良樹蔵主・竺芳祖裔帰朝（本章註(25)参照）。

④延文年間（一三五六―六一年）、信中自敬・月心慶円入元〔『本朝高僧伝』巻二七〕。また月心は一三六七年に近江永源寺で寂室元光の祭文を書いており〔『特別展　永源寺の歴史と美術』栗東歴史民俗博物館、図版一六、『永源寺文書』寂室元光祭文〕、これ以前に帰国していることが分かる。

⑤大道得志は、一三六五年に元の楚石梵琦の下にいる〔『禅林墨蹟拾遺』中国篇一二八、衣笠山荘蔵楚石梵琦偈〕。結局大道は客死して帰国しなかったらしい〔義堂周信『空華日用工夫略集』永和三年九月二三日条〕。ところで義堂周信は、鎌倉で大道と和詩しており〔義堂『空華集』巻八、卒和二十七首寄答建長諸友〕、大道が義堂の鎌倉在住期（一三五九―八〇年）に日本にいたことは間違いない。となれば一三五九―六五年の入元ということになる。

⑥寰中元志は一三六六年春には在元し、慶元天寧寺の楚石梵琦に参じている〔『新編相模国風土記稿』巻十、日本国建長禅寺霊鏡見像賛有序〕。寰中は一三四六年生であるから、入元は一三六〇年代、一三六六年以前と見て良いだろう。なお一三六五年四月、杭州中天竺寺の用章廷俊会下に志禅老なる日本僧がおり〔『続禅林墨蹟』八二、小坂善太郎蔵用章廷俊偈〕、楚石梵琦はこれと同一人物と思われる「中天竺志侍者」の帰国を見送っている〔『禅林墨蹟拾遺』中国篇一二五、佐野家蔵楚石梵琦送別偈〕。これも寰中だとすれば、寰中入元の下限は一三六五年として良いことになる。

⑦鹿王院蔵『春屋妙葩像』賛〔鹿王院文書研究会編二〇〇〇年：四四五―四六頁〕に拠れば、中郁侍者は春屋妙葩の頂相を持って入元し、楚石梵琦に賛を求めた。賛文で春屋が雲居庵から天龍寺に移ったことを賀しており、中郁は春屋天龍寺住持就任の一三六三年からそう遠くない頃に入元したと思われる。

⑧『諸師行実』下、観中和尚十三忌就乾徳院陞座［『大日本史料』七―七、九二一―二四頁］に拠れば、一三六四年に入元した観中中諦は、まもなく帰国した。

(11) 王褘『王忠文公集』巻二〇、趙君墓銘に、「至正十年（一三五〇）冬、黄巌海寇（方国珍）薦起。而昌国為レ州在二大海中一、距二黄巌一一息可レ至也」とある。

(12)『証羊集』［『大日本史料』七―二七、六一頁］。

(13) なお旧稿［榎本 二〇〇二年a］ではテキストとして『続群書類従』九輯下を用いたが、ここでは『諸祖行実』巻中を底本に、『続群書類従』本で対校する。

(14) 無文元選『無文禅師語録』付収、無文禅師行状に、「師与二郷友義南菩薩（割註略）・碧巌璨首座（割註略）一同レ舶、解二纜於明州一、数月到二于博多一。……三師倶寓二于石城山一」とあり、無文らは博多石城山妙楽寺に滞在したという。おそらく「博多之城山」は、「博多石城山」あるいは「博多之石城山」の誤であろう。

(15) この時に即休が愚中に与えた餞別偈は現存する［『禅林墨蹟』上八一、五島美術館蔵即休契了餞別偈］。

(16) 龍山徳見『黄龍十世録』付収、行状。

(17) 龍山徳見『黄龍十世録』付収、行状・中巌円月『東海一漚集』二、与龍山和尚。

(18)『明太祖実録』洪武四年九月丁丑条。

(19)『弘治太倉州志』巻四、古蹟。

(20) なお村井章介氏は、元代の太倉で日本・琉球貿易が行なわれたことの根拠として、清代の史料である『康熙重修崇明県志』巻一四、逸事の、

朱清・張瑄、元初自レ崇（崇明）徙二太倉一、以二海運一開二市舶司一、通二日本・琉球諸島一、商賈駢集、遂成二東南大都会一、号二大（「六」カ）国馬頭一。

という記事を挙げる［村井 一九八八年 Ⅲ章：一二五頁（初出 一九八五年）］。朱清・張瑄の活躍したクビライ・テムル期、太倉に市舶司が開かれ、日本・琉球と貿易が行なわれたという。

しかし少なくとも他の史料で、クビライ・テムル期の太倉市舶司の存在は確認できない。劉家港の「六国馬頭」という雅称についても、史料上に登場するのは一五世紀以降のようで（早い例として、『弘治太倉州志』巻十上、重過太倉。「馬頭通六国」というフレーズが登場する。作者は『弘治太倉州志』撰者桑悦の父桑琳で、一五世紀半ばから後半に活躍）、必ずしも元代にまで遡らせることはできない。少なくとも元末一三四四年序の『至正崑山郡志』には、「六国馬頭」の号は見えない。

実は『崇明県志』の記事に類似したものは、明代に散見する。管見でその中で最も古いものは、永楽年間撰の陳伸『太倉事蹟』（『嘉靖太倉州志』序、太倉州旧志序所引）である。

元初朱清、自崇明至太倉、開海運通直沽、舟師貨殖、通諸蛮夷、遂成万家之邑。

おそらく『至正崑山郡志』巻一、風俗に、「海道朱氏、翦荊榛、立第宅、招徠蕃舶、屯聚糧艘、不数年間、湊集成市」とあるのと、同巻五、人物、朱清に、「本朝朱清、字澄叔、揚州崇明西沙人、性剛果。……壬午（一二八二）創開海運、実預奇謀。丁亥（一二八七）累遷至昭武大将軍、授江東道宣慰使行海道運糧万戸府事、遷居太倉」とあるのを元にしているのであろう。

『崇明県志』を『太倉事蹟』と比較すると、文章の構造がほとんど同じであるが、いくつか相違点もある。以下に列挙しよう。

①朱清とともに元初の海運に従事した張瑄の名が追加されている。
②「海運を開き直沽（天津）に通ず」が「海運を以って市舶司を開く」になっており、市舶司開創のことが追加されている。
③太倉が「諸蛮夷」と関係を持ったことについて、「日本・琉球諸島に通ず」と具体化されている。
④「遂に万家の邑と成る」が、「遂に東南の大都会と成り、六国馬頭と号す」となっており、「六国馬頭」の雅称の件が追加されている。

『崇明県志』の記事が、『太倉事蹟』の内容に固有名詞を挿入して増補したものであることが分かるだろう。元初の市舶司設置や六国馬頭の雅称など『崇明県志』の不審な点も、後の増補に依るものだったのである。

ただしこの増補は『崇明県志』編纂時に初めてなされたわけではなく、明代を通じて徐々に増補されたものも含んでいると考えられる。たとえば一五〇〇年序の『弘治太倉州志』巻一、沿革では、

元至元十九年、宣慰朱清・張瑄、自二崇明一徙二居太倉一、創二開海道漕運一、而海外諸番、因得レ於二此交通市易一。是以四関居民、閭閻相接、糧艘海船・蛮商夷賈、輻湊而雲集、当時謂二之六国馬頭一。

とあり、①④の増補はこの時点で行なわれている。

いずれにしろ、これらの記事は永楽期の『太倉事蹟』に後世増補を施したものであり、その増補箇所を根拠として、元初太倉市舶司で日本・琉球との貿易が行なわれたとすることには、慎重にならなければならないだろう。

特に③の太倉との貿易相手国の記述について、鄭若曾が倭寇への備えを目的に書いた一五六八年自序の『江南経略』を見てみよう。この書の巻三下、太倉州境考にも、『太倉事蹟』を元にした箇所がある。

元朱清・張瑄、創二海運於此一、通二海外番舶一、凡高麗・琉球諸島、往來市易、謂二之六國馬頭一。

ここでも①④の増補が行なわれている（『弘治太倉州志』に拠るか）が、③の「諸蛮夷」の言い換えは「高麗・琉球諸島」であり、『崇明県志』の「日本・琉球諸島」ではない。おそらくこのような現象が起こるのは、いずれの言い換えも確実な根拠に基づくものではないからだろう。少なくとも明初に書かれた『太倉事蹟』原文では、太倉に通じていたのは「諸蛮夷」であって、これを言い換えた『崇明県志』を根拠として、元初太倉の日本・琉球貿易を認めることは困難である。

(21)　龍山徳見『黄龍十世録』元朝偈頌には、帰国の途次に対馬で作った偈（「帰郷至対馬州呈中村庁下」「同庁中聴演史」）、博多承天寺の定山祖禅と唱和した偈（「和承天定山韻」）がある。後者には「三韓過了至二扶桑一」とあり、高麗沿岸を経由してきたらしい。

(22)　前掲龍山尺牘に「而郷舟不レ至」とあるのは、この頃の日元交通一般に関して述べたものかもしれない。危険性の増大のため、便船自体が減少していた可能性がある。

(23)　顧徳輝『玉山逸藁』巻二、九月八日芝雲堂燕集以満城風雨近重陽分韻得満字。

（24）顧徳輝『玉山璞稿』至正甲午。

（25）往来がまったく途絶していたと断言するのは危険だが、前後の時期と比較して往来の頻度が激減していることは明らかである。なおこの間の日元交通の可能性を物語る事例として次の二例があるが、前者に関しては、何年の幅を持たせて考えるべきか判断が難しく、後者も近世の説であり、必ずしも鵜呑みにできない。

・一三四四年に入元した良樹蔵主〔雪村友梅『宝覚真空禅師録』乾、良樹蔵主求語西遊故信筆以餞云爾〕は、在元十年にして帰国の途につき船中で病死、同船の竺芳祖裔に見取られた〔『雪村大和尚行道記』〕。良樹・竺芳の帰国は一三五三年前後ということになる（「十年」という表現がちょうど一〇年を示すとは限らず、多少の幅を持たせ考える）。

・近世の伝によれば、浄心照慧は文和年間（一三五二—五六年）に入元。帰国後和泉久米多寺の盛誉律師に依ったが、盛誉はまもなく没したという〔『律苑僧宝伝』巻一四、照慧伝〕。盛誉は一三六二年没〔同盛誉伝〕だから、照慧はこれ以前に帰国ということになるが、盛誉には一三五七年没説もあり〔納富常天 一九七〇年：一五六頁〕、一三五〇年代半ば帰朝の可能性もある。

日元交通を物語る確実な例としては、一三五二年、高麗の島居民による海賊行為を「日本国」が訴えてきた件くらい〔『元史』巻四二、順帝本紀五、至正一二年八月丁未条〕。おそらく被害に遭った日本船が元に来航し訴えたのであろう。太倉—高麗—博多ルートを航海中、高麗沿岸で攻撃を受けたものか。

なお九州での足利直冬の活動（一三四九—五一年）・観応の擾乱（一三五〇—五二年）や、征西府の大宰府制圧（一三六一—七二年）等は、僧侶の往来状況に関して、直接の影響を及ぼした形跡はない。

（26）たとえば方国珍は慶元において、復興事業に止まらない盛んな土木事業を行なった〔寺地遵 一九九九年：三三—三四頁〕。張士誠の統治に関しても、同様の志向が読み取られる。たとえば一三五八年に張士信（士誠弟）の指揮下で杭州城の修築が開始され、翌年に完成したことが、貢師泰『玩斎集』巻九、杭州新城碑に見える。

（27）『高麗史』巻三九、恭愍王世家二、恭愍王八年五月己亥条。

（28）具体例をいくつか挙げる。

・一二九二年、耽羅漂着の倭人について高麗が元朝に上申、元朝は倭人を護送することを高麗に命じた〔『高麗史』巻三〇、忠烈王世家三、忠烈王一八年一〇月庚寅条〕。
・一三二六年に倭船が耽羅に漂着すると、県令は元朝にこのことを報告し、詔を受けて船を修理し、食糧を与えた〔乾峰士曇『乾峰和尚語録』巻二、悼高麗闘死僧軸序〕。
・一三四二―四五年頃、高麗が漂流倭船の船荷を奪い、船員を奴とせんことを元朝に請うた。元朝はこれを認めず、高麗に命じて倭船の帰還に資せしめた〔黄溍『金華黄先生文集』巻二八、勅賜康里氏先塋碑〕。
(29)『元史』巻四二、順帝本紀五、至正一二年八月丁未条。また藤田明良〔一九九七年：三〇頁〕も参照。
(30)なお太倉出航ルートがこの時期以降用いられた形跡がないのも、高麗沿岸を通過することの危険性のためかもしれない。
(31)王褘『王忠文公集』巻一八、故参軍縉雲軍伯胡公行述。
(32)『明太祖実録』至正二五年一〇月戊戌条。
(33)『高麗史』巻四一、恭愍王世家四、恭愍王一四年一〇月癸巳条・恭愍王一五年一〇月庚午条。
(34)義堂周信『空華日用工夫略集』貞治五年六月一日条・応安元年一二月一七日条。
(35)『成化寧波郡誌』巻五、廨宇考、附郡公署。
(36)義堂周信『空華日用工夫略集』応安元年一二月一七日条・『鄰交徴書』三―一、聖福禅寺仏殿記。
(37)石屛子介『真悟禅師語録』送僧入南閩・送性禅人入南閩。
(38)石屛子介『真悟禅師語録』建徳元年一〇月二二日付石屛子介尺牘に拠れば、石屛は一三七〇年以前に永徳寺住持に就任している。『大拙和尚年譜』に拠れば、一三五八―五九年に大拙祖能が永徳寺住持を務めているから〔『大日本史料』六―二一、八八二頁・六―二九、二一一―一二頁〕、石屛の住持就任はこれ以降。近世の地誌では石屛が永徳寺開山ということになっているが、実際には永徳寺は石屛住持以前から存在した。
(39)義堂周信『空華日用工夫略集』応安元年一二月一七日条に拠れば、絶海は高瀬から入明したが、その前に高瀬の「永楽蘭若」に滞在している。この「永楽蘭若」は永徳寺であろうとする説がある〔森山恒雄　一九八七年：三二一頁〕。橋本雄氏は、近世の地誌に永楽寺なる寺名が見当たらないことを以って、これを支持する〔橋本雄 二〇〇五年 第三章：一一二頁〕。この説の傍証になるのが、石屛の天龍寺住持任命の時（一三八〇年）に絶海が送った尺牘〔石屛子介『真悟禅師語録』所収〕である。「津（絶海中津）曾自二江南一帰、再誘二永徳一」とあり、絶海が帰国後にふたたび永徳寺に赴いたことが述べられ、入明前にも高瀬を利用し、石屛の住持する永徳寺に滞在したものと考えられる。絶海・如心と同船入明とされる僧に汝霖良佐がいる〔『延宝伝灯録』巻二六〕が、石屛『真悟禅師語録』送佐侍者入元なる偈は、おそらくこの時汝霖に与えられたものであろう。

(40) 在明中に絶海と同道していることが確認される〔如心中恕『碧雲稿』奉寄絶海和尚・送絶海津蔵主帰日本・望海水思故園〕。近世の史料によれば、絶海と同船し入明したという〔『延宝伝灯録』巻二六〕。

(41) 如心中恕『碧雲稿』俊寛僧都墓・高瀬道中値雪。この前に明、後に大宰府・博多・宗像における詩が収められている。この前後の部分に限って言えば、『碧雲稿』の詩は時間軸に沿って配列されているようであり（たとえば「秋思」―「和新年作」―「高瀬道中値雪」）、とすれば復路の作ということになる。

(42) 『無関和尚塔銘』・『大明国師行状』。

(43) 『朝鮮成宗実録』成宗一〇年六月乙未条。

(44) なお橋本雄氏は、明初一三六八年、絶海中津が高瀬から入明した理由を、明州（慶元）で活動していた蘭秀山の賊を避けたためと推測する〔橋本 二〇〇五年 第三章：一一三―一一四頁〕。

(45) ただし昌国から福建へ南下するルートも存在し、博多―北九州沿岸部―昌国ルートからこれに接続する場合もあったと考えられる〔本書第一部第一章註(34)〕。

(46) 『明太祖実録』洪武五年一一月壬寅条。

(47) なお最近橋本雄氏も、過去の論文を増補してこのことに言及し、さらにカムィヤキが一四世紀半ばに終期を迎えたとする近年の説に対し、南方ルート発達による中国陶磁器の琉球への供給をその原因として指摘している〔橋本 二〇〇五年 第三章：一二五―一二六頁〕。

(48)『大日本史料』七―二七、五八―七四頁。
(49)月庵宗光『月庵和尚語録』下付収、行実。
(50)『広園開山行録』。
(51)抜隊得勝『抜隊和尚語録』巻六、行録。
(52)実翁が松嶺に友人の寂室を紹介したことは先に触れたが、実翁と寂室の間には、頻繁な書簡の往来が確認される〔寂室元光『寂室和尚語録』下、寄実翁和尚・答実翁和尚〕。抜隊は峰翁一派（遠山派）の禅に親近感を持ち、また寂室に参じたこともある〔古田紹欽　一九八八年　第十一章：二二〇―二二一頁（初出　一九七九年）〕。
(53)『寂室和尚語録』『抜隊和尚語録』は『大正新修大蔵経』に収録。『峰翁和尚語録』は松ヶ岡文庫に伝来する。
(54)『勅謚正眼智鑑禅師年譜』。
(55)たとえば『中巌月和尚自暦譜』文保二年条・康永元年条・義堂周信『空華日用工夫略集』康永元年条の中巌円月（船長・官司の制止）・義堂周信（病気）の事例を参照。
(56)宋代の事例を、管見に入った限りで列挙する。
・一二〇三・〇四年、明恵は春日明神・住吉神の託宣で渡海を中止〔『明恵上人行状』・報恩院本『明恵上人行状』別記、高山寺重架橋疏幷序〕。
・一二四三年、忍性は入宋せんとするも、叡尊の勧めに従い中止〔叡尊『感身学正記』〕。
・一二五七年、入宋のために筑前香椎宮で商船を待っていた東巌慧安は、入宋僧悟空敬念に出会い、渡海を中止してこれに随った〔『東巌安禅師行実』〕。
(57)この件に関しては、東京大学史料編纂所の菊地大樹氏から御示唆を受けた。南北朝期における夢窓派の教団化が、時に半ば強制的な人材獲得も伴うものであったことはすでに指摘がある〔玉村竹二　一九五八年：三〇〇―〇一頁・一九八三年：六三四頁・今泉淑夫　二〇〇〇年：一五頁〕。これは夢窓派に限ったことではなく、むしろ弱小門派ほど、身内の転派をおそれる傾向は強かったであろう。例えば中巌円月は、日本において東明慧日（曹洞宗宏智派）の会下にあったが、在元中の師である東陽徳煇に嗣法したことで同門から恨みを買い、暗殺すらされかけた〔蔭木英雄 一九八七年：一五九―一四二頁〕。

(58) 瑞渓周鳳『臥雲日件録抜尤』寛正四年五月四日条。

(59) 季亨玄厳『霊松集』化縁序文〔加藤正俊編 一九八七年：七一―七七頁〕・『玉山和尚伝』〔白石虎月 一九三〇年：三六六頁〕。なお旧稿〔榎本 二〇〇二年a〕では玉山没の一三五一年の直前であろうとしたが、佐藤秀孝氏の詳細な論考〔佐藤 二〇〇五年〕を得たことにより、改めた。

(60) 月庵宗光『月庵和尚語録』下。

(61)『補続高僧伝』巻一五。

第三部　元明交替と人的交流

第一章　一四世紀後半、日本に渡来した人々

はじめに

中世日本は、古代・近世と比較して、人の移動に関して自由度の高い社会だった。それは日本列島内部だけでなく、外部との関係においてもそうであった。古代国家による海外交通の制限から解放された日本列島では、中国・朝鮮・琉球・東南アジアとの間に、海商・海賊・宗教家（仏僧・宣教師）など、様々な人の往来が見られるようになる。

その中でも外国人の渡来は、日本人が外国人と直接触れ合う契機となるもので、文化交流史上でも極めて重要な問題といえる。中世日本の渡来人は、中世前期に関しては森克己氏の網羅的な研究があり［森 一九七五年d 第四章（初出 一九五〇年）］、最近では特に博多綱首に関して活発な議論がある［大庭康時 二〇〇一年・佐伯弘次 一九八八年・林文理 一九九八年・柳原敏昭 一九九九年b・本書第一部第二章（初出 二〇〇一年）］。中世後期に関しては古くは豊田武氏の研究が、近年では被虜人や「唐人」意識に関する関周一氏の研究が挙げられる［関 一九九五・二〇〇二年a 第一章（初出 一九九一年）・二〇〇二年b・豊田 一九八三年 第一編（初出 一九四九年）：一五二―五八頁］。網野善彦［二〇〇一年］・藤田明良［二〇〇〇年］など、他にも渡来人に関する研究は多い。仏教史においても渡来僧研究は盛んであり［西尾賢隆 一九九九年 等］、村井章介氏は一三世紀半ばから一〇〇年間を「渡来僧の世紀」と呼んでいる［村井章介 一九九五年 第二

章（初出 一九九二年）」。

私は日本中世史上、外国人渡来のピークは三度あったと考えている。一度目は一三世紀末、二度目は一四世紀後半、三度目は一六世紀半ばから一七世紀前半である。中国史で言えば、宋・元・明・清の王朝交替期に前後しており、東シナ海の動乱と何らかの関係があったことがうかがえる。この内で本章では、第二のピークである一四世紀後半、中国史でいうところの元末明初を取り上げる(1)。

この時期は宋代以来の市舶司貿易体制から明代の海禁＝朝貢システムへ至る過渡期であり、東シナ海海域秩序の動揺・転換の時期である。この時期の日明関係史研究は極めて豊富であるが、もっぱら倭寇と使船の往来にのみ関心が向けられ、これに直接関連しない渡海僧・渡来人の往来は、ほとんど注目されていない。元末の僧侶の往来状況は第二部第二章で考察したが、渡来人も倭寇・使船とは別の視点から当該期の日元・日明交通を考察する材料となるに違いない。本章ではこれに関する基礎的な事実を確認することを目的とし、元末明初の渡来人の事例を僧侶に限らず紹介することにしたい。さらに併せて、来日後の身の処し方や来日の背景となった国際情勢も簡単に考察する。

一　渡来人の具体例

まずは当該期における渡来人の事例を網羅的に紹介したい。ただしここでは自分の意志で来日した者（である可能性を持つ者）に対象を限定し、この頃から活発化する倭寇活動により日本に連行された被虜人(2)［鄭樑生 一九八五年：二四八―五七頁・関周一 二〇〇二年 a 第一章（初出 一九九一年）］や漂流民の事例［村井章介 一九九五年 間章（初出 一九八八年）］に関しては、特に取り上げない。

〈A〉　林浄因

林浄因は龍山徳見の帰朝に随い来日、龍山示寂の後に帰国した。子孫は日本に残り奈良で饅頭屋を開いたという。奈良の林小路町は浄因が居を構えた場所と伝えるが、「林少路面」の地名がすでに一二六五年に見え(3)、林小路町の地名が林氏に因むというわけではないようである。林小路町の霊厳院に浄因を祀った近代の碑があり、隣町の漢国町の林神社では浄因とともに饅頭が神体として祀られる。浄因から数えて四代、惟天盛祐の時に林家は京都に分家し（塩瀬家）、饅頭屋町の町名の起源となった。朝乗『蓮成院記録』延徳三年（一四九一）八月二四日条に、「三条六角堂之西側之店饅頭屋次郎」なる人物が見えるが、六角堂西側とはまさしく現在の饅頭屋町である。近世初めには江戸にも進出、明治以降は宮内庁御用達となり、現在まで続いている［青木直己　一九九七年・上村観光　一九七三年：一一二〇—三三頁（初出　一九〇七年）・川島英子　一九九六年・川瀬一馬　一九八〇年：四八〇—九〇頁（初出　一九四九年）・玉村竹二　一九六八年　解題：一三〇二—〇四頁］。

浄因の事蹟は近世・近代の多くの史料で言及されるが、その元になったと考えられるのが、正宗龍統の「長林字説」である(4)。祥増という者がおり、老いていまだ字《あざな》を持っていなかった。遣明使に任命された子の圭圃支璋は、明で父の字を得ようとしたが果たさなかった。そこで弟の悦巌東悆が正宗に父の字を求め、正宗は「長林」という字を与えたのである。「今之文明中」とあるが、圭圃の帰国は一四八六年で、翌年七月に文明から長享に改元されるから、一四八六—八七年のことである。実は悦巌は林氏の末裔で、この時に自らの系譜を詳細に語っている。以下にその箇所を引用する。

予曰、「悆知三爾族之祖為二元人林氏一乎。吾知足龍山大禅師、参‐遍中花名宿一、陞‐住兜率一。爾祖仰‐止其道一、執二弟子礼一。元順宗至正元年、大禅師播然還二吾日域一。廼本朝貞和五年也。丁二此時一、爾祖侍‐来海東一。由レ爾臻レ今、不レ知二幾葉哉一」。僉曰、「吾先始匿二姓氏一、客一レ居此邦一、今無下知二其姓一者上。独和尚夙扣二梗槩一。請下先以二吾所一レ知具陳上焉。増父曰二妙慶一、々以二其伯父文林翁一為レ師。慶父曰二浄印一、々以二雲従無等老禅一為レ師。印父曰二道安一、々亦雲従為レ師。安父曰二浄因一、々嗣二知足一者也。生レ安而後南帰、安亦生レ印又帰。自レ印以下、留成二邦人一。屈レ指、則自レ因迨レ増、族系五世、自二知足一迨レ庵、法系四世。為レ師為レ檀、互相扶植、不レ忘二旧恩一、不二亦信一乎。詳述二家譜一有レ自、則又永為二伝家至宝一」。予曰、「善哉具陳」。

（読み下し）

予（正宗）曰、「僉（悦巌）爾の族の祖元人林氏為るを知るか。吾が知足龍山（徳見）大禅師、中花名宿に参遍し、兜率に陞住す。爾の祖其の道を仰止し、弟子の礼を執る。元順宗至正元年（一三四一）、大禅師播然として吾が日域に還る。廼ち本朝貞和五年（一三四九）也。此の時に丁り、爾の祖海東に侍来す。爾より今に臻るまで、幾葉なるかを知らず」と。僉曰く、「吾が先（祖先）始め姓氏を匿し、此の邦に客居すれば、今其の姓を知る者無し。独り和尚夙に梗槩（大略）を叩く。先ず吾が知る所を以って具に焉に陳べんことを請う。増（祥増）の父妙慶と曰い、慶其の伯父文林（文林寿郁）翁を以って師と為す。慶の父浄印と曰い、印雲従無等（無等以倫）老禅を以って師と為す。印の父道安と曰い、安も亦た雲従をば師と為す。安の父浄因と曰い、因知足（龍山）を嗣ぐ者なり。安を生みて後南帰し、安も亦た印を生みて又た帰る。印より以下、留まりて邦人と成る。指を屈すれば、則ち因より増に迨るまで、族系五世、知足より庵（西庵敬亮。悦巌の師）に迨るまで、法系四世。師として檀として、互相扶植し、旧恩を忘れず、亦た信ならざるや。詳しく家譜を述べること自る有れば、則ち又た永く伝家の至宝と為さん」と。予曰く、「善きかな具陳」と。

浄因―道安―浄印―妙慶―祥増―悦巌という系譜がここから復元される（より詳細な系譜は『両足院文書』に収録）。浄因の来日は龍山徳見に随ったもので、至正元年（一三四一）・貞和五年（一三四九）のこととある。貞和五年説は龍山徳見『黄龍十世録』付収の龍山行状に拠ると考えられるが、洞院公賢『園太暦』観応元年（一三五〇）四月一四日条の龍山帰朝記事から、正しくは一三五〇年とするべきである。至正元年説は明らかな誤りで、元の年号に関する知識不足か、誤写によるものか。この誤説は後世の地誌・碑文・由緒書でも採られ、「長林字説」が以後の浄因の伝記の典拠とされたことを示している。(5)

龍山の示寂（一三五八年一一月一三日）の後、浄因は子の道安を残し帰国した。(6)道安も後に帰国したが、その子の浄印以後は日本に留まり「邦人」となったという。その曾孫が悦巌に当たるわけだが、彼の祖はこれ以前姓氏を隠し日本に客居していたため、自らを元人林氏の裔であることを知る者はいなかったという。正宗はこの事実を知っていたようであるが、それは彼が悦巌と同じく黄龍派に属す禅僧で、当代随一の碩学であったためである。浄印以降日本に留まり「邦人」となったという意識、あるいは元人であることを意識的に隠していたという事実は、中世後期における「唐人」意識を考察する上で興味深い。

林氏が渡来元人の子孫であることは、正宗と同じ頃に季弘大叔も日記に記している。(7)この頃から一般に広まったのであろう。もっともこれは一五世紀末まで浄因渡来説を裏付ける史料が存在しないということでもあるが、それまで林氏が出自を隠していたという悦巌の証言もある。また龍山と同行云々はしばらく措くとしても、林氏と龍山一門の関係は否定できない（その関係性故に、龍山と同行来日という説話が作られた可能性もあるが）。たとえば妙慶の伯父（すなわち浄因の孫）文林寿郁は、龍山―無等以倫―文林という法系に連なる。彼が開剏した両足院は龍山の塔頭で、林氏出身の僧侶が歴住しており、著名な林宗二を初め、林氏の手になる典籍も多く蔵する〔川島英子　一九九六年：四三―五一頁・川瀬一馬　一九八〇年：四八二―九〇頁〕。時期的にも、文林及び林道安・浄印の師無等は一三六〇―八〇年代に活躍した人で〔伊藤東慎 一九五七：三二―三四頁〕、道安の父浄因が渡来人だとすれば、一四世紀中頃に来日したとするのは不自然ではない。

〈B〉 薫祥

『防長風土注進案』河島庄、龍蔵寺条に、

開山帰朝之時、薫祥と云仏師持来之二王、今其面有レ之。并同作之古仏多し。

とある。これを信じれば、薫祥は長門龍蔵寺開山石屛子介の帰朝に随行し来日した仏師だったらしい。

『防長風土注進案』は、石屛が一三五六年に龍蔵寺に来て応安年間（一三六八―七五年）に同寺を禅に改めたとするが、一三七〇年まで石屛が肥後永徳寺にいたことは確実で〔本書第二部第二章註（38）〕、長門に移るのはこれ以降である。『肥後国誌』巻九、永徳寺大倉山条は、石屛帰朝を一三五七年とする。一三五三年には元にいることが確認され、(8)一三五〇年代中頃に帰国したらしい。薫祥の来日もこの頃ということになる。

〈C〉 陸仁

彼については、すでに川添昭二・村井章介氏が言及している〔川添 一九九〇年：四三―四四頁・村井 一九九五年 第一章：四三頁（初出 一九九三年）〕。最も詳細な情報を伝えるのは、義堂周信『空華日用工夫略集』（以下『日工集』と略称）応安元年一二月一七日条である。

津要関書至。「亡母三十三忌過、附二商船一渡海。河南陸仁、字元良、称二雪樵一、蘇州教授、避レ乱漂二泊博多津一、已両三年矣。近聞二青巾一統、而江南・両浙稍安一、将レ帰。聖福和尚称二賞之一。有二錦屛詩一。発レ津在レ近」云々。雪樵詩叙曰、「戊申夏四月、余自二博多一至二高瀬一、将下附二海杭一、帰中浙西上、適与二要関上人一会二于永楽蘭若一、遂相共周旋者数日、斯文之誼、雅可レ尚也。且言二相州山水之秀一、幷索二余賦一レ之、因想二像其勝一、作二四韻一首一、併簡二義堂禅師一、因発二一哂一」。云、「日本諸山秀可レ観、錦屏尤更好峯巒、乾坤一覧無二餘界一、雲霧相連十八盤、瀑瀉二岩前一明似レ練、霜飛二谷口一渥如レ丹、幾時絶頂探二奇勝一、試向二危亭一共倚レ欄」。

（読み下し）

津要関（絶海中津）の書至る。「亡母の三十三忌過ぎ、商船に附して渡海す。河南陸仁、字は元良、雪樵と称し、蘇州の教授にして、乱を避けて博多津に漂泊すること、已に両三年なり。近く青巾一統して、江南・両浙稍や安んぜるを聞き、将に帰らんとす。聖福和尚之を称賞す。錦屏（錦屏山＝鎌倉瑞泉寺）の詩有り。津を発すること近きに在らん」と云々。雪樵の詩叙に曰く、「戊申（一三六八年）夏四月、余博多より高瀬に至り、将に海杭に附して、浙西に帰らんとするに、適ま要関上人と永楽蘭若に会い、遂に相共に周旋すること数日、斯文の誼、雅にして尚ぶべきなり。且つ相州山水の秀を言い、幷びに余に之を賦せんことを索むれば、因りて其の勝を想像し、四韵一首を作り、併せて義堂禅師に簡す。因りて一哂を発せよ」と。云く、「日本の諸山秀にして観るべし、錦屏尤も更に好き峯巒、乾坤一覧して餘界無く、雲霧相連ぬ十八盤、瀑岩前に瀉《そそ》ぎ明かなること練に似たり、霜谷口に飛び渥丹の如し、幾時か絶頂に奇勝を探し、試みに危亭に向《おい》て共に欄に倚《もた》れん」と。

陸仁は河南の人で、字は元良、雪樵と称し、平江（蘇州）の教授を務めた。乱を避け博多に来たが、一三六八年四月に帰国のために肥後高瀬に移った。入明を控えた絶海中津は、鎌倉瑞泉寺の義堂への手紙で陸仁のことに触れ、その詩も同封している。義堂が住持していた瑞泉寺の情景を詠んだもので、『偏界一覧亭記』にも「河南雪樵陸仁造」の署名で収録される(9)。

絶海の手紙にある「聖福和尚」とは、博多聖福寺住持無隠法爾である。一三六八年二月、陸仁は彼の求めで『聖福禅寺仏殿記』を撰している〔『鄰交徴書』三—一〕。『無隠爾禅師疏』の著があり〔『諸師疏語集』所収〕、疏の名手だった。

『仏殿記』に拠れば無隠は入元経験があるらしい。その語学力や中国的教養は、陸仁との交友の前提として考えられるべきであろう。

　陸仁の来日が元での戦乱を避けたものであることは『日工集』所引の絶海書簡に明記され、『仏殿記』にも、

嗟夫中国自㆓紛変㆒以来、天下之郡県、及名山大川・仏氏之宮、百無㆓一二存者㆒、兵残火燬、荒臺断礎、相㆓望於草莽之間㆒、仏氏之徒、又皆逃難解散、所㆑存者不㆑知㆓其幾何人㆒也。而仏氏之道、又茫乎而無㆑所㆑求矣。予自乗㆑桴至㆑此、聞㆓東国之用兵、亦已三十有餘年㆒、而仏氏之宮、無㆓一敢廃者㆒。

（読み下し）

嗟《ああ》夫れ中国紛変より以来、天下の郡県、及び名山大川・仏氏之宮、百に一二の存ずる者無く、兵残《そこな》い火燬し、荒台断礎すれば、草莽の間より相望むに、仏氏の徒、又た皆な逃難解散し、存ずる所の者其れ幾何の人か知らざるなり。而うして仏氏の道、又た茫乎として求むる所無し。予自ら桴に乗りて此に至るに、東国の用兵も、亦た已に三十有餘年なるを聞くも、而るに仏氏の宮、一つとして敢えて廃する者無し。

とある通りである。陸仁のいた平江は張士誠の本拠地であるが、張士誠は一三六五—六七年において、応天（集慶・南京）の朱元璋と全面的な戦争を展開していた(10)。陸仁は「両三年」日本に留まり一三六八年に帰国せんとしたといい、時期的に見てもその来日は朱・張戦争勃発によるものと見てよい。

　朱元璋は一三六七年に張士誠（九月）・方国珍（一二月）を滅ぼし、あるいは降し、現在の江蘇・浙江のほぼ全域を支配下に収め、翌年正月に明を建国、洪武と改元し皇帝を名乗った。陸仁が帰国を決意する契機となった「青巾一統し、江南・両浙稍や安んぜり」という情報は、このことを指したものであろう。その後は順調に行けば、絶海とともに帰国したはずである。

〈D〉 王幼倩（附：李惟簡）

入元僧無我省吾の依頼により博多呑碧楼に詩を寄せた人物に、「姑蘇王幼倩」がいる(11)。「姑蘇」は蘇州（平江）の雅称。王幼倩については従来指摘されていないが、龍泉令淬『松山集』に「送㆔王幼倩帰㆓大元㆒」という送別偈が収められている。その前半部を掲げよう。

投㆓宿樹陰㆒猶惜㆑別　海東況是已三霜
去看㆓喬木㆒有㆓新意㆒　却顧㆓扶桑㆒似㆓故郷㆒

元人王幼倩が在日三年にして帰国するに当たり贈ったものである。博多呑碧楼に詩を寄せた事実と併せ考えるに、あるいは龍泉の博多承天寺住持期（一三六〇―六四年）のものか(12)。とすれば王幼倩の来日は一三五八―六二年となり、一三五〇年代終わりから一三六〇年代初めということになる。

『五山文学全集』第一巻所収の『松山集』では、龍泉が王幼倩に贈った詩はこの一首しか見えないが、東福寺霊源庵に蔵する『松山集』稿本で、もう一首確認される。活字化されていないこともあり、全文を示そう。

次韻答㆓大元国人王幼倩㆒
渓山北不㆑均　雲月共清新
故旧空相遠　鷗鵠還得㆑馴
斜暉落㆓何処㆒　曙色早㆓生辰㆒
憶汝日敲㆑室　客筵頻払㆑塵

なお『松山集』には李惟簡なる元人も見える。江東の人で、航海中に「縦横兵馬の中」に巻き込まれ、日本に来たらしい。倭寇の被害者であろうか。本章では自発的な渡来事例でないものは除く原則だが、未指摘の事例ということもあり、ここで挙げておく。

次二李惟簡韻一　大元人
天暗慵望貫二日虹一　碧雲将レ暮思二江東一
可レ怜投刺浮遊客　誤落二縦横兵馬中一

〈E〉陳順祖（陳延祐）

諱を宗敬、号を台山と言い、初代陳外郎である。二代目宗寿が足利義満に仕えて以降、歴代の陳外郎は医薬・外交・文芸の各方面で活躍、地方へも下向し、小田原外郎家の祖となった〔藤原重雄　一九九八年〕。博多商人平方氏もこの子孫である〔川添昭二　一九九六年　第六章：二一七頁（初出　一九七七年）〕。

希世霊彦が一四八〇年に記した「居家四本補亡書後題」〔希世『村庵藁』巻下〕に拠れば、陳順祖は員外郎の官を持ち、元末群雄の一人陳友諒の一族。乱を避けて来日し、その子孫は「日東人」になったという。一五一四年著賛の月舟寿桂『幻雲文集』陳有年員外郎遺像では、その官が礼部員外郎であったこと、朱元璋の中国統一後に二朝に仕えるを恥じて来日したこと、博多に居し足利義満の召に応じなかったことなど、いくつか新たな情報が加えられている。一六九八年成立の『陳外郎家譜』は名を陳延祐とし、来朝の年次を一三六九年とする。一六九九年序『石城遺宝』に収める無方応禅師略伝・礼部員外郎陳台山敬居士之行実は、聖福寺の無方宗応に嗣法、一三九五年に七三歳で没とする。

礼部員外郎の官歴や陳友諒一族という出身など、疑わしい情報が多く、全面的には信頼し兼ねる。だが一四〇二年に、日本生まれで「唐人之子」である陳外郎が吉田兼熙を診察しており(13)、二代目宗寿のことと考えられるが、父順祖が一四世紀後半に在日していたことは認めてよいだろう。また順祖が無方宗応の法嗣であったとするのも、系字や地

理的条件から見て信憑性は高い。(14)

〈F〉　陳孟才・陳孟栄・陳伯寿・兪良甫

『日工集』応安三年（一三七〇）九月二三日条に、「唐人刮字工陳孟才・陳伯寿二人来。福州南台橋人也。丁未年（一三六七）七月到レ岸。太元失レ国、今皇帝改レ国為二大明一」とあり、福州人の陳孟才・陳伯寿の二人が一三六七年七月に来日したという〔木宮泰彦　一九三二年：二五八―六九頁・川瀬一馬　一九七〇年：一四二―四三頁〕。中原師守『師守記』貞治六年（一三六七）七月二一日条の「今日唐人八人付二嵯峨一。是為二菩薩一去年渡二日本一唐人也。影木開之輩也。為レ其渡レ之云々」という唐人刻字工嵯峨移住の記事も同件とすれば、『日工集』の「丁未年七月到レ岸」とあるのは正確には嵯峨に入った時のことで、来日自体はその前年であったということになる。

南北朝期に入り嵯峨には臨川寺・天龍寺が建立された。いずれも夢窓派の影響力の強い寺院であるが、当時これらの寺院では、春屋妙葩を中心に出版事業が盛んに行なわれた〔川瀬一馬　一九七〇年：一一七―四一頁〕。五山版の刊記には陳孟才・陳伯寿の名も確認でき、義堂周信のもとに来たこと（『日工集』の記事）と併せ考え、夢窓派のもとで技術者として保護されていたと見て良いだろう。

応安四年（一三七一）版『宗鏡録』は、春屋が「工に命じてこれを彫らしめ」たものと刊記にあるが、版心には三〇人余りの中国系刻字工の名が刻まれている〔木宮　一九三二年：二五九―六二頁〕。その一人に陳孟栄がいるが、名前から判断しておそらく陳孟才と同族で、同船来朝したものであろう。もっとも著名なのは兪良甫で、一三七〇年以降の活躍が確認される。(15)至徳元年（一三八四）版『伝法正宗記』〔木宮泰彦　一九三二年：五九五頁〕や嘉慶元年（一三八七）版『新刊五百家註音弁唐柳先生文集』〔同　五九九頁〕の巻末刊記に拠れば、彼は福建行省（元末の福建には行省が置かれた）興化路莆田県仁徳里台室諫坊の住人で、嵯峨に寓居していた。

なお兪良甫の故郷仁徳里台室諫坊は、現在の莆田市西天尾鎮澄渚村兪里に当たるが、澄渚村の兪氏には族譜が伝わる。私は実見していないが、これを閲覧した岡本弘道氏の私信によると、「兪良甫」の名も見られるという。族譜には明代中期の序があり、清末頃まで書き継がれた跡があるが、それ以降の加筆の跡はなさそうだということである。清代に兪良甫の名が日本から伝わり族譜に取り入れられた可能性も皆無ではないが、その知名度を考えると、蓋然性は低い。莆田では早く一〇五七年に兪則之が科挙に及第しており、特に明代以降になると兪氏の及第者が続出する。(16)兪氏が古くから莆田の名家であったことは間違いない。確実なことは言えないが、この一族と兪良甫の関係を否定し去る必要は、必ずしもないように思われる。(17)

〈G〉 東陵永璵

東陵は曹洞宗宏智派の僧。足利直義の招聘を受け、一三五一年に来日した。(18)かつて古林清茂に参禅し、金剛幢下の宗風になじんでいたこともあり、来日後には五山文壇の一中心となった。在日時代の語録があり、『璵東陵日本録』という。在元時代、おそらく集慶保寧寺の古林清茂会下で、後に来日する竺仙梵僊・道元文信と同門だった。(19)また別源円旨・石室善玖・中巖円月・雪村友梅など入元日本僧との接触も確認される。(20)来日直前に日本への窓口である慶元で天寧寺住持を務めており、日本僧との接触は頻繁であったと思われる。来日の契機も直義の使僧直翁□侃の要請であった(21)［以上、玉村竹二 一九八三年：五一六―一七頁・佐藤秀孝 一九九三年］。

〈H〉 道元文信

彼が渡来僧であることを最初に指摘したのは、おそらく玉村竹二氏である［玉村 一九七六年：四五一―五三頁（初出一九六八年）・一九八三年：五二一―二二頁］。在元期の経歴については次章［本書第三部第二章］に譲るとして、ここでは渡来・帰国の時期および在日中の経歴を確認したい。

在日期間は明確でないが、ある程度の限定は可能である。義堂周信が一三八一年に書いた「除夜感懐詩序」に、「余以二丙午（一三六六年）冬一、自二関左一再游二京輦一、抵二于東山（建仁寺）一、假二榻故人永相山（相山良永）之室一、與二道元諸友一夜話」とあり[22]、義堂周信が一三六六年に上京した際に、「道元諸友」と建仁寺で夜話したことが分かる。義堂が道元と建仁寺で会ったことについては、同じく義堂が書いた「贈無聞聡上人白雲巣詩序」にも、「惟道元昔与レ余在二洛之東山一、相知而最深」とある[23]。道元が建仁寺にいたことは他の史料でも確認でき、建仁寺で後堂首座に陞った翌年、常在光院に移り前堂首座を務めていることが知られる[24]。

道元が一三六六年に日本にいたことは確かとして、来日・帰国はいつか。まず来日について考えてみよう。道元来日前の史料として知られるのが、雪窓普明筆蘭図の賛である〔海老根聰郎 一九八一年：二六一―六四頁・玉村竹二 一九七六年：四五一―五三頁〕[25]。平江にいた日本僧頂雲霊峯が同門の用堂法兄に贈るために著賛しており、日本に持ち帰る予定だったのだろう。この蘭図には、平江宝華寺の道元文信も用堂のために著賛しており、頂雲の依頼によるものと考えられる〔海老根聰郎 一九八一年：二六三頁〕。頂雲の賛が一三四八年春であり、道元賛もおそらく同じ頃であろう。さらに至正九年（一三四九）三月一〇日の日付で燕粛の『春山図』に題しており、この頃にも元にいることは確実である[26]。この後の元での活動はしばらく不明であり、とりあえず現状では一三四九―六六年の来日ということになる。なお玉村竹二氏は、〈G〉で触れた道元と東陵の関係から類推して、一三五一年に東陵に同行して来日した可能性を示唆する[27]。東陵の出航地は崑山であるが、次章で触れるように、道元は崑山近くの平江におり、港との位置関係は不自然ではない。ただ可能性はあるが、確定は困難である。

帰国の時期について考えてみよう。従来道元の帰国の根拠となっている史料は、瑞渓周鳳『臥雲日件録抜尤』宝徳二年（一四五〇）九月一一日条にある、円福寺の樗庵性才からの伝聞記事である。

南浦塔銘、俊用章製レ之、周伯琦篆額、信道元書丹。真本在二建長天源庵一。南浦孫省吾字無我、入唐請二此銘一来。
無我乃宗規字月堂之嗣也。月堂録有二用章跋一。亦無我所レ請也云々。

月堂宗規が師の南浦紹明の行状を選し、その弟子の無我がこれを携えて入元し、杭州中天竺寺の用章廷俊に南浦の塔銘の作成を求めたという。この塔銘は一三六五年選で、南浦紹明『円通大応国師語録』の巻末に収められる。塔銘は一四五〇年の時点で建長寺天源庵（南浦塔所）にあり、周伯琦が篆額、道元が書丹（銘文の字を石に書くこと）を行なったらしい。周伯琦は字を伯温と言い、鄱陽の人。一三五七年に元朝の使者として張士誠の招諭に赴き、以後平江に留まった。一三六七年張士誠の滅亡後帰郷、一三六九年没。篆書の名家であり、『六書正譌』『説文字原』の著が知られる。[28]無我が周伯琦に篆額を依頼した時期は不明であるが、無我入元は一三六三年であるから、[29]これ以降であることは間違いない。

道元の書丹の時期も不明であるが、当然塔銘撰述の一三六五年以降である。無我は一三六三年に入元し、元明交替の後も帰国することなく一三八一年に没したから、[30]無我が道元に書丹を依頼した場所は日本ではありえず、道元が一三八一年以前に元（明）に帰国したことは間違いない。書丹の時期が塔銘選述から大きく隔たることは考え難く、道元の帰国は遅くても一三七〇年代初めであろう。[31]一三七二年には、この塔銘を収録した語録が京都で開版されている。[32]

これをもう少し限定する材料がある。『式古堂書画彙考』画巻一九に収める「呉仲圭為松岩和尚画竹幷題巻」に、洪武二年（一三六九）七月二一日に道元が書いた題がある。ここから道元は、一三六九年以前、すなわち一三六六―六九年に帰国したことが分かる。時期から考えて、陸仁〈C〉と同様に朱元璋による江浙の治安安定を受けての帰国であろう。あるいは来日の契機も、陸仁と同様に一三六五年勃発の朱・張戦争だったのかもしれない。とすれば来日は一三六五―六六年頃ということになる。

一三七〇年、道元の手紙が建長寺伝芳庵を経て鎌倉の義堂周信のもとに届けられた[33]。この時義堂が返事に代えて作った偈には、「半幅書中無限意、三千里外与レ誰論」とある。おそらく道元がはるばる明から送ってきた手紙に対し、義堂は遠くに行ってしまった道元への惜別の思いを伝えたのであろう。

〈I〉　瞭菴明聴

円覚寺蔵『乗光寺寺産明細帳』に引用する一六九一年出土の骨蔵器銘に拠れば、駿河乗光寺開山の瞭菴明聴は中峰明本の法嗣で、一三六八年に来朝、一四〇二年に九七歳で没した〔玉村竹二　一九七九年：七〇〇—〇五頁（初出　一九五三年）・村井章介　一九九七年　付論2（初出　一九九一年）〕。六三歳という高齢での渡海だった。瞭菴の場合、江戸時代に偶然骨蔵器が発見されたことでその名が記録に留められたが、本来ならば後世まで知られることはなかっただろう。おそらく同様に中央の記録に名を留めず、地方に骨をうずめた渡来人は、他にも少なからずいたものと思われる。

〈J〉　文渓清章

すでに木宮泰彦氏が触れている〔木宮　一九五五年：六二四頁（初出　一九二六—二七頁）〕が、義堂周信『空華集』巻一五に「文渓説」なる文がある。

明州象山県張氏之子曰レ章。童而学レ儒、粗通二論孟一。童子年十三、辛亥夏、会二本国兵動一、童子避レ乱、附二商船一而来。蓋慕二徐福避レ秦之義一也。既而剪レ髪為レ僧、易二上字一曰レ清、隷二名于相州円覚禅寺一。而学レ仏餘力、為二文詞章句一。往往可レ観焉。金龍石室師、因字曰二文渓一、且形二於伽陀一而頌レ之。一夕偕二其友雲渓一、過二余南陽山舎一、索三余為二文渓説一。

（読み下し）

明州象山県張氏の子章と曰う。童にして儒を学び、粗ら論孟に通ず。童子年十三、辛亥（一三七一年）夏、本国の兵動くに会い、童子乱を避け、商船に附して来る。蓋し徐福の秦を避くるの義を慕うなり。既にして髪を剪り僧と為り、上の字を易えて清と曰い、名を相州円覚禅寺に隷《つ》く。而るに仏を学ぶの餘力に、文詞章句を為《つく》る。往往にして観るべし。金龍石室（石室善玖）師、因りて字して文渓と曰い、且つ伽陀に形りて之を頌す。一夕其の友雲渓（起潜如龍）と偕に、余の南陽山舎（鎌倉報恩寺）を過ぎり、余に文渓説を為らんことを索む。

義堂が鎌倉の報恩寺にいた時（一三七二―八〇年）の作である。これに拠れば明州象山県出身の張章は、一三七一年一三歳の時に兵乱を避けて商舶に乗り来日、出家して清章と名乗り、円覚寺に掛搭、石室善玖から文渓の字を与えられた。起潜如龍とも親しかったらしい。

石室に師事したことは、石室『石室玖禅師語録』に文渓の道号偈が収録されていることからも確認できる。また絶海中津は「等持義堂法兄和尚、作レ偈答二文渓侍者松子之恵一。偈中有二見教之語一。謹和二尊韻一、以寓二所感一云」という序を持つ偈を作っている『絶海和尚語録』巻下」。文渓が義堂に松子を贈り、義堂がこれに偈を以って報い、絶海がこれを見て和韻したのである。義堂の京都等持寺住持時代（一三八〇―八四年）のことである。おそらく絶海の和韻は、絶海が甲斐から京都に移った一三八三年以後ではなかろうか。文渓と義堂の接触は頻繁だったようで、以上挙げた史料以外に、文渓の帰国に当たり義堂が送った送別偈が存在する(34)。帰国の時期は不明だが、義堂没の一三八九年以前である。

〈K〉　杲蔵主

義堂周信『空華集』巻十に、「贈三日東杲蔵主帰二天目一」と題する偈がある。元僧中峰明本を「其大父」と言っており、中峰の法孫である。序に「帰二天目一礼二先祖塔一」とあるが、中国の天目山にある中峰の塔を拝するために帰国するということであり、「日東杲蔵主」と呼ばれているが、元人らしい(35)。石室善玖（金龍庵居八十九歳大尊宿）・椿庭海寿

（瑞鹿椿庭）とも接触している。石室を八九歳とするが、これは一三八二年に当たる。石室も椿庭もこの頃鎌倉におり、杲蔵主は鎌倉から京都の義堂（当時等持寺住持）のもとに来て送別偈を求め、帰国の途についたらしい。

〈L〉　張氏某

〈M〉〈P〉とともに、村井章介氏が言及しているものである〔村井　一九八八年　Ⅶ章：三〇二頁（初出　一九八七年）〕。春屋妙葩『智覚普明国師語録』巻七に、「江南張子旅㆓食此方㆒三年。遠来㆓山寺㆒乞㆑偈。示㆑之」という序を持つ偈がある。来日後三年にして春屋妙葩に見え、偈を与えられたらしい。春屋は一三八八年没だから、一三八六年以前の来日である。

〈M〉　静山知蔵

春屋妙葩『智覚普明国師語録』巻七に、以下のような序を持つ偈が収録されている。

静山知蔵、来㆓日本㆒、已有㆑年矣。如㆓吾郷国之語㆒、無㆑不㆑通也。一日記㆓郷尊西雲老師訓誨㆒、綴㆓成八句㆒、以自警策。意在㆑諭㆘酔㆓心於虚文㆒者㆖耳。予不㆑勝㆓感激㆒、謾依㆓韻末㆒嘆㆓其所得㆒、兼祝㆓中途而不㆒㆑止㆓云㆑爾。

（読み下し）

静山知蔵、日本に来り、已に年有り。吾が郷国の語の如きは、通ぜざる無きなり。一日郷尊西雲老師の訓誨を記し、八句を綴成し、以って自ら警策す。意虚文に酔心する者を諭すに在るのみ。予感激に勝えず、謾《そぞ》ろに韻末に依りて其の所得を嘆き、兼ねて中途にして止まざらんことを祝《ねが》いて爾《しか》云う。

静山知蔵なる僧は、日本に来て数年を経て、日本語も巧みだった。彼が故国の西雲老師の訓誨を見せたところ、春屋妙葩は感激に耐えず、彼に偈を与えた。春屋没の一三八八年以前のことである。

〈N〉　聞上人

『雲巣集』に「四明聞上人、吾門佳士也。辛未（一三九一年）春、忽欲二帰省一、臨レ行需二鄙語一、聊賦二唐律一章一、応二其命一云」という序を持つ詩が収められている。『雲巣集』は作者不明の詩集であるが、法灯派の在庵普在の弟子の作であることは確実で、玉村竹二氏は初め祥麟普岸の可能性を想定していたが、後に南溪宗建の可能性を指摘している〔玉村竹二 一九八一年：二七―三四頁〕。

聞上人は明州（四明）の人で、法灯派（吾門）の一員であったらしい。一三九一年春に帰国の途に付き、在庵弟子某に送別偈を求めた。『雲巣集』作者はこの前年に建仁寺塔頭大中庵祥符軒の塔主になっており〔玉村竹二 一九八一年：七―八頁（初出 一九三七年）〕、聞上人はこの時点で京都にいたことになる。

〈O〉 テル

吉田兼敦『吉田家日次記』応永七年（一四〇〇）一一月二一日条に拠ると、二条為右はある女性と密通し、懐妊するとこれを殺そうとしたが未遂に終わり、事が発覚して侍所所司の浦上美濃入道の宿所に拘禁された。同二九日条に拠ると、佐渡に配流される途中で西坂本の辺りで斬られたという。長く歌壇に君臨した二条家の没落を決定的にした事件とされる〔小川剛生 二〇〇〇年〕。この時為右が密通した相手は「宋女字テル」といい、渡来の契機は不明であるが、明人だったらしい。テルは来日後に与えられた日本名であろう。小川剛生氏は、足利義満の仕女であろうとする。いずれにしろ低い身分と思われ、被虜人の可能性が高いが、一応採っておく。

以上が一四世紀後半における渡来元（明）人の事例である。他に『太宰管内志』筑前之十五に、筑前宗像の鎮国寺境内にあった墓に「正平十年二月九日、往生極楽□□大明国使従仕郎　山西行省都事允明盧之墓」という墓碑があったとあり、一三五五年以前に允明盧なる明人がいたということになる。しかし明朝成立以前に「大明」と記す点や、「国使」の肩書きなど、甚だ疑わしい。また「山西行省」とあるが、山西を含む河東山西道は中書省の直轄地で、これが大同を治所に分省するのは、元最末期の一三六七年である〔『元史』巻四七、順帝本紀十、至正二七年九月己丑条〕。明初には山西を含む各地に行省が置かれ、一三七六年に布政司に代わるまで続いた〔『明史』巻七五、職官志四、布政司〕。この点からも、一三五五年の「山西行省都事」の存在は疑問である。あるいは年号の読み間違いなども考えられるが、この墓石は現存せず、確認ができない〔正木喜三郎 二〇〇四年 別編：四七九頁（初出 一九八一年）〕。ここではひとまず参考に挙げておくに留める。

以上の他に、高麗人・天竺人・南蛮人の事例が一例ずつある。

〈P〉 従書記

春屋妙葩『智覚普明国師語録』巻六に、「送㆔従書記帰㆓高麗㆒高麗生縁」という偈がある。高麗人従書紀の帰国を送ったものである。高麗使は一三六六年に来日、翌年帰国したが、春屋はその接待を行なった〔村井章介 一九八八年 Ⅶ章：二九七―九八頁〕。おそらくこの高麗使に従い帰国したのであろう。なおこれと同件か断定できないが、絶海中津『蕉堅藁』梅竹軒贈高麗僧に拠れば、在日三年にして帰国した高麗僧がいた。

〈Q〉 天竺聖

著名な貿易家楠葉西忍の父親であり、これに言及した研究は枚挙に暇がない。ただし天竺聖に関する史料は多くなく、判明する事実としては、足利義満に仕えたこと、絶海中津と関係があったこと、「唐人倉」と号す土倉だったこと、京都の三条坊門烏丸に居したこと、天竺人と呼ばれたことくらいである〔蔡垂功 一九九九年・田中健夫 一九五九年第五章・森田恭二 一九九七年 第二部第二章（初出 一九九五年）〕。一三七四年には義満の下にいることが確認される[36]。

従来しばしば注意をひいてきたのが、「天竺ヨリ来テ」[37]という出自である。「天竺」というところからインド人説、子の西忍が「ムスル（Muslim?）」と呼ばれていることからアラブ人説がある。「天竺」については田中健夫氏の言うように、天竺・震旦・本朝の三国思想に基づく言葉であり、中国及びそれに付随してとらえられていた高麗を除く異国全般を指していると考えるべきであろう〔田中 一九五九年 第五章：一一七―一八頁〕。

〈R〉 奇叟異珍

近世の僧伝『重続日域洞上諸祖伝』巻二・『日本洞上聯灯録』巻四などに見える人物で、渡来の契機も不明であるが、「南蛮国人」と呼ばれている〔佐藤秀孝 一九八四年：二八四頁〕。薩摩金鐘寺の了堂真覚に参禅し、後に諸方を歴遊した。了堂の金鐘寺住持は一三七七―八四年だから、一三八四年以前に来日ということになる。

二 元末明初の東シナ海

以上、一四世紀後半における渡来人の事例を羅列してきた。この時期の中国・朝鮮人渡来の背景として倭寇による掠奪行為が指摘されているが、そのような他律的なケースだけでなく、自律的なケースもあったことが分かるであろう。一三四八年の方国珍の乱、一三五一年の紅巾の乱以降、元国内は内乱状態に陥り、乱を避けた日本僧の帰国も目立つようになる〔本書第二部第二章一―2〕。朱・張戦争を避け来日した陸仁〈C〉のように、日本へ避難する元人が続出するのは自然な流れであった。〈A〉〈C〉〈D〉〈H〉〈J〉〈K〉〈N〉〈P〉など、後に帰国した例が目立つが、こうしたケースは一時的な避難としての来日で、必ずしも永住するつもりはなかったと考えられる。

ただし元明交替という政治的変動の中で、故郷から永遠に離れることを余儀なくされた元人もいたはずである。陳順祖〈E〉は二朝に仕えるを恥じ日本に亡命したという。彼個人についての事実関係はともかく、このような亡命元人は当然存在したはずである。その契機の一つになったと思われるのが、一三六六年の陳友定らによる亦思巴奚の乱鎮圧である。亦思巴奚の乱とは、一三五七年に泉州で蜂起し福州・興化路まで及んだムスリム反乱である〔前嶋信次一九七一年：四〇三―五四頁（初出 一九五三年）〕。この頃日本―福建間航路が恒常化していたこと〔本書第二部第二章二―1〕を考えれば、亦思巴奚の乱鎮圧、その二年後における朱元璋の陳友定鎮圧という、福建の度重なる政治的変動の影響は小さくなかったはずである。一三六六年に来日した福州の陳一族、あるいは彼らとともに嵯峨に住み開版事業に携わった興化路の兪良甫〈F〉の来日は、その影響による亡命ではないか。さらにもう一人、ムスリムと思われる天竺聖〈Q〉の来日（一三七四年以前）もこれに関わる可能性がある。

一時的な避難であれ亡命であれ、彼ら渡来人は自らの持つ技術を生かして生活の糧を得た。たとえば仏師〈B〉・刻字工〈F〉・商人〈Q〉などが挙げられる。また林氏〈A〉の子孫は饅頭屋を、陳順祖〈E〉の子孫は医療や外交事務・商業に携わっている。ただしこうした生業を得る前提として、日本において彼らに保護を与える存在が必要であった。その点でもっとも頼りとされたのが寺院、特に中国語を解する入元経験者を多く擁する禅宗寺院であった。林氏〈A〉は龍山徳見一門、薫祥〈B〉は石屛子介、陳順祖〈E〉は無方宗応、天竺聖〈Q〉は絶海中津と関係を持ち、刻字工〈F〉は夢窓派の保護下で嵯峨に居住していた。

東陵永璵〈G〉・道元文信〈H〉・暸菴明聴〈I〉のような高僧は、渡来後も禅寺で厚遇され、住持や首座などを務めたが、その他の渡来人の事例を見ても、おおむね禅僧との関係がうかがえる。陸仁〈C〉＝無隠法爾、王幼倩・李惟簡〈D〉＝龍泉令淬、文渓清章〈J〉＝石室善玖・起潜如龍・義堂周信、杲蔵主〈K〉＝石室善玖・椿庭海寿・義堂周信、張氏某〈L〉・静山知蔵〈M〉・従書記〈P〉＝春屋妙葩、聞上人〈N〉＝在庵普在弟子、奇叟異珍〈R〉＝了堂真覚などである。中世の禅寺が中国風の空間を現出し、渡来僧の受入口として機能したことは、すでに指摘がある〔村井章介 一九九五年 第二章（初出 一九九二年）〕。このことは、禅寺による唐人技術者組織化の前提として挙げてよいだろう。また逆に、禅寺に入るために出家する渡来人も少なくなかったと考えられる。文渓〈J〉は来日後出家して石室のもとに参禅したし、一五世紀の事例だが、被虜明人張徳廉も、奴婢身分から解放された後、鄂隠慧奯のもとで出家した〔玉村竹二 一九七六年：三九九—四〇七頁（初出 一九五六年）〕。

帰国の時期がはっきりするものは多くないが、陸仁〈C〉は一三六八年、王幼倩〈D〉はおそらく一三六〇年代前半、道元文信〈H〉は一三六六—六九年頃、文渓〈J〉は一三八〇年代、杲蔵主〈K〉は一三八二年頃、聞上人〈N〉は一三九一年、従書記〈P〉はおそらく一三六七年である。〈C〉〈J〉〈K〉〈N〉は明代に入ってからである。〈J〉は来日も明代（一三七一年）であり、商船に便乗したものだった。

明朝成立後、中国では海禁＝朝貢システムの強化とともに、非使船の往来はシャットアウトされるようになる。檀上寛氏はその時期を一三七四年頃からとしている。政権を握った朱元璋がもっとも恐れたのは、かつてのライバル方国珍・張士誠などの残存勢力の活動であり、海禁はこれに備え治安維持を目的としたものであった。これを徹底化する過程で民間貿易自体が禁止されていく〔檀上寛 一九九七年〕。確かに一三七四年頃から後になると日明間の僧侶の往来事例は減少し、使船以外で往来した確実な事例を呈示することはできなくなる。海禁が相当の影響を持ったことは否定できないだろう。

だが渡来人の往来に見るように、一四世紀後半においては、日中間の自由往来はなおある程度可能であった。たとえば杲蔵主〈K〉が帰国せんとした一三八二年において、日明間に使者の往来はない。この前後には一三八一・八六年の良懐名義の遣使があるのみで(38)、杲蔵主の帰国は使船によるものではない。一三八六年以降は一五世紀まで日明間の使者の往来は途絶えるが、聞上人〈N〉が帰国せんとした一三九一年はそのまっただ中である。もっとも彼らが実際に帰国を果たしたことは確認できないが、彼らが属した京都・鎌倉の禅林において、渡明手段の存在が認識されていたことは間違いない。肥富のような密貿易商人と幕府の接触〔橋本雄　一九九八年a：二七頁〕に見るように、洪武期において使船によらない日明間の往来は、密航も含めてなお絶えていなかった。広い意味での倭寇といえようが、こうした勢力は京都・鎌倉とも何らかの縁をもっていた。洪武期における日明間の不安定な関係もあり、日本側に非使船の往来禁絶を励行する動機は薄く、明と日本の協力による海禁＝朝貢システムの維持は充分に達成されていなかった。

陸仁〈C〉が張士誠政権のもとにあったことはすでに述べた。彼の場合朱元璋に恨みを抱いていたとは断言できないが、内乱の過程で日本に落ち延びた元人には、明朝にとっての反体制分子も含まれていたと考える方が自然であろう。彼らの中に方国珍・張士誠勢力残党への協力、あるいは残党と倭寇の仲介を行なう者がいたとしてもおかしくない。さらに方・張残党そのものも亡命、あるいは往来していたはずであり、たとえば一三九一年に鎮圧された台州黄巌県の海盗張阿馬は、方国珍の残党と考えられる（黄巌は方国珍の出身地）が、常に日本に潜入し群党を引き連れたといわれる〔奥崎裕司　一九九〇年：四九〇頁〕。明では倭寇と反乱勢力との結託という言説がしばしば強調される〔檀上寛二〇〇〇年〕が、可能性のない妄想ではなかったと見るべきであろう。

一五世紀に入ると、義満の永楽帝への遣使を契機に、日明関係はひとまずの安定を見せる。管見の限りで一五世紀になると、渡来人は被虜人が中心となり、洪武期の如き自らの意志による往来はほとんど見られなくなる。(39) 逆に渡来人の帰還も、被虜人送還が外交の材料となったことを反映し、もっぱら使節を介したものになる。明側から見れば、海禁の成功と評価できよう。日中間の人的交流は洪武期を過渡期として、一四世紀と一五世紀で大きく変化するといえる。(40)

おわりに

本章は事例・史料の紹介を主な目的としたため、考察の面では簡単なものにならざるを得なかった。だがここで呈示したデータは、一四世紀後半という日中関係史における一大転換期を考える上で、無駄ではないと考える。もちろん史料の疎漏や誤釈も少なくないと思われるが、現時点における一つの叩き台として参考にしていただければ幸いである。

註

(1) なお一度目のピークである一三世紀末に関しては、別稿を参照されたい〔榎本渉 二〇〇六年c〕。
(2) 有名な例として、中叔舟『老松堂日本行録』二一日入王部落宿魏通事天家所詠に見える魏天がある。
(3) 『春日大社文書』五〇一、文永二年三月二一日付前山城守重宗家地売券。
(4) 正宗龍統『禿尾長柄帚』下。彦龍周興『半陶文集』巻三、牛背斎記走筆もこれに言及する。
(5) 後世の史料で無等以倫を林氏出身とするものがあるが、おそらく「長林字説」の誤読に因るものであろう。
(6) 近世の『饅頭街累代先亡各霊』では一三五九年七月一五日帰国とし、その日を命日として定めている〔川島英子 一九九六年：四一頁〕が、これは龍山没の次の解制日であり、後世の作為である可能性が高い。
(7) 季弘大叔『蔗軒日録』文明一八年(一四八六)八月一〇日条は林浄因を宋人林逋(林和靖)の子孫とするが、この説は以後定着する〔日野角坊文庫本『蹇驢嘶餘』等〕。
(8) 『禅林墨蹟』上八九、箱根美術館蔵楚石梵琦偈。
(9) 偏界一覧亭は瑞泉寺の境内にある。現在は入ることができないが、山頂に位置するこの亭より見た絶景は、当時の五山僧によってしばしば詩に詠まれている。これを集めて詩板に刻んだものが『偏界一覧亭記』である。陸仁の詩に関しては、『日工集』所引のものと比べて多少の字句の相違があるが、『日工集』所引のものが良いようである。たとえば三聯目の「瀑瀉岩前明似練、霜飛谷口渥如丹」は、『一覧亭記』では「……葉飛谷口渥如丹」に作るが、孤平の禁を犯しており、ふさわしくない。

　なお義堂は陸仁から「詩文両篇」を贈られたという〔義堂『空華集』巻一二、贈無聞聡上人白雲巣詩序〕。義堂は陸仁の義堂説の偈を所持しており〔『日工集』応安三年九月二三日条〕、もう一篇はこれか。

(10) 朱元璋の張士誠攻撃開始は一三六五年一〇月、平江陥落は一三六七年九月である〔『明太祖実録』至正二五年一〇月戊戌条・呉元年九月辛巳条〕。

(11) 『集古録』呑碧楼詩軸は「王幻倩」に作るが、これと同文の「寄題呑碧楼」を収める無我省吾『無我集』下・『石城遺宝』は「王幼倩」に作り、後者に従う。

(12) 龍泉は一三六〇年夏、「築之松山」＝筑前万松山承天寺に移った〔『松山集』与仁蔵主書〕。また東福寺霊源庵蔵『松山集』巻下、万寿禅寺語録〔『大日本史料』六—二六、二三八頁〕に拠れば、一三六四年八月二八日、京都万寿寺住持。

(13) 吉田兼敦『吉田家日次記』応永九年二月二六日条〔『大日本史料』七—五、三九五頁〕。

(14) 陳順祖の諱（宗敬）の系字「宗」は、無方の属す大応派に多く見られる。また無方は博多の諸寺を歴住したが、順祖も博多に居した。

(15) 応安三年版『月江和尚語録』下、巻末刊記〔木宮　一九三二年：五八〇頁〕。

(16) 『乾隆興化府莆田県志』巻一二〜一五。

(17) 現地には兪良甫の故居とされる遺址がある〔莆田県西天尾鎮澄渚村委会『文物保護単位　梯雲斎』〕。なお兪良甫のことは地元の新聞で報道され、中国でも有名なようである。「莆田華僑先駆者—兪良甫」〔『莆田郷訊』一九八六年一一月二〇日号〕・「兪良甫刻書伝日本」〔『湄州日報・海外版』一九九九年一二月八日号〕。これらの情報は、すべて岡本弘道氏のご提供によるものである。この場を借りてお礼を申し上げたい。

(18) 東陵永璵『璵東陵日本録』書夢窓国師天龍十境頌巻末・東陵永璵尺牘。
(19) 竺仙梵僊『来来禅子集』次韻東陵道元二友。
(20) 東陵永璵『璵東陵日本録』賀別源西堂頌軸跋・『中巌月和尚自暦譜』泰定四年条。
(21) 東陵永璵『璵東陵日本録』東陵永璵尺牘。
(22) 義堂周信『空華集』巻一四。
(23) 義堂周信『空華集』巻一二。無聞普聡が入元帰国後に浄智寺の太虚契充の会下にあったこと、白雲巣（大虚の師東明慧日塔所の円覚寺白雲庵）のために鎌倉報恩寺の義堂に詩を求めたことが記されている。義堂が鎌倉報恩寺で病床についていた時のものである。『日工集』に拠れば義堂が報恩寺にいたのは一三七二―八〇年。一三七五年三月一八日、熱海への湯治の直後に無聞の訪問を受けており、この詩序はその時のものと考えて間違いないだろう。なお旧稿［榎本渉 二〇〇三年a］では、「除夜感懐詩序」の存在を見落としており、「白雲巣詩序」に見える建仁寺滞在期間を、義堂の建仁時掛搭期（一三五一―五四年）と即断してしまったが、誤りであった。他にも道元については多くの史料を見出しており、本章・次章では道元の行状について随所で見直しを行なった。
(24) 心華元棣『心華詩藁』重用前韻答道元。
(25)『禅林墨蹟拾遺』中国篇一四八、坂本桃庵蔵雪窓普明筆蘭図賛。
(26)『中国古代書畫図目』一九、故宮博物館京一―二四一。
(27) 東陵永璵『璵東陵日本録』書夢窓国師天龍十境頌巻末。
(28) 宋濂『宋学士文集』巻六四、芝園続集巻四、元故資政大夫江南諸道行御史台侍御史周府公墓銘・陶宗儀『書史会要』巻七。あまり注目されていないが、彼の下には日本僧がしばしば訪れている。たとえば約庵徳久の求めで『高山禅師塔銘』［『禅林僧伝』巻一］に、椿庭海寿の求めで『竺仙和尚塔銘』［『竺仙和尚語録』巻中］に篆額しているし、無二法一は入元僧を介して周伯琦に「天長」の扁字を求め［『延宝伝灯録』巻二五］、絶海中津は義堂周信のために周伯琦の「半雲」の篆扁をもたらしている［『日工集』永和四年四月二三日条］。椿庭はまた後述するように、春屋妙葩のために「芥室」号の篆字を周伯琦に求めている。

(29) 無我省吾『無我集』下付収、無我省吾禅師行状。

(30) 無我省吾『無我集』下付収、無我省吾禅師行状。

(31) なお道元は無我の求めで博多呑碧楼の詩も作っており、おそらく塔銘の書丹と同時期であろう。

(32) 南浦紹明『円通大応国師語録』跋。この時開版された五山版は、国立国会図書館・東洋文庫・大東急文庫等に現存する〔川瀬一馬 一九七〇年：二五七―五八頁〕。

(33) 『日工集』応安三年五月一九日条。

(34) 義堂周信『空華集』巻六、送清章侍者帰四明。

(35) なぜ日本に滞在しながらわざわざ「日東」を冠して呼ばれるのかは不審である。あるいは道号であろうか。

(36) 『大乗院日記目録』応安七年一二月一七日条・尋尊『大乗院寺社雑事記』康正三年三月一一日条・文明一八年二月一五日条。以下の記述もこれらの史料に拠る。

(37) 尋尊『大乗院寺社雑事記』康正三年三月一一日条。

(38) 実際は足利義満によるものらしい〔橋本雄 一九九八年ａ：二五―二六頁〕。

(39) ただし例がないわけではない。たとえば『朝鮮睿宗実録』睿宗元年六月辛酉条で、申叔舟は対馬在住の亡命明僧に言及しているし（情報の混乱あるか〔伊藤幸司 二〇〇二年ｂ：二八頁〕）、『明憲宗実録』成化五年二月甲午条に拠れば、寛正・応仁度遣明使の大内船の通事閩宗達は、寧波奉化県から日本へ逃亡した明人だった〔伊藤幸司 二〇〇二年ａ 第三部第二章：三〇八頁（初出 一九九九年）〕。

(40) 伊藤幸司氏は、国家外交に集約されない日明間の密貿易勢力と、それによる日明間交流のあり方を追及する必要を指摘しており〔伊藤幸司 二〇〇二年ａ 第三部第二章：三〇八―〇九頁〕、私も一五世紀に海禁が人の往来を完全に規制していたというつもりはない。ただ同時に、史料出現の頻度を見れば、やはり一五世紀の東シナ海が一四世紀と比べ、自由な交流が著しく困難な世界だったことも間違いない。

第二章　陸仁と道元文信をめぐって

はじめに

前章では一四世紀後半の渡来人の事例を網羅的に紹介した。日本史研究者の間では認識されていないが、その中でも陸仁〈C〉と道元文信〈H〉については中国側に多くの史料が伝来する（表8＝陸仁関係史料／表9＝道元関係史料）。渡来人の来日前の環境が中国側史料で詳しく判明する事例は極めて稀有であり、本章では史料紹介も兼ねて、彼らの来日前の環境を検討することにしたい。さらに彼ら周辺の人脈を、特に入元日本僧との関連において考察することにしたい。

一　在元時代の陸仁

まずは陸仁であるが、彼に『乾乾々居士集』の著が存在することは、川添昭二氏が言及している〔川添　一九九〇年：四三頁〕。川添氏はその内容・所在を明らかにしていないが、陸仁の来日以前の詩をまとめたもので、清代に編纂された『元詩選』三集辛集に抄出が収録される。

表8　陸仁関係史料

No.	題(〈 〉は内容の要約)	時　期	典　　拠	関係人物(陸仁除く)
1	買妾言		『草』13陸仁・『乾』	
2	春波曲		『草』13陸仁・『乾』	
3	柳枝曲		『草』13陸仁・『乾』	
4	野田雀		『草』13陸仁・『乾』	
5	缺月詞		『草』13陸仁・『乾』	
6	続弦曲		『草』13陸仁・『乾』	
7	精衛辞		『草』13陸仁・『乾』 『鉄崖先生古楽府』1	楊・郭
8	招鶻辞		『草』13陸仁・『乾』	
9	石婦辞		『草』13陸仁・『乾』	
10	題文海屋洛神図		『草』13陸仁・『乾』 『呉都文粋続集』25	
11	思公子寄馬希遠		『草』13陸仁・『乾』	馬希遠
12	夫子去魯国		『草』13陸仁・『乾』	
13	頴之水賦，題劉西村巻上		『草』13陸仁・『乾』	
14	春還軒		『草』13陸仁・『乾』	
15	〈城上烏の義について賦す〉		『草』13陸仁・『乾』	
16	送客一首，贈凌元之別		『草』13陸仁・『乾』	
17	矯矯一良士		『草』13陸仁・『乾』	
18	賦得青天月団々盛孟章古香亭		『草』13陸仁・『乾』	
19	乾明寺鐘詩，与玉山同賦/乾明寺鐘詩，与陸良貴同賦	1350/4/1	『草』13陸仁・『乾』 /『逸』	顧
20	寄五峯李著作一首		『草』13陸仁・『乾』	李孝光
21	題謝伯誠青梧軒録，上玉山徵君求教		『草』13陸仁・『乾』	顧

No.	題(〈 〉は内容の要約)	時　期	典　　拠	関係人物(陸仁除く)
22	題漢天馬図		『草』13 陸仁	
23	送友人之京，兼懐陳庶子二首		『草』13 陸仁・『乾』	陳秀民〔10-53〕
24	題金陵		『草』13 陸仁・『乾』	
25	送趙季文之湖州知事		『草』13 陸仁・『乾』	趙渙〔10-24〕
26	題水仙		『草』13 陸仁・『乾』	
27	題倪元鎮画雲林図		『草』13 陸仁・『乾』	
28	婁東園，分韻得人字		『草』13 陸仁・『乾』	
29	送李景福遊武当		『草』13 陸仁	李景福
30	天馬歌	1342/秋	『草』13 陸仁・『乾』	
31	桓王墓		『草』13 陸仁・『乾』	
32	送康魯瞻除国子司業		『草』13 陸仁	康若泰
33	寄倪雲林		『草』13 陸仁・『乾』	倪瓚〔10-14〕
34	寄張貞居		『草』13 陸仁	張雨〔10-9〕
35	送強彦栗之京都		『草』13 陸仁・『乾』	強珇
36	白紵曲，送朱元長之膠州同知		『草』13 陸仁・『乾』	朱伯不花
37	思崑崙歌		『草』13 陸仁・『乾』	
38	玉山草堂		『名勝』1・『乾』	顧
39	玉山佳処		『名勝』2	顧
40	玉山佳処賦，得山中好長日		『名勝』2・『乾』	顧
41	玉山佳処以夜闌更秉燭相対如夢寐，分韻得夜字/玉山草堂宴集以夜闌秉燭相対如夢寐，分韻得夢字	1351/10/23	『名勝』2・『乾』/『逸』2	顧・王濡之 伯明宝月〔10-64〕 袁・郯・于
42	種玉亭		『名勝』3・『乾』	顧
43	小蓬莱		『名勝』3	顧

No.	題(〈 〉は内容の要約)	時　期	典　　拠	関係人物(陸仁除く)
44	碧梧翠竹堂		『名勝』3・『乾』	顧
45	碧梧翠竹堂，以碧梧棲老鳳凰枝分韻得鳳字/碧梧翠竹堂燕集，以碧梧棲老鳳凰枝分韻得梧字		『名勝』3・『乾』『乾坤清気』10/『逸』2	顧・陳・楊鄭元祐〔10-5〕于・郯・元熊夢祥〔10-12〕顧晋・顧衡
46	九月八日以満城風雨近重陽，分韻得雨字/九月八日芝雲堂燕集，以満城風雨近重陽，分韻得満字	1351/9/8	『名勝』3・『乾』/『逸』2	顧・蕭景微袁・盧震則于・岳楡趙珍
47	湖光山色楼		『名勝』3・『乾』	顧
48	読書舎		『名勝』4	顧
49	読書舎	1350/12	『名勝』4	顧・郯・元呉国良于・陳瞿智〔10-41〕張師賢・袁
50	可詩斎		『名勝』4	顧
51	可詩斎	1352/12/13	『名勝』4	袁暠・袁于・岳楡・周
52	可詩斎	1356/閏9	『名勝』4	顧・袁顧衡・繆侃復元自恢〔10-70〕
53	可詩斎夜集聯句	1354/12/22	『名勝』4・『逸』2	顧・秦・于袁・張守中郯・元
54	白雲海歌，和文学古韻		『名勝』5・『乾』	顧・袁文質〔10-46〕盧・盧熊
55	来亀軒即事幷序		『名勝』5・『逸』2	顧

No.	題(〈 〉は内容の要約)	時　期	典　　拠	関係人物(陸仁除く)
56	霊亀銘		『名勝』5	顧
57	春草池・緑波亭		『名勝』5・『乾』	顧
58	絳雪亭		『名勝』5・『乾』	顧
59	汎（浣）花館燕集聯句	1348/6/24	『名勝』6・『逸』2	顧・楊 高智・于 張師賢・袁
60	柳塘春		『名勝』6・『乾』	顧
61	柳塘春小集，分韻得水字/柳塘春小集，分韻得柳字	1357/2/28	『名勝』6・『乾』 /『逸』2	顧・元 葛元素・于 蕭景微
62	漁荘		『名勝』6・『乾』	顧
63	漁荘欸歌二首	1351/9/14	『名勝』6・『乾』 『逸』2	顧・袁翯・周 秦・袁・于 趙珍・岳榆 李瓚〔10-19〕
64	春暉楼		『名勝』7	顧
65	澹香亭		『名勝』7	顧・秦
66	釣月軒		『名勝』8・『乾』	顧
67	拝石壇寒翠所		『名勝』8	顧
68	芝雲堂		『名勝』8	顧
69	芝雲堂嘉宴	1352/9/22	『名勝』8 『乾』・『逸』2	顧・顧佐・秦 于・岳榆・袁
70	金粟影		『名勝』8・『乾』	顧
71	金粟影天香詞	1352/9	『名勝』8	顧・袁・于 岳榆 張遜〔10-42〕
72	柬玉山徴君，兼五老貞士		『名勝』外集	顧
73	〈秦約，顧徳輝へ手紙を送る〉		『名勝』外集	顧・秦・盧 袁・楊・郯 陳

No.	題(〈 〉は内容の要約)	時　期	典　　拠	関係人物(陸仁除く)
74	奉懐玉山主人，兼簡郯九成・于匡山		『名勝』外集・『乾』	顧・郯・于
75	憶別曲		『名勝』外集・『乾』	顧
76	同陳敬初移字韻，懐玉山		『名勝』外集	顧・陳
77	漫興，呈玉山社長		『名勝』外集	顧
78	登恵山		『紀遊』	顧・于・陳 元・沈明遠
79	送恵山泉		『紀遊』	顧・周・陳 于・沈明遠
80	観音山紀遊詩幷序	1351/9/8	『紀遊』	顧・于 天岸□昂
81	書昂上人房壁		『紀遊』	顧・于 天岸□昂
82	蟠松		『紀遊』	于・顧
83	寒泉		『紀遊』	顧・于
84	放鶴亭		『紀遊』	于・顧
85	洗馬池		『紀遊』	顧・于
86	飛龍関		『紀遊』	于・顧
87	楞伽古桂		『紀遊』	顧・于
88	石屋		『紀遊』	于・顧
89	観音山		『紀遊』	于・顧
90	九月七日復游寒泉登南峰，有懐龍門・雲台，次玉山韻二首	1351/9/7	『紀遊』・『乾』	顧・郯・元 于・周
91	〈元璞良琦・見心来復，去秋の顧徳輝・于立・陸仁の作に聯句〉	1351/秋	『紀遊』	顧・于
92	陳母節義詞幷序		『乾』・『鉄網』9 『式古堂』書29	陳宝生

No.	題(〈 〉は内容の要約)	時　期	典　　拠	関係人物(陸仁除く)
93	友竹軒詩（記）		『乾』・『鉄網』10 『式古堂』書 30	
94	花游曲，和鉄崖先生	1348/3/10	『乾』 『鉄崖先生古楽府』3	楊 張雨〔10-9〕 顧・郭・袁 馬麐〔10-39〕
95	抱遺老人書巫峡雲濤石屛志		『乾』・『鉄網』9 『式古堂』書 19	楊
96	江雨謡，題偶武孟江雨軒		『乾』 『乾坤清気』10	
97	金石交，為孫陳二義士賦		『乾』・『鉄網』10 『式古堂』書 29	孫天富 陳宝生
98	送于彦成帰越，次郯九成韻		『乾』	于・郯
99	和西湖竹枝詞二首	1348	『乾』 『西湖竹枝集』	楊
100	題陶淵明図恵良夫		『乾』	
101	春草堂詩集詩句		『乾』・『鉄網』10 『式古堂』書 29	
102	崑山州築囲辞		『呉中水利全書』28	
103	題黄氏林屋山図		『鉄網』15 『式古堂』画 22	
104	方寸鉄銘	1360/4/26	『珊瑚木難』3 『鉄網』9 『珊瑚網』法書題跋 11 『続書画題跋記』8 『式古堂』書 21	朱珪・顧 張雨〔10-9〕
105	玄真館小集	1344/12/17	『珊瑚木難』7	盧・李孝光 徳荘・郭 瞿智〔10-41〕 呂誠〔10-27〕
106	鄧文粛公臨急就章	1348/6/20	『珊瑚網』法書題跋 10	楊

No.	題(〈 〉は内容の要約)	時　期	典　　拠	関係人物 (陸仁除く)
106			『続書画題跋記』7 『式古堂』書 17	
107	豊城余詮		『強斎集』10	殷奎
108	秋日秋棠花開幷序	1356/7/28	『逸』2	顧・袁・郯 顧衡・王楷
109	臘月二十六日夜可詩斎夜集聯句	1354/12/26	『玉山璞稿』1354	顧・于・袁 秦・張守中 郯・元
110	寄婁上俞士平提学・陸良貴・秦文仲二教授		『梧渓集』5	王逢 俞士平・秦
111	〈鄭東，崑山の詩友として，郭翼・陸仁・袁華・呂誠を挙げる〉	1348	『来鶴亭集』鄭東序	鄭東〔10-16〕
112	〈呂誠，館士秦約・陸仁と共に省臣の命を奉じて崑山の劉過の墓を祀る．郭翼，詩を作りこれを送る〉		『来鶴亭集』2 『林外野言』上	呂誠〔10-27〕 秦・郭
113	漫興九首		『林外野言』上	郭・袁 瞿智〔10-41〕 呂誠〔10-27〕
114	寄陸良貴		『林外野言』下 『草』9 郭翼	郭
115	与顧仲瑛書附		『林外野言』下	郭・顧
116	夜聞古塘水声，要良貴・子英同賦		『草』13 秦約	秦・袁
117	題拝石壇詩		『宋元詩会』97 袁華 『可伝集』	袁
118	遊霊巌記		『高太史鳧藻集』1	高啓・饒介 秦・姜漸 張憲・全参 陳増・金起 王順・楊基

No.	題(〈 〉は内容の要約)	時　期	典　　拠	関係人物(陸仁除く)
118				劉勝
119	玉山草堂分韻詩序		『夷白斎藁』外集	陳・顧 熊夢祥〔10-12〕
120	〈顧徳輝，謝応芳らと金粟で宴し詩を賦す〉		『亀巣稿』3	顧・謝応芳 翟仿・秦
121	〈顧徳輝，玉山芝雲堂で客に黄柑をふるまう〉	1357/冬	『亀巣稿』3・『元詩選』2 辛所引『亀巣稿』	顧・謝応芳 袁
122	奉題見心予章山房		『澹游集』中	見心来復 〔10-69〕
123	陸良貴・顧仲瑛過綽墩寿寧寺有作，次韻賦寄		『古今禅藻集』24	顧・万峯時蔚
124	渓山秋霽図跋		『甫田集』23	陳汝言
125	趙粛書母衛宜人墓誌一巻		『石渠宝笈』続 37	
126	迂翁仿李成筆意幷題		『珊瑚網』名画題跋 10 『式古堂』画 20	
127	〈『聖福禅寺仏殿記』を撰す〉	1368/2	『鄰交徴書』3-1 聖福禅寺仏殿記	無隠法爾
128	〈肥後高瀬で絶海中津と会い，鎌倉の義堂周信へ詩を贈る〉	1368/4	『日工』応安 1/12/17 『偏界一覧亭記』	絶海中津 義堂周信 無隠法爾
129	〈義堂周信，陸仁の「義堂説」の偈を所持〉	1368/4?	『日工』応安 3/9/23	義堂周信
130	〈博多呑碧楼の情景を詠む〉		『集古録』呑碧楼詩軸 『石城遺宝』寄題呑碧楼	無我省吾
131	贈無聞聡上人白雲巣詩序	(1375/3/18)	『空華集』12	義堂周信 無聞普聡
132	〈盛彧，沙渓より崑山に移り，文人と詩を唱和〉		『弘治太倉州志』7	盛彧
133	乾乾斎		『嘉靖太倉州志』9	
134	郷賢祠		『弘治太倉州志』4	

表9　道元文信関係史料

No.	題(〈 〉は内容の要約)	年　代	典　　拠	関係人物(道元除く)
1	次韻東陵・道元二友		『来来禅子集』	竺仙梵僊 東陵永璵
2	古婁顧仁山，於其所居植竹数百本，竹中作亭日逍遥，其間迺署其亭曰竹逸．嗚呼古之賢者，必有寓．若顧君寓于竹，不亦賢乎哉．為賦詩一章，以頌之．		『雪』・『草』14 文信	
3	題顧処士梅隠斎		『雪』・『草』14 文信	
4	題雲林竹図		『雪』・『珊瑚木難』6 『清閟閣全集』12 『式古堂』画 20	
5	燕穆之山居図		『雪』	
6	題呉仲圭為松巌和尚画竹	1369/7/21	『雪』 『式古堂』画 19	松巌元湛？
7	題趙彦徴画	1373/6/28	『雪』 『式古堂』画 16	本心□徳
8	贈劉法官		『雪』・『草』14 文信	劉某
9	送本空維那帰虎邱		『雪』	本空曇相
10	和西湖竹枝四首		『雪』・『元詩体要』4 『西湖竹枝集』	楊
11	尺牘	?/6/23	『東京国立博物館図版目録』中国書籍篇 52	孫恆
12	雪窓普明筆蘭図賛	1348/春頃	『禅林墨蹟拾遺』中国篇 148	頂雲霊峰 用堂
13	〈林羅山，9-12 の添状で，椿庭の求めにより道元が達磨画を描き，了庵清欲が著賛したことを述べる〉		『墨蹟之写』元和 6 年上	椿庭海寿
14	文殊像賛		『墨蹟之写』寛永 7 年下	

No.	題(〈 〉は内容の要約)	年　代	典　　拠	関係人物(道元除く)
15	寄信道原長老		『梧渓集』6	王逢
16	次韻信道元長老菱渓草堂見寄之作有後序		『梧渓集』7	王逢・銭岐
17	〈程渠南，道元とともにキノコを食べる〉		『草木子』4	程渠南
18	西寺送信道元長老還呉興楊墳寺		『夷白斎藁』10	陳
19	帰呉送信道元還呉興楊墳寺		『夷白斎稿』補遺	陳
20	宋燕粛春山図一巻	1349/3/10	『中国古代書畫図目』19，故宮博物館京 1-241	
21	趙孟頫人騎図一巻		『中国古代書畫図目』19，故宮博物館京 1-624	
22	寄韻答信道元三首		『空華集』3	義堂周信
23	道元信首座		『空華集』4	義堂周信
24	道元信侍者		『空華集』6	義堂周信
25	次韻答信道元		『空華集』9	義堂周信
26	〈義堂周信，返信に代えて道元に偈を贈る〉	1370/5/19	『日工』応安 3/5/19	義堂周信 厚浚
27	和韻道元蔵主夢拝百丈祖師		『繋驢橛』中	惟忠通恕
28	次韻寄道元知蔵上人		『心華詩藁』	心華元棣
29	寄信道元		『心華詩藁』	心華元棣
30	重用前韻答道元		『心華詩藁』	心華元棣
31	次心華上人韻，呈道元首座幷叙		『峨眉鴉臭集』	太白真玄 心華元棣
32	道元		『石室玖禅師語録』道号	石室善玖

No.	題(〈 〉は内容の要約)	年　代	典　　拠	関係人物(道元除く)
33	〈博多呑碧楼を詠む〉		『集古録』呑碧楼詩軸 『無我集』下，寄題呑碧楼 『石城遺宝』寄題呑碧楼	無我省吾
34	〈無我省吾，入元して道元に南浦紹明塔銘の書丹を求める〉		『臥雲日件録抜尤』宝徳 2/9/11	無我省吾
35	贈無聞聡上人白雲巣詩序	(1375/3/18)	『空華集』12	義堂周信 無聞普聡
36	除夜感懐詩序	(1381/12/30)	『空華集』14	義堂周信 用文侑芸 東源宗漸

〈表 8・9 凡例〉

＊　以下表○の項目を引用する場合，［○-表中 No.］の形で表記する．

＊　陸仁・道元文信撰の詩文，あるいは彼らに言及した詩文や記録を採り，伝などは項目として採らなかった．

＊　明代以前の典籍で確認できない場合（『元詩選』所収『乾乾居士集』など）を除き，清代以降の編纂物は出典欄に入れなかった．

＊　地方志に関しては，同様の情報を伝えるものが複数ある場合も，もっとも古いものを一つ挙げるに留めた．

＊　別の詩文でも同じ時に作られたと考えられるものは一つの項目にまとめ，「／」で区切って典拠欄と対応させた．

＊　関係人物欄には，陸仁・道元と直接接触しているか，面識があると判断される人物を挙げた．

＊　8-117 について，『宋元詩会』・『可伝集』に収める詩は同一であるが，序が異なる．陸仁に関して触れるのは前者のみである．8-121 についても，『元詩選』所収『亀巣稿』とテキストに用いた『四部叢刊三編』本『亀巣稿』は序が異なり，陸仁について触れるのは前者のみである．

＊　典拠欄略称：
『草』＝『草堂雅集』／『逸』＝『玉山逸稿』／『名勝』＝『玉山名勝集』
『紀遊』＝『玉山紀遊』／『乾』＝『元詩選』三集辛集所収『乾乾居士集』
『雪』＝『元詩選』補遺壬集所収『雪山集』／『鉄網』＝『鉄網珊瑚』書品目録
『式古堂』＝『式古堂書画彙考』／『日工』＝『空華日用工夫略集』

＊　関係人物欄略称：
顧＝顧徳輝〔10-1〕／陳＝陳基〔10-2〕／郭＝郭翼〔10-26〕
郯＝郯韶〔10-29〕／于＝于立〔10-36〕／盧＝盧昭〔10-40〕
周＝周砥〔10-49〕／袁＝袁華〔10-60〕／秦＝秦約〔10-61〕
元＝元璞良琦〔10-66〕／楊＝楊維楨

他にも多くの詩文集に彼の作品や名前を見出すことができるが、まとまった量を収めるのが、顧徳輝（顧瑛、一三一〇—一六九年）編の『草堂雅集』巻一三である。顧徳輝は字を仲瑛と言い、平江路崑山の人。嘉興路海塩県の金粟山にも別亭があり、金粟道人と号した。一三五六年に張士誠が崑山を制圧した時に呉興（湖州）商渓（あるいは嘉興合渓）に避難したが、翌年には帰ったようである。一三六九年に六〇歳で没。(1) 崑山の玉山草堂においてしばしば文人達と詩の応酬を行なったことは、当時の詩文集に散見するところである。草堂での唱和詩を集録したものに『玉山名勝集』がある。

『草堂雅集』は顧徳輝と交友のあった文人の作品を人別にまとめたもので、その人物の評伝も略記される。これに拠ると陸仁は、字は良貴、崑山人、古文を好み詩作も疎かにせず、人となりは沈静簡黙、顧徳輝と遠い親戚で、玉山草堂を訪れ終日談詩清話することもあった。当時の文人はこれを重んじ陸河南と呼んだという。(2)

楊維楨（一二九六—一三七〇年）編『西湖竹枝集』にも触れておこう。楊維楨は字を廉夫と言い、鉄崖・東維子と号した。紹興路山陰県の人。一三二七年科挙に及第し仕官したが、紹興銭清場塩司令を務めた時に塩の納入に関するトラブルに関与し、それ以来仕官することなく杭州・松江を中心に各地を渡り歩き、詩作の生活を送った。晩年に張士誠・朱元璋に仕官を求められたが、いずれも断ったという逸話がある。(3)

『西湖竹枝集』は楊維楨の「西湖竹枝詞」に和韻した作品を集めたもので、一三四八年に顧徳輝の玉山草堂で記した自序がある。そこに収める一二〇人の文人について評伝が記されるが、陸仁の名も見える。字は良貴、河南人、経書に明るく古文を好み、その詩学は祖法あり、清俊として奇偉、その書法は楷書・草書とも灑然（さっぱりとした様）として見るべしといわれている。(4) 楊維楨自身の略歴も収録されており、『竹枝集』の評伝は楊維楨自身の手によるものではなく後人の補入のようであるが、同文の陸仁の評伝は陸容（一四三六—九四年）『菽園雑記』巻一三に引用されており、成立は一五世紀を降ることはない。

この他に地方志や清代編纂の詩文集などにも陸仁の経歴を記すものがあるが、『草堂雅集』『竹枝集』以上の情報を伝えるものは少ない。それらに関しては必要に応じて触れつつ、在元時代の陸仁の経歴をまとめてみよう。

陸仁の字は、『草堂雅集』『竹枝集』とも良貴とする(5)一方で、義堂周信『空華日用工夫略集』（以下、『日工集』と略す）は元良とする〔8—128〕。相違する事情は不詳であるが、日本の陸仁と元の陸仁の共通性を示す材料も多く（「河南陸仁」の名乗りなど）、これのみを根拠に両者を別人とする必要はないだろう。あるいは陸仁自身が日本向けに字を変えてみたのかもしれない。号についても、『御選宋金元明四朝詩』御選元詩姓名爵里二や『元詩選』三集辛集等の清代の史料は「自号二樵雪生一」とし、樵雪生と名乗った実例も確認できる〔8—97〕が、『日工集』は雪樵とする。だがこれは義堂の記録ミスではない。陸仁は一三六三年没の衛宜人墓誌に詩を寄せた時、「東海生」「陸仁之印」「陸良貴」の印とともに「雪樵」の印も捺しており〔8—125〕、雪樵とも名乗ったらしい。

日本史料からは知られないが、その著を『乾乾居士集』と言うのは、彼が「乾乾居士」と呼ばれたからにほかならない。これに関して一五〇〇年成立の『弘治太倉州志』巻七の陸仁の伝が「扁二所レ居之室一曰二乾乾一」と述べ、友人の郭翼が陸仁の居を「乾乾之室」と呼んでおり〔8—115〕、「乾乾」が陸仁の邸宅の称であることが分かる。一五四七年成立の『嘉靖太倉州志』巻九には、「乾乾斎、陸仁所レ居。蓋取二易君子終日乾乾之意一。今不レ知二其所在一」〔8—133〕とあり、その邸宅は正しくは「乾乾斎」といい、『易経』巻一の「君子終日乾乾」（君子は終日勤勉努力し怠らないこと）から採った称だったことが知られる。

出身地について、『草堂雅集』は崑山とする。崑山人の顧徳輝と陸仁の頻繁な交流を見れば、陸仁が崑山に住んでいたことは認めてよい。「婁江（崑山）の陸良貴（陸仁）」などと言われている例もある〔8—45・110〕。一方で『竹枝集』

や見心来復『澹游集』〔8―122〕は河南人とするが、陸容『菽園雑記』巻一三に拠れば陸仁は崑山人で、「其称二河南一蓋姓原郡望耳」（河南と称するのは、そこが陸氏のもとの郡望＝郡中の貴顕の一族とされる地だからである）、つまり河南を陸氏発祥の地とする。(6)

陸仁関係史料で年代が判明するものは多くないが、一三四〇年代終りから一三五〇年代半ばに集中する。もっとも遅いものは一三六〇年に玉山草堂を訪ねた時のものであり〔8―104〕、この時までは崑山にいたことが分かる。すでに述べたように、一三五六年以降崑山は張士誠の支配下に入った。張士誠は群雄随一の経済力を背景として、その版図に元末を代表する文人を多く抱えていた〔愛宕松男　一九八八年　第四部第一章：四四五頁（初出　一九五三年）〕。もちろん楊維楨のように張士誠の幕下に加わらなかった者もいるが、陸仁は饒介〔8―118〕・陳基〔8―45・49・73・76・78・79・119〕のように張士誠に仕えた文人との交友もあり、特に張士誠の支配と対立することなく、崑山に在り続けたものと考えられる。陸仁の没年は不明だが、陸仁と詩を唱和した盛彧が一三七五年に沙渓から崑山に移住した人物だから〔8―132〕、陸仁は一三七五年には存命していたはずである。またこのことから、陸仁が一三六八年に、日本から崑山へ無事に帰還したことも確認できる。

陸仁が古文・詩を善くしたことは、『草堂雅集』『竹枝集』とも言及している。明人陸容は、楊維楨に和韻した崑山の文人中で、陸仁をもっとも評価の高い四人の一人とする。(7) その四人の一人袁華の手になる『玉山紀遊』は、顧徳輝の紀遊唱和の詩をまとめたものだが、『四庫全書提要』は、陸仁も含めそこに登場する人物を列挙し、「皆一時風雅勝流」と評す。陸仁に与えられた評価の高さを何よりも雄弁に物語るのが、その詩が多くの詩文集に収録され、『乾乾居士集』が編纂され、『元詩選』に採用されたという事実である。

同時代においても陸仁の文才は高く評価された。楊維楨の「精衛操」に和した者は数十に及んだが、楊維楨はその中から特に郭翼と陸仁の詞を選んでいる（8―7）。郭翼は顧徳輝への手紙で、崑山の人材の豊富なことを称え、袁華・瞿智・姚文奐・秦約・張師賢・呂誠・盧昭・陸仁・盧熊を「皆一時出群之材」としている（8―115）。

陸仁の作品で最も著名なのが「天馬歌」（8―30）で、『竹枝集』や『元詩紀事』巻一九も彼の代表作として挙げている。この天馬は仏郎国《フランキ》（ヨーロッパ）の馬で、フィレンツェ人ジョヴァンニ＝ダ＝マリニョリが、アヴィニョンからジョチ＝ウルスを経て陸路大都へ赴き献上したものと考えられる。[8] 天馬の献上は一三四二年七月一八日に行なわれ、順帝トゴン＝テムルは三日後の二一日に勅してこれを絵に描かせ、さらに詔して二三日に掲傒斯に賛を、その後に周伯琦や許有壬に詩を作らせた。[9] 他にも著名な文人達が天馬を詩に詠んでいる。[10] 現存しないが、『竹枝集』に拠れば陸仁には「渡二黄河一望二神京一」と題する詩があり、天馬を見るために上京した時のものか。

陸仁の評価は詩文に留まらない。『竹枝集』は書も得意としたとする。楊維楨は一三四八年、鄧文元の書を見た時、同行の陸仁について「嘗学二章草一者」と特記している（8―106）。また陸仁は一三六〇年、同郷の朱珪の篆刻を見て関心を示し記を撰している（8―104）。日本においては『聖福禅寺仏殿記』の撰文のみならず、自ら篆額・書丹をも行なっている（8―127）。書の腕を見込まれてのことであろう。倪瓚の如き著名な画人との交流もあった（8―33）。

陸仁が科挙に及第していたことは、「良貴進士」と呼ばれていることから判明する（8―91・126）。前掲『日工集』では蘇州（平江路）教授を務めたとする（8―128）が、王逢の「寄二妻上僉士平提学・陸良貴（陸仁）・秦文仲（秦約）、二教授一」なる詩（8―110）を見ても、教授を務めたことは間違いない。『竹枝集』で経書に明るいとするように、高い儒学的素養も有していた。なお一四六〇年、太倉州儒学の門の右に郷賢祠が建てられたが、陸仁も「宋元諸儒」一六人の一人として祀られている（8―134）。

以上見てきたように、陸仁は当時の文化的一中心地であった平江近くの崑山で、詩文・書・儒学の各方面で高い評価を得ていた。在日期間が短く、滞在地も博多に限られたため(11)、日本に大きな影響を及ぼすことはなかったが、清拙正澄・竺仙梵僊などの渡来僧と並び、当時の日本には不相応ともいえる一流の文化人だった。

最後に陸仁の来日とも関わることであるが、海商との交流についても触れておきたい。陸仁が「金石交」という詩を与えた「孫陳二義士」なる者がいる〔8―97〕。孫天富・陳宝生という名の泉州商人である。陸仁が「南賈二真臘与闍婆一、東極二三韓及耽羅一」〔8―97〕(12)、王彝が「其所レ渉異国、自二高句驪一外、若《もしくは》闍婆・羅斛」(13)、張紳が「南抵二泉・広一、且游二闍婆・高句驪諸国一」(14)と述べるように、その活動圏はカンボディア・ジャワ・シャム・高麗にまで及んでいた。義兄弟の契りを結び、義士として知られた(15)。一三六五年において陸仁と同じ崑山に居を構えていたことが確認され(16)、この頃泉州を占拠した亦思巴奚の乱を避け移住したものと思われる。崑山は元代における江南海運のターミナルであり〔沈福偉　一九八八年〕、泉州に代わる海商の活動拠点として最適である。陸仁の住む崑山は海商と接触する上で至便のロケーションだった。一三五〇・五一年に崑山から日本へ出航した船が存在したことも、本書第二部第二章一―2で触れた通りである。

二　在元時代の道元文信

道元文信関係史料として従来利用されてきたのは、ほとんどが在日中のものであり、来日前の史料としては9―1・12が挙げられるのみである。またもっぱら禅宗史の中で言及されてきたこともあり(17)、顧徳輝・楊維楨などとの文交については等閑に附されている。陸仁の例に倣い、ここでその伝記を考察してみよう。

道元の詩集は『雪山集』といい、『元詩選』補遺壬集に抄出がある(18)。『元詩選』に「文信、字道元、号二雪山一」とあり、雪山は別号らしい。実際に「雪山文信」と署名した例もある〔9―6・7・33〕。彼の詩は陸仁と同様に、『草堂雅集』巻一四[19]・『竹枝集』[20]に採られ、顧徳輝・楊維楨との文交や、文学上の評価の高さを知ることができる。
『草堂雅集』・『竹枝集』に拠れば、道元は温州路永嘉県の人。幼くして出家し禅旨を悟り、儒学に通じ、詩文を善くしたという。前章一―〈G〉で触れたように、おそらく古林清茂会下で竺仙梵僊・東陵永璵と同門だった。また中峰明本門弟の某にも就いたことがあるらしく、義堂周信は彼を中峰の「直下孫」、あるいは「中峰釈道元信公長老」と呼んでいる〔9―26・35〕。『仏祖正伝宗派図』に拠れば、杭州浄慈寺の東嶼徳海の法を嗣いでいる。

玉村竹二氏は、道元が帰国後に平江宝華寺・婺州宝林寺住持を務めたとする〔玉村 一九八三年：五二一―五二二頁〕。宝華寺住持については『草堂雅集』に言及があるが、一三四八年頃に「宝華文信」の署名で著賛された蘭図が現存し〔9―12〕、来日前のことであったことが知られる。宝林寺住持の典拠は、『仏祖正伝宗派図』に「宝林道元□信」とあることである。時期は不明であるが、来日前の史料で宝林寺住持に言及するものがない以上、行状がほとんど不明な帰国後のことと考えるのが穏当であろうか。『仏祖正伝宗派図』は一三八二年成立だから、これ以前のことである。

この他に湖州の「楊墳寺」（楊氏の墳寺＝菩提寺？）に掛搭したこともあるらしい〔9―18・19〕。また王逢が道元に和韻した詩の後序〔9―16〕に拠れば、道元は八〇余歳の時に「小山林」に隠遁していたらしい[21]。王逢は一三八八年没[22]だから、それ以前ということになるが、となると道元は一三六六―六九年に帰国した時点で、若く見積もっても六〇歳近かったことになる。

『竹枝集』は道元について、「交わる所は皆海内の名公文人」「叢林の俊秀なり」と、絶賛を尽くしている。また「然るに其の法を持って、法の為に縛られず、故に介して能く散ず」とも評すが、仏教のみにとらわれない文学僧としての立場を示している。書画に通じていたともいわれる。「字画呉興（趙孟頫）を追い、而も別に一家を成す」というように、趙孟頫の書風・画風にならいながら、独自の境地も開拓した。現存しないが、椿庭海寿は入元し、道元に達磨画を、了庵清欲に画賛を書いてもらったらしい〔9―13〕。

王逢の後序〔9―16〕に拠れば、道元の名声は若い頃から張雨（後述）・楊維楨という当代の著名人と並ぶほどだった。「戻契（奇邪不正の行の喩え）度世して、僅かに小山林に住するのみ」ともあり、風変わりな人物だったらしい。『草堂雅集』の「尤も清峭として、世俗の声の為にせず」、『竹枝集』の「性孤高」という評価もこれに通じる。王逢は『竹枝集』に収める道元の和韻詩にも言及するが、「今に至るまで絶唱（極めて優れた詩文）と為す」と言うように、当時から高い評価を得ていた。

三　来日前における陸仁・道元の環境

「当二元季一、浙東西士大夫、以二文墨一相尚、毎歳必聯二詩社一[23]」というように、元末の江浙では、各地に「詩社」と呼ばれる文学サークルが結成された。詩社は明代を通じて文学史上重要な位置を占めることになる〔横田輝俊　一九七五年〕。顧徳輝を中心とする玉山草堂における詩会〔青木正児　一九七〇年：三八三―八七頁（初出　一九六〇年）〕も、その一つに数えてよい。陸仁・道元の二人は、片や俗人、片や僧侶であるが、視点を変えてみれば、顧徳輝との文交という共通する文化環境にあった。他にも楊維楨・王逢・陳基のように、共通の友人は何人か挙げることができる（表8、9参照[24]）。

さて、表10は『草堂雅集』に見える文人の一覧である。すでに述べたように、『草堂雅集』は顧徳輝と文交のあった文人の詩を集めたもので、その交友範囲のかなりの部分を包摂していると見てよい。そこには陸仁〔10―59〕・道元

表 10 『草堂雅集』収録の文人一覧

No.	名前	年代	著作
1	顧徳輝 (顧瑛)	1310-69	『玉山璞稿』 『玉山逸稿』
2	陳基	1314-70	『夷白斎藁』
3	黄溍	1277-1357	『黄文献公集』 『金華黄先生文集』 『日損斎筆記』 『日損斎稿』[1 丁]
4	張天英		『石渠居士集』[3 庚]
5	鄭元祐	1292-1364	『僑呉集』 『遂昌雑録』
6	呉克恭		『寅夫集』[3 庚]
7	陳方		『孤蓬倦客稿』[3 庚]
8	張翥	1287-1368	『蛻庵集』 『蛻庵詞』
9	張雨	1283-1350	『句曲外史集』 『元品録』
10	陸徳源	1282-1340	[癸己上]
11	張舜咨		[癸己上]
12	熊夢祥		『松雲道人集』[3 庚] (『釈楽書』)
13	趙奕		
14	倪瓚	1301-74	『雲林詩集』 『清閟閣全集』
15	潘純	1292-	『子素集』[3 庚]
16	鄭東		『鄭氏聯璧集』[3 庚]
17	李元珪		『廷璧集』[3 庚]
18	張渥		『貞期生稿』[3 庚]
19	李瓚		『弋陽山樵稿』[3 庚]
20	唐棣		[癸己上] (『休寧稿』『味外味稿』)
21	丁復		『檜亭集』
22	項炯	1278-1338	『可立集』[3 戊]
23	高明	-1359	『柔克斎詩輯』
24	趙渙		[癸己上]
25	宋沂		『春詠亭稿』[3 庚]
26	郭翼	1305-64	『雪履斎筆記』 『林外野言』
27	呂誠		『来鶴亭集』 『既白軒稿』[3 辛] 『竹洲帰田録』[3 辛] 『敬夫集』[3 辛]
28	姚文奐		『野航亭稿』[2 庚]
29	郯韶		『雲台集』[2 辛]
30	陸友		『杞菊軒稿』[3 庚] 『硯北雑志』 『墨史』(『硯史』『印史』)
31	王蒙	-1385	
32	昂吉		『啓文集』[3 庚]
33	王禕	1322-73	『王忠文公集』 『大事紀続編』
34	鄭守仁		『蒙泉集』[3 壬]
35	衛仁近		『敬聚斎稿』[3 庚]
36	于立		『会稽外史集』[3 壬]
37	彭罙		『仲愈集』[3 庚]
38	涂穎		
39	馬麐		『公振集』[3 辛]
40	盧昭		
41	瞿智 (瞿栄智)		『睿夫集』[3 辛]
42	張遜		『渓雲集』[3 庚]
43	李簡		
44	袁泰		[1 甲]
45	唐元		『筠軒集』
46	文質		『学古集』[3 庚]
47	張簡		『雲丘道人集』[3 辛]
48	黄文徳		[癸庚下]
49	周砥		『履道集』[3 庚] 『荊南唱和集』[3 庚]
50	胡助		『純白斎類稿』
51	卞思義		『宜之集』[3 庚]
52	屠性		『彦徳集』[3 庚]
53	陳秀民		『寄情稿』[3 庚] 『東坡文談録』 『東坡詩話』
54	王鑑	1294-1366	『明郷集』[3 庚]
55	王冕	1287-1359	『竹斎詩集』
56	余日強	1303-54	[癸庚下] (『尚書補注』『淵黙叟集』)
57	李廷臣		[癸己上]
58	宗本先	1308-81	[癸己上]
59	陸仁		『乾乾居士集』[3 辛]
60	袁華	1316-	『耕学斎詩集』 『可伝集』
61	秦約	1316-	
62	釈餘沢	1277-	[癸壬上] (『長春集』)
63	釈希顔		[癸己上]
64	釈宝月		[癸己上]
65	釈祖栢		『不繋舟集』[3 壬]

No.	名前	年代	著作	No.	名前	年代	著作
66	釈良琦			69	釈来復	1319-91	『蒲庵集』『澹游集』
67	釈文信		『雪山集』［補遺壬］				
68	釈子賢		『一愚集』［3 壬］	70	釈自恢		『復元集』［補遺壬］

＊　顧徳輝自身は『草堂雅集』に採用されていないが，編者として挙げておく．

＊　名前に下線を引いたのは，楊維楨編『西湖竹枝集』にも見えるもの．

＊　生没年に関しては，各著作や正史・墓誌銘の他，『元人伝記資料索引』『中国文学家大辞典』『中国文学大辞典』等を参照した．

＊　著作に関しては，同内容のものが複数の書名で呼ばれることがあり，また同じ書名で巻数の相違や内容の出入りがある場合も多いが，代表的な書名を一つ挙げるにとどめる．ただしすべての著作を比較検討したわけではないので，内容的に重複するものが含まれる可能性があることを了解されたい．

＊　著作に［〜］を附すものは，『元詩選』の抄出でのみ伝わるもの．たとえば「『寅夫集』［3 庚］」は，『寅夫集』の抄出が『元詩選』三集庚集に収録されていることを示す．

＊　（　）は現存未確認のもの．

（釈文信）〔10―67〕の他、当代を代表する文化人が顔を並べている。数例を挙げれば、張翥〔10―8〕は宋遼金史、陳基〔10―2〕は元史の編纂に関わった学者。黄溍〔10―3〕は儒林四傑、倪瓚〔10―14〕・王蒙〔10―31〕は元代四大画家に数えられる。高明〔10―23〕は元曲の代表作『琵琶記』の作者である。また彼らの多くは詩文集その他の著作が現存し、文人としての地位を示している。

そしてそれとともに興味深いのは、彼らの周辺に日本僧の影が散見することである。この時期の渡海僧を列挙した木宮泰彦・玉村竹二氏の研究でも指摘されていない事例が少なくなく〔木宮 一九五五年：四四五―六四・六〇一―一四頁・玉村 一九八一年：一五一―七一頁（初出 一九五三年）〕、逐一紹介することも無駄ではなかろう。陳高華［一九八三年］などの成果も参照しつつ、以下に列挙する。

実は玉山草堂と日本僧の関係は、すでに簡単に指摘されている。それは一愚子賢〔10―68〕と日本僧頂雲霊峰の関係に注目した海老根聰郎氏によってである〔海老根 一九八一年：二六三―六四頁〕。両者の関係を示すものとして挙げられたのが、一愚の「華頂雲遊㆓江西㆒」という詩である。私も「峯頂雲遊㆓江西㆒」の誤として、海老根説に従い一愚が頂雲霊峰に送った詩と考えたい[25]。またすでに触れたが、道元は一三四八年頃におそらく頂雲の請で雪窓普明の蘭図に著賛している〔9―12〕。海老根氏は頂雲との関係が道元来日の背景であった可能性を指摘している〔海老根　一九八一年：二六三頁〕。

さらに頂雲と関係のあった文人がいる。これまでもたびたび登場した楊維楨である。楊維楨は頂雲□峰の日本帰国を見送っているが、頂雲霊峰に間違いあるまい。楊維楨は顧徳輝と親しい関係にあり、玉山での詩会のメンバーでもある〔青木正児　一九七〇年：三八三—八七頁〕。『西湖竹枝集』には彼と唱和した一二〇人の文人の作品が収録されるが、陸仁・道元をはじめ、『草堂雅集』にも採られている者は二三人に及び（表10名前欄に下線を引いた人物）、交友範囲には共通するところも多かったらしい。

楊維楨が日本僧に与えた詩は他にも何首か知られる。名前の分かる日本僧としては、奯侍者がいる。陳高華氏に拠れば大徹大奯という僧で、日本では明極楚俊のもとにあったらしい。関係史料として王逢・成廷珪・行中至仁の詩も紹介されている〔陳　一九八三年：一三七—三九頁〕が、管見の限りで他にも楚石梵琦・千巌元長・仲銘克新との道交が確認される。

大徹に詩を贈った王逢は、陸仁・道元共通の知合いで〔8—110・9—15・16〕、顧徳輝の友人でもある。彼の詩文集『梧渓集』には得中□進・月千□江という日本僧も見える。陸仁・顧徳輝両者と交友のあった人物に関しては、謝応芳〔8—120・121〕の『亀巣稿』巻十、送僧帰日本、張雨〔8—34・104・10—9〕の『元人十種詩』所収『句曲外史集』巻中、送日本僧などの詩も、日本僧との交流を物語る。ただし張雨の詩は王冕『竹斎詩集』送頤上人帰日本とまったく同文で、どちらかが誤入の可能性がある。なお張雨は高麗僧無外□式とも交流があった〔張東翼　一九九七年：二一六—二二四頁〕。

張雨について簡単に触れておきたい。彼は杭州の人で、又の名を天雨・沢之・嗣真、字を伯雨といい、貞居子、あるいは句曲外史と号し、西湖福真観・茅山崇寿観・元符宮などに歴住した高名な道士だった。顧徳輝と交流のあった道士は張雨以外にも確認され〔10—12・34・36・47〕、特殊な事例ではない。日本僧と道士の交流については、海粟道人憑子振の事例は知られているし、[36] 明初に入明した如心中恕も道士と接触している。[37] 道士と日本人の関係は従来注目されていないが、今後考慮すべき問題であろう。

室町期の医者として著名な竹田家の祖昌慶の事跡を記したものに、一五九八年著賛の『竹田雄誉光英法印寿像賛幷序』がある。これに拠れば昌慶は一三六九年に入明し、金翁道士から医術を学び、一三七八年に帰国したという。昌慶入明を伝える戦国期の史料は金翁の名を記さないが、[38] 明の道士から医学を学んだという説話は、事実かどうかはともかくとして、仙薬の調合に見る道士の医学知識から考えても興味深く、医学の学習が道士を通じて行なわれることのあったことを反映しているのかもしれない。

鄭元祐〔10—5〕は陸仁とも面識のある人物である〔8—45〕。その詩文集『僑呉集』には、日本僧に関する詩が四首収録される。[39] 巻五に収める「送三銛仲剛遊二金陵一」なる詩には「銛衲来レ従二日本東一、説法親曾授二老龍一」とあり、金陵＝集慶へ向かわんとする仲剛□銛なる日本僧に贈った詩であることが分かる。仲剛は丁復〔10—21〕・虞集・鄭東〔8—111・10—16〕や仏僧の元璞良琦〔8—45・49・53・61・78・90・109・10—66〕・季潭宗泐・無住善住から詩を贈られており、鑑定家として著名な柯九思との交流もあった〔陳高華 一九八三年：一三三—一三六頁〕。杭州・平江虎丘山・集慶龍翔寺などを巡り、大都へ向かったらしい〔本書第二部第一章三—1〕。このうち鄭東・元璞は陸仁の知合いでもある。元璞には博多呑碧楼に寄せた詩もある。[40]

博多呑碧楼に寄せた『呑碧楼詩軸』〔『集古録』『石城遺宝』所収〕の冒頭には、見心来復〔10—69〕の「石城山呑碧楼記」が載せられており、一三七四年に日本僧無我省吾の求めにより撰したことが明記されている。見心は慶元路慈渓県定水寺・杭州路霊隠寺に歴住、後に洪武帝の召を受け応天（集慶・南京）に移るが、胡惟庸の獄に連座し、一三九一年に没した［井手誠之輔　一九八六・二〇〇〇年］。陸仁や顧徳輝とも詩を唱和している〔8―91・122〕［井手誠之輔　二〇〇〇年：二一三―一四頁］。

見心のもとには、実に多くの日本僧が参じている。個別事例に関しては佐藤秀孝氏の研究を参照されたい［佐藤　一九九七年：一九六頁］。彼に参禅した日本僧でもっとも有名なのは、法嗣の以亨得謙である。両者の関係を示す重要な史料として、以亨が開創した佐賀県万歳寺に伝来する見心来復像の賛がある。以亨が帰国に当たり、一三六五年に楊彝と見心に著賛を求めたものである。この像賛に関しては井手誠之輔氏の専論がある［井手　一九八六・二〇〇五年］。

特に楊彝について触れておくと、陶宗儀『書史会要』巻七に、字彦常、杭州人、篆隷正書ことごとく取るべしとある。実は彼の著した賛文は張翥〔10―8〕が製したもので、楊彝は書家として著賛を依頼されたものであった。楊彝の書の腕は日本禅林でも名高かったらしく、春屋妙葩は一三七二年に帰国した椿庭海寿を介して、周伯琦・楊彝の筆になる「芥室」（春屋の号）の篆字を入手している(41)。楊彝と関係を持った日本僧には、斗南永傑もいる(42)。能書家として日本・明で知られた人物だった(43)。

『書史会要』巻七に列挙される元代の書家で日本僧と関係を持った者に、虞集・掲傒斯・張翥・危素・王都中・柯九思・周伯琦・王逢・張雨・石室祖瑛・季潭宗泐・楚石梵琦・見心来復・仲銘克新・一初守仁がいる(44)。画家についても、倪瓚〔8―33・10―14〕と日本僧の接触がある(45)。また先ほど触れた画家王冕〔10―55〕も、日本僧頤上人と関係があった可能性がある。陸仁・道元も含め、元代の書家・画家と日本僧の交流はもう少し追究されてよい。

恒白大圭という僧がいる。『夢観集』の著があり、『四庫全書』に収める。『四庫全書提要』に拠れば泉州の人で、至正年間に泉州紫雲寺にいた。『夢観集』巻五、臥疾懐金粟山人に拠れば、顧徳輝（金粟山人）と面識があるらしく、崑山近くの寺に住したことがあったのだろう。『四庫全書』本には見えないが、国立公文書館蔵の崇禎版『夢観集』

巻二に「示日本機禅者」があり、恒白が日本僧機禅者に詩を送ったことが知られる。

以上、陸仁・道元や顧徳輝の交友範囲に限り、日本僧との交流の跡を列挙した。要するに彼らは、日本僧が頻繁に出入りをする環境にあった。道元の場合は日本僧と直接接触があったことは明らかであり〔9―12・13〕、陸仁に関しても、日本僧との間に間接的・直接的な交流がなかったと考えることはできないだろう。こうした環境にあった彼らは、日本に親近感を覚える機会もあったであろうし、身に危険が及んだ場合に日本僧に同行して国外に逃亡するという選択肢も可能になった。彼らの来日の前提には、入元日本僧による僧俗を越えた活発な人的交流があったのである。

おわりに

これで本章の主題である陸仁・道元来日前の環境についての考察を終えるが、最後に当該期における日本僧の交友範囲に関しても付け加えておきたい。宋元期の日本僧の参学先として第一に挙げられるべきは、当然参禅先の高僧であり、入宋・入元僧に関する研究も、参学関係・嗣法関係を軸に行なわれることが多い。しかし視点を変えて文学上の交友関係から見てみると、日本僧は禅僧だけでなく在俗文人や道士との交流も少なくなかったことが分かるであろう。元末江南の文壇は様々な人間を包摂しており、禅林も俗世間から隔離された異世界だったわけではない。日本僧が禅林外部の文人に接触する機会もあったのである(46)。たとえば以亨が楊彝に見心来復像賛の著賛を依頼した背景には、見心と両者の親しい関係がある〔井手誠之輔 二〇〇五年：二五―二八頁〕。参禅先の高僧を介した文人との交友というパターンが読み取られる。

入元僧はこうした関係を通じ、医学や書画など、仏教・文学に限らない多様な知識や技術を習得し、日本へ伝えた。

彼らの留学中の交友を禅林内外について広く考察することで、中世日本と中国の間の文化交流の多様な姿が浮かび上がってくるに違いない。

註

（1）以上、顧徳輝『玉山逸稿』附録。呉興に避難したことについては、8―55・61も参照。

（2）以下に全文を掲げる。

字良貴、崑山人。好㆓古文㆒。詩不㆑苟㆑作。為人沈静簡默。与㆑予（顧徳輝）有㆓葭莩之好㆒。故舟楫時過㆓草堂㆒、相与談詩清話、終日忘㆑帰。当時館閣諸公、皆重㆑之、称為㆓陸河南㆒云。

（3）貝瓊『清江貝先生文集』巻二、鉄崖先生伝・宋濂『宋学士文集』巻一六、鑾坡後集巻六、元故奉訓大夫江西等処儒学提挙楊君墓誌銘有序。

（4）以下に全文を掲げる。

陸仁、字良貴、河南人。明㆑経、好㆓古文㆒。其詩学有㆓祖法㆒、清俊奇偉。如㆘仏郎国進㆓天馬㆒頌・水仙廟迎㆓送神㆒辞・渡㆓黄河㆒望㆗神京㆖諸篇、縉紳先生、莫㆑不㆑称㆓道之㆒。其翰墨法、欧楷章草、皆灑然可㆑観。

（5）文徴明（一四七〇―一五五九年）の「渓山秋霽図跋」〔8―124〕に拠れば、陳汝言は元末に平江に流寓しいまだ仕官せざる頃、「渓山秋霽図」を描き、二三人の知名の士がこれに題したという。文徴明は跋文にその名を記しているが、陸仁については「字友仁、崑山人」とする。他の説と異なるが、一四世紀前半の平江で活躍した陸友（字友仁）〔10―30〕と混同したものと考える。

（6）『嘉靖太倉州志』巻七も「仁本太倉人。其自称㆓河南㆒、乃陸姓郡名」と、同様の説を採る。太倉は元代の崑山州治。ただし明代には、太倉に衛が置かれて崑山県と別置され、一四九七年に太倉衛が州に昇格し崑山県も管するので、太倉と崑山の上下関係は逆転する。

（7）『萩園雑記』巻一三に、「而崑山在レ列者一十一人。其間最有レ名、時称二郭（郭翼）・陸（陸仁）・秦（秦約）・袁（袁華）一」とある。

（8）マリニョリの報告文第一部「創造について」に、これに対応する記事がある［家入敏光訳 一九七九年：一五六頁］。佐伯好郎［一九四三年：三〇五頁］も参照。

（9）①周伯琦『近光集』巻二、天馬行応制作有序。②掲傒斯『掲文安公全集』巻一四、天馬賛。③欧陽玄『圭斎文集』巻一、天馬賦・頌。⑤呉師道『呉礼部文集』巻一一、天馬賛并序。⑥許有壬『至正集』巻一〇、応制天馬歌。⑦郭翼『林外野言』巻下、天馬二首。⑧『元史』巻四〇、順帝本紀四、至正二年七月是月条。

（10）枚挙に暇がないため、陸仁と関係の深い人物に限定すれば、楊維楨・郭翼・秦約・陳基・王逢など。典拠は註(9)既掲のもの以外に、①楊維楨『鉄崖逸編』巻三、仏郎国新貢天馬歌。②『草堂雅集』巻一三、秦約、天馬歌。③陳基『夷白斎藁』外集、跋張彦輔画払郎馬図。④王逢『梧渓集』巻三、敬題汪氏天馬図。

（11）史料的制約もあり、前章で挙げた元末渡来人はほとんどが京都に来た渡来人の事例であったが、特に一時的な避難目的の来日の場合、博多などに寄留する者も多かったであろう。たとえば、用文侑芸はかつて京都から九州に帰る時、義堂周信から詩を贈られたが、一三六九年に一五年ぶりに義堂と再会し、「以二此詩及所レ記五六首一挙二似唐人一、唐人皆云、『疑二是大唐人作一也』」と述べており［『日工集』応安二年七月一四日条］、この詩を何人かの元人に見せたらしい。一三五〇―六〇年代における元人の九州滞在を物語るものかもしれない。ただし用文が入元して元人に見せた可能性もある。

（12）『乾乾居士集』は「耽羅」を「暹羅（シャム）」に、『鉄網珊瑚』は「真臘」（カンボディア）を「真蝋」に作るが、文意によって改めた。

（13）泉州両義士伝。王彝『王常宗集』続補遺・『鉄網珊瑚』書品目録巻十に収める。

（14）『鉄網珊瑚』書品目録巻十、泉南両義士歌。

（15）王彝・高啓の詩文が陳高華氏によって紹介されている［陳 一九九一年：四一九―三一頁（初出 一九八五年）］が、関係史料は陸仁の詩［8―92・97・101］を含め、様々な詩文集に散見する。個別の紹介は省くが、『鉄網珊瑚』書品目録巻九・

十にまとめて収録されている。

(16) 註(13)前掲、泉州両義士伝。

(17) ただし美術史家海老根聡朗氏の研究は在元時代の道元について簡単に触れている［海老根 一九八一年：二六二頁］。

(18) 『元詩選』補遺は一九八五年に北京首都図書館で発見されたもので、同書編纂に当たり資料として利用されたと考えられる上海図書館蔵『元詩選』癸集稿本・未刻稿本（いずれも未翻刻）と対校の上で、二〇〇二年一〇月、中華書局から出版された。旧稿［榎本渉 二〇〇三年a］脱稿時には、出版直後の『元詩選』補遺の存在に気が付かなかったが、本章ではこれにより、道元文信について多くの情報を追加することができた。

(19) 原文は以下の通り。

字道元、永嘉人。幼警悟、不レ喜二塵俗一、遂出家、従二浮図氏一。既悟二禅旨一、兼通二儒老一、善属二文詩一。尤清峭、不レ為二世俗声一、住二石湖宝華禅寺一。毎二与談詩一、令三人洒二去塵想一。

(20) 以下に全文を掲げる。

釈文信、字道元、永嘉人。性孤高、為二浮屠氏一。然持二其法一、而不二為レ法縛一、故介而能散。所レ交皆海内名公文人。字画追二呉興一、而別成二一家一。叢林之俊秀也。

(21) 八〇歳を越えて来日し帰国したことは考え難い。日本から帰国した後のことであろう。以下に後序を全文引用する。

道元少与二茅山道士張伯雨・前進士会稽楊廉夫一斉レ名。嘗有二西湖竹枝詞一云、「湖西日凄欲レ没レ山、湖東新月牙梳レ鬟、南北両峯船裏看、卻比二阿儂双髻鬟一」。至レ今為二絶唱一。或者病二其浮薄一。廉夫謂曰、「金沙灘頭、菩薩亦随レ世作レ戯」。或者釈レ焉。誠・演二公、与二道元一同レ字、皆博学負二重名一。而道元戻契度世、僅住二小山林一而已。今年八十餘、託二友生銭岐一、以レ詩見寄、且嘱曰、「幸レ致二敬席帽翁一」。予不レ久天柱家山去也」。於乎台雁山天柱、豈特道元林龕在耶。

(読み下し)

道元少《わか》くして茅山道士張伯雨（張雨）・前進士会稽楊廉夫（楊維楨）と名を斉しくす。嘗て西湖竹枝詞有りて云く、「湖西の日凄山に没さんと欲し、湖東の新月牙にして鬟を梳《くしけず》る、南北両峯船裏に看る、卻って阿儂の双髻鬟に比せん」と。

今に至るまで絶唱と為す。或る者其の浮薄を病む。廉夫謂いて曰く、「金沙の灘頭、菩薩も亦た世に随い戯を作す」と。或る者焉に釈《したが》う。誠・演二公、道元と字を同じくし、皆な博学にして重名を負う。而るに道元戻契度世し、僅に小山林に住するのみ。今年八十餘にして、友生銭岐に託し、詩を以って見に寄せ、且つ嘱して曰く、「席帽翁（王逢）に致敬せんことを幸《ねが》う。予久しからずして天柱の家山（故郷）に去くなり」。於乎《ああ》台雁山（天台山・雁蕩山）の天柱、豈に特《ただ》に道元の林龕（山林の寺塔）在るのみならんや。

(22)『明史』巻二八五、王逢伝。

(23)『明史』巻二八五、張簡伝。

(24)もっとも崑山の陸仁が玉山草堂の詩会の常連で顧徳輝と親戚の関係にあったのに対し、道元は温州出身で、崑山にいたことも確認されず、顧徳輝との関係について親疎の違いはあった。

(25)『草堂雅集』巻一四、釈子賢。「幾点青々峰頂雲、乾坤万古結〔絪縕〕、扶桑旧挟蒼龍馭、華岳還依白鹿群」とあるが、「峰頂雲」というフレーズを読み込んでおり、内容も日本僧に与えたものと見て不自然ではない。

(26)陶氏涉園本『草堂雅集』巻後二、送峰頂雲帰日本［陳 一九八三年：一四一頁］。筆者が見た『四庫全書』本にはない。

(27)具体例として8―45・59・73。楊維楨の詩集にも顧徳輝の名はしばしば見え［楊維楨『鉄崖逸編』巻七など］、顧徳輝『玉山逸稿』付収の顧徳輝墓誌銘も友人の名公として、張翥・李孝光・張雨と並んで楊維楨を挙げる。

(28)①楊維楨『鉄崖逸編』巻七、送僧帰日本。②陶氏涉園本楊維楨『鉄崖詩集』巻辛、送僧帰日本。③巻癸、送倭僧還。③は後に成廷珪の詩も附録するが、これは成廷珪『居竹軒詩集』巻二、送秀岩上人帰日本と同じものであり、楊維楨が送った「倭僧」が秀岩という名であることが分かる［陳 一九八三年：一四一頁］。夢巌祖応『旱霖集』秀巌首座住芸之長保江湖疏に見える入元僧秀巌九潁か。
なお陶氏涉園本『鉄崖詩集』は見るを得ない。以下これに言及する時は陳［一九八三年］に拠る。

(29)陶氏涉園本楊維楨『鉄崖詩集』巻癸、送日本僧龕侍者・『元詩体要』巻五、楊維楨、送日本僧大歳（龕カ）帰国歌。

(30)①『楚石梵琦禅師語録』巻一七、大徹贈中竺龕蔵主。②千巌元長『千巌和尚語録』偈頌、大徹。③国立公文書館蔵仲銘克

新『雪廬稾』送歳（奯カ）上人帰日東。大徹と行中・仲銘の関係については、本書第三部第三章二も参照。

（31）王逢『梧渓集』巻四下、題日本奯大徹上人眇海軒。

（32）①王逢『梧渓集』巻六、懐昆山顧瑛玉山嘗棄官与家隠同里僧寺。②巻七、題昆山顧氏耕読所。

（33）①巻四上、送日本僧進得中遊廬山。②巻四下、日本進上人、将還郷国、為録予所註杜詩本義、留旬日、送以八句、藤其国中著姓。③寄題日本国飛梅有序。④巻五、日本月千江長老、携其国僧裔竺峰級禹門、徴詩二首。

（34）陶氏渉園本『草堂雅集』巻七にもあるという〔陳高華　一九八三年：一四二頁〕が、『四庫全書』本にはない。また『四部叢刊』本『句曲外史貞居先生詩集』にも見えない。

（35）墓誌銘・伝については、『元人十種詩』所収『句曲外史集』付録。なお同時代に同名の詩人が平江におり、呉中四傑の一人として著名であるが、これは字を来儀といい、別人である。

（36）『禅林墨蹟』上七三～七五は、馮子振が日本僧月林道皎・無隠元晦に与えたものである。

（37）①如心中恕『碧雲稿』送劉道士帰天台。②道士携酒見訪。

（38）①月舟寿桂『幻雲文集』竹田月海光照法印肖像。②薬師寺円俊高定和尚寿像。

（39）その内三つを列挙する。①巻二、送聡首座遊昇聞極日本人。②巻二、題日本僧。③巻二、題夷僧写蘭巻には「老禅昔従㆓日本㆒来」とあり、「夷僧」が日本人であることが分かる。

（40）①『集古録』呑碧楼詩軸。②無我省吾『無我集』下、寄題呑碧楼。③『石城遺宝』寄題呑碧楼。

（41）春屋妙葩『智覚普明国師語録』巻八、智覚普明国師行業実録。

（42）『滄海遺珠』巻三、楊宗彝、謝斗南禅師恵竹杖。

（43）①『日本名僧伝』。②陶宗儀『書史会要』補遺。

（44）日本僧との関係について本章で未指摘の人物について、事例を一つずつ挙げておく。
①掲傒斯＝無学祖元『仏光国師語録』巻九、仏光禅師塔銘。
②危素＝竺仙梵僊『竺仙和尚語録』巻中、竺仙和尚塔銘。

③王都中＝約翁徳倹『仏灯禅師語録』付収、仏灯国師塔銘。
④石室祖瑛＝『禅林墨蹟』上六四、守屋美孝蔵石室祖瑛作無夢歌。
⑤一初守仁＝『集古録』呑碧楼詩軸・『石城遺宝』寄題呑碧楼。なお『石城遺宝』遺宝集中諸師略伝に拠れば、一初は夢窓疎石塔銘に篆額したという。この夢窓塔銘とは、宋濂『宋学士文集』巻三二、翰苑別集巻三・『夢窓国師語録』巻下之二・『日工集』巻末などに収める、夢窓疎石碑銘のことである。太洋社刊『空華日用工夫略集』（辻善之助主編）の凡例・補校に拠ると、静嘉堂文庫本、及び底本不明の『続史籍集覧』本の『日工集』に収める碑銘には、末尾に他本には見られない以下の箇所が加わっており、一初守仁篆額の事実を確かめることができる。

洪武十六年蒼龍癸亥春二月朔日乙亥、僧録司右善世天界善世禅寺前住持天台沙門釈宗泐書丹
僧録司右講経普福天台教寺前住持富春沙門守仁篆額

(45)『元人十種詩』所収、倪瓚『雲林集外詩』題日本僧画。

(46)一五世紀に日本僧の交友の対象に在俗の文人が現れることは指摘されている。海老根聡郎氏はその事情として、「中国禅林の衰退という一般的条件、ある程度の集団行動と、身分の拘束を余儀なくされる使節の一員という外的条件、そして、禅僧そのものの教養、意識の変質という内的条件」を挙げる［海老根 一九七五年：二二六頁］。重要な指摘であるが、日本僧と文人の交流自体は一四世紀にも認めることができ、すでに参禅という目的は相対化されつつあったと考えられる。なお禅僧の士大夫的性格という指摘［西尾賢隆 一九九九年 第八章：一九五―二〇一頁（初出 一九九二年）］も、入元僧と士大夫階級の接触という事態から考えると分かりやすい。

第三章 『鄂隠和尚行録』を読む

はじめに

鄂隠慧奯という禅僧がいる。一三五七年生、一四二五年六九才にして示寂。弱歳より絶海中津に従い、入明帰国の後その法を嗣ぎ、足利義持の帰依を受けて等持寺・相国寺・天龍寺等を歴住、一四一四年から鹿苑院塔主として僧録も務めた。地方においても周防瑞雲寺開山・阿波宝冠寺住持となり、さらに一四一七年に義持と不和になると、土佐に移り吸江庵に住し、八年後ここに示寂した〔玉村竹二 一九八三年：六〇—六一頁〕。著に『南游稿』がある。活字に『五山文学全集』第三巻所収本があり、相国寺蔵の写本を底本にしている〔玉村竹二 一九七六年：五六七—六八頁（初出一九七三年）〕。鄂隠法嗣の古邦慧淳の筆と伝えるが、確証はない。巻末に『仏恵正続国師鄂隠和尚行録』（以下『行録』と略称）と題する撰者不明の行状を収めるが、これについて気付いたことがあり、簡単に触れてみたい。

一 被虜明人蔡秉常

第一は、蔡秉常という明人の記事である。

明永楽中、蔡秉常者来朝、投レ師為レ僧、後以二母老一帰国。師賦レ詩送レ之、題曰二万里一帰人一。秉常既帰、以二師詩一示二友人一、終流布上梓、又伝二於皇朝一云。

蔡秉常は永楽年間（一四〇三―二四年）に来朝、鄂隠の下で出家したが、老いた母を省観するために帰国することになり、鄂隠はこれに「万里一帰人」という詩を送ったという。

　これに対応する明側の史料がある。丘濬（一四一八―九五年）の「跋二万里一帰人巻一」で、言うまでもなく鄂隠の「万里一帰人」に付けた跋文である。丘濬の文集『瓊臺類稿』巻四七に所収。『瓊臺類稿』は全四九巻、林家旧蔵[1]、現国立公文書館蔵本で、弘治二年・五年（一四八九・九二）の序を持つ明版であり、現在中国で通行している『瓊臺会稿』・『重編瓊臺会稿』の祖本に当たる貴重な本である。[2]『鄰交徴書』初篇之一などにも引用されているが、文字の異同もある。ここでは『類稿』を底本に全文を引用しよう。

右、五言律詩一首・七言絶句二十一首、乃日本国僧、作以送二瓊之戍士蔡庸秉常一者也。詩以二唐体一、字以二晋書一、書以二繭紙一、巻以二万里一帰人一為レ名。蓋摘二其詩中之句一、而是句則又剽下唐王右丞送二人下第一之詩之句上也。嗚呼観二於是巻一、可三以見二孝之一念無レ間二華夷一矣。蘇子曰、「天下豈有二無レ父之人一」。信二斯言一也。秉常於二永楽中一、随二由海将軍一、備二倭海上一、遇二賊于万全一、我軍敗績、遂為レ所レ俘。同時被レ執者、皆死二刃下一、独秉常以二母老辞一得レ脱、間二関海東諸夷一達二日本一、投二其国僧恵歳一（「龕」カ）[3]為レ師、祝髪為二浮奢一（「屠」カ）[4]。乗レ間言二及母在一、彼僧惻然憐レ之、白二其主一縦レ之得レ帰。乃率二其徒一、賦レ詩以送レ之如レ此云。予於レ是不三独見二秉常之克孝一、而因以知、夫孝之在二於人心一、放二諸四海一而準也。夫倭虜至為二不道一、日本東夷之人也、一聞二秉常母老之言一、即惕然興二夫惻隠之心一、使二秉常之母子復得一相見一。孰謂、孝親之心以二華夷一而間哉。後秉常果如二其志一、養二継母朱氏一、以終二天年一。今秉常亦已七袠矣。嘗以二是巻一見示、予毎二展誦一、未三嘗不二三復嘆息一。故書二此於其巻末一、使二博雅君子

有レ取レ焉。未ニ必不レ足三以備ニ太平御覧之一一也。

（読み下し）

右、五言律詩一首・七言絶句二十一首は、乃ち日本国僧、作りて以って瓊（海南島）の戎士蔡庸秉常に送る者なり。詩は唐体を以ってし、字は晋書を以ってし、書は繭紙を以ってし、巻は万里一帰人を以って名と為す。蓋し其の詩中の句を摘《と》るに、是の句は則ち又た唐王右丞（王維）の人の下第を送るの詩の句を剽するなり。嗚呼《ああ》是の巻に観る、以って孝の一念華夷を間《へだ》つる無きを見るべきを。蘇子曰く、「天下豈に父無きの人有らんや」と。斯の言を信ずるなり。秉常永楽中に於いて、由海将軍に随い、倭に海上に備え、賊に万全に遇い、我が軍敗績し、遂に俘する所と為る。同時に執らるる者、皆な刃下に死し、独だ秉常のみ母老いたるの辞を以って脱するを得たり、海東の諸夷を間関し（あちこち移り）日本に達し、其の国の僧恵龕に投じて師と為し、祝髪して浮屠と為る。間に乗じて母の在るに言及すれば、彼の僧惻然として之を憐み、其の主に白して之を縦《はな》たしめ、帰るを得しむ。乃ち其の徒を率い、詩を賦して以って之を送ること此の如しと云う。予是に於いて独だに秉常の克孝を見るのみにあらず、而うして因って以って知る、夫れ孝の人心に在るや、諸《これ》を四海に放ちて準《ひと》しきなりと。夫れ倭虜至りて不道為るも、日本東夷の人なるや、一たび秉常の母老いたるの言を聞き、即ち惕然として夫の惻隠の心を興し、秉常の母子をして復た相見ゆるを得しむ。孰か謂わんや、孝親の心華夷を以って間つと。後秉常果して其の志の如く、継母朱氏を養い、以って天年を終えしむ。今秉常も亦た已に七袠（七〇歳）なり。嘗て是の巻を以って見に示せば、予展誦する毎に、未だ嘗て三復嘆息せざるにあらず。故に此を其の巻末に書き、博雅の君子をして焉に取る有らしむ。未だ必ずしも以って太平御覧の一に備うるに足らざるにあらざるなり。

これによると、蔡秉常は諱を庸といい、海南島出身であった。丘濬も同郷であり、その関係で「万里一帰人」を見るところとなったと思われる。

蔡秉常は軍戸に編入されていたものであろう。永楽年間、将軍に随い海上に警備を行なっていたところ、万全で倭の襲撃を受け捉えられたという。万全とはどこか。一つの候補として、北直隷（現在の河北省）の万全都指揮使司が考えられる。しかし万全自体も、また万全都司管轄の衛・所もすべて内陸に位置するから、(5)ここではありえない。

もう一つの候補は、ほかならぬ蔡秉常の出身地の海南島＝瓊州府である。瓊州府には海南衛が置かれたが、その管下の千戸所の一つが万州にある。(6)万州は元代以前には万安と言ったが、唐代七五七―五八年に、一時的に万全と改称されたことがある。(7)おそらく蔡秉常赴任地の万全とは、万州を雅称で呼んだものではないか。(8)万州は洪武年間の一三八二年・一三九二年に倭寇に襲われており、(9)明初倭寇の襲撃対象となることは不自然でない。永楽年間に万州を襲った倭寇は特定できないが、同じ海南島の昌化千戸所は一四一一年・一四二一年に倭寇に襲われており、(10)この時に万州も被害に遭ったのかもしれない。また一四一三年に万州に海賊が襲撃しており、これが倭寇であった可能性もある。(11)

『行録』では「蔡秉常者来朝」とごく簡単に記しているが、丘濬の跋文を見れば明らかなように、彼は倭寇にさらわれた軍人であった。そして鄂隠の下で出家し、鄂隠の「主」（足利義満か義持？）への働きかけにより、明への送還が実現する。鄂隠のもとにいた被虜明人としては、倭寇にさらわれ平戸・対馬を経て博多で仁人から贖救された張徳廉の例も知られる〔玉村竹二 一九七六年：三九九―四〇七頁（初出 一九五六年）〕。彼は明使に随って帰国したが、おそらく蔡秉常も同様に、遣明使か明使の船で帰国したのであろう。(12)日本からの被虜人送還は、明・朝鮮の官撰史料に頻繁に見えるところである〔関周一 二〇〇二年ａ 第一章（初出 一九九一年）・鄭樑生 一九八五年：二四八―五七頁〕が、丘濬の跋文はそうした人々を別の視点から見た史料として貴重である。

この丘濬の跋文と『行録』は、一見して密接な関係を持つことが明らかである。さらにいえば、『行録』の記事は丘濬の跋文をもとにしたものであろう。『南游稿』本文も含め、日本側には鄂隠の「万里一帰人」と題す詩の本文も、蔡秉常に触れる史料も残っていない。『行録』の「師の詩を以って友人に示し、終に流布上梓す」という一節も、丘濬が蔡秉常から鄂隠の詩を見せてもらい跋文を撰し、それが文集に収録され刊行されたという事実を踏まえていると考えざるを得ない。「又た皇朝に伝う」というのは、日本にも刊行された詩文集が伝わったということであろうが、むしろ事実としては、日本に輸入された丘濬の詩文集を見た編者が、これを要約して『行録』に収めたのではないか。

とすれば、『行録』の編者は蔡秉常の波乱万丈の経歴を知りながら、意識的に「来朝」の二文字のみでその記述を済ませたということになる。不要ということで省いたのであろうが、僧侶の高徳を称えることを目的とした行状という史料的性格による限界といえよう。

なお『瓊臺類稿』の刊行が一五世紀末であることから、『行録』の成立は一六世紀以降と見るべきである。冒頭に述べたように、『行録』を収める『南游稿』は鄂隠法嗣の古邦慧淳の筆と伝えるが、少なくとも『行録』に関しては、一五世紀中頃に活躍した古邦が撰したとは考えられない。

二　鄂隠慧奯の入明期間

第二点として、鄂隠入明に関わる記事に触れてみたい。

至徳末、遊二明国一、歴ヿ参諸山名宿一、久之催二帰楫一。承天仲銘新和尚送レ偈曰、「蕃航転舵浙江浜、帰ヿ到扶桑一二月春、海若朝迎霞似レ綺、天呉夜舞浪如レ銀、心伝二列祖一源流遠、身被二中朝一雨露新、郷国君臣応二共喜一、郭門幢蓋擁二朱輪一」。又崇報行中仁和尚送レ偈曰、「十年問レ法天王地、万里郷山碧海東、雪室有レ禅伝二鼻祖一、蒲帆無レ恙転二秋風一」。由二此偈一観レ之、師在二明国一、蓋経二十寒暑一、可レ知也。行跡語句、惜乎不レ伝。

（読み下し）

至徳（一三八四―八七年）末、明国に遊び、諸山の名宿に歴参し、久之《ひさし》くして帰楫を催す。承天（蘇州府承天寺）の仲銘新（克新）和尚偈を送りて曰く、

　蓄航転舵す浙江の浜　　扶桑に帰到す二月の春

海若（海神の名）朝迎し霞綺に似たり　　天呉（海神の名）夜舞し浪銀の如し

心は列祖を伝え源流遠く　　身は中朝を被り雨露新たなり

郷国の君臣応に共に喜ぶべし　　郭門の幢蓋朱輪を擁かん

又た崇報（紹興府崇報寺）の行中仁（至仁）和尚偈を送りて曰く、

　十年法を問う天王の地　　万里の郷山は碧海の東

　雪室に禅有りて鼻祖を伝え　　蒲帆恙無く秋風を転《うつ》す

此の偈に由り之を観るに、師（鄂隠）明国に在りて、蓋し十寒暑を経たること、知るべきなり。行跡の語句、惜きかな伝わらず。

鄂隠が至徳末年に入明したこと、帰国に当たり仲銘克新と行中至仁から送別偈を受けたことが記されている。『行録』の撰者は鄂隠の在明を一〇年と推定しているが、その根拠は行中送別偈の「十年問レ法天王地」という一節である。逆に言えば、五山側の史料では在明期間は不明であった。それどころか「行跡語句、惜乎不レ伝」とあるように、五山には鄂隠在明中に記したものすら残っていなかったらしい。

ところで行中には『澹居稾』なる詩集が存在する。元版の覆刻として建仁寺両足院・天理大学に五山版が、国立公

文書館・東京文化財研究所に寛文版が伝わり、[13] 北京図書館にも写本が現存、抄出は『元詩選』初集壬集にも収められている。これを見ると、『行録』では以下の後半部の四句が省略されていることが判明する（下段、読み下し）。

潮連㆓蓬島㆒晴雲白　　潮蓬島に連なり晴雲白く
霞擁㆓扶桑㆒暁日紅　　霞扶桑を擁き暁日紅たり
為㆑問㆓双林老尊者㆒　　双林の老尊者に問わんが為に
尺書還寄北来鴻　　尺書還寄す北来の鴻

この偈は『澹居稾』において、「送㆓奯上人還㆓日本㆒、幷簡㆓双林明極和尚㆒」と題されており、偈中の「双林老尊者」が「双林明極和尚」、すなわちかつて婺州双林寺（宝林寺）の住持を務め、一三二九年に来日、一三三六年に日本で没した明極楚俊であることが判明する。[14] 行中は奯上人の帰国に託し、かつて同門だった明極に手紙を送ったのである。[15] とすると奯上人は、少なくとも明極没の一三三六年以前に入元していなくてはならない。然るに鄂隠の入明はその五〇年後であり、また明極との間にも関係はない（明極没の二〇年後に出生）。

そもそも行中の在世期間は一三〇九―八二年であり、鄂隠入明の至徳末年以前に死んでいる。行中が送別偈を与えた奯上人は慧奯、すなわち鄂隠ではありえない。至徳末年という入明年代を疑うとしても、鄂隠の入明以前の経歴を考えれば、一〇年間在明の後に行中から送別偈を受けるのは不可能である。[16] なお早く木宮泰彦氏は奯上人と鄂隠を別人として扱っている〔木宮 一九五五年：四五二・六〇五頁（初出 一九二六―二七年）〕し、陳高華氏は楊維楨（一二九六―一三七〇年）・王逢（一三一九―八八年）・成廷珪と文交のあった日本僧大徹大奯と推定している〔陳 一九八三年：一三九頁〕。

『行録』に登場するもう一人の明僧仲銘にも『雪廬稾』なる詩集があり、元版の覆刻として国立公文書館・建仁寺両足院に五山版が、国立公文書館・駒沢大学に寛文版が現存する。そこでは『行録』所引の偈は、「送二歳（「奯」カ）上人帰二日東一」と題されている。仲銘は没年も不明で、これが鄂隠かどうか決め手は欠くが、彼は行中と同郷であり、交友も深かったことは両者の詩集から垣間見られる。(17) 仲銘と行中が見送った奯上人は、同一人物の可能性が高い。

当時伝来した墨蹟の原本を見たのか、詩集に収録されたものを見たのか判断はつかないが、『行録』編者は行中・仲銘の送別偈を見て、奯上人＝鄂隠と即断した。しかし特に行中の送別偈に関しては、鄂隠に与えたものでないことは明らか（おそらく大徹大奯に与えたもの）であり、誤って収録されたものであった。したがってこの偈を根拠にした鄂隠在明一〇年説は、根拠を欠く説として否定されなくてはならない。

『行録』が鄂隠入明の根拠として挙げた唯一の材料である行中・仲銘の偈が、鄂隠と別人に与えられたものだとすれば、鄂隠入明の事実性自体が疑われなくてはなるまい。少なくとも『行録』編纂の段階で、五山に鄂隠入明を示す史料が存在しなかったことは、すでに述べた。実際に浩瀚を誇る五山史料に、鄂隠の入明に言及するものはまったく見えない。たとえば『日本名僧伝』は五山の高僧を列挙し、渡海経験を持つ僧については多くその事実に触れるが、鄂隠については入明の事蹟に触れていない。また一般に海外留学の経験のある僧の場合、入寺疏・像賛などでそのことに言及することが多いが、鄂隠に関しては管見の限りでそのような例は見出せない。(18) もちろん史料がないから事実もないとは言い切れないものの、現状では鄂隠入明については相当懐疑的にならざるを得ない。

最後に付け加えておくと、『行録』編者は行中送別偈の奯上人が鄂隠ではないことに気付いていた可能性が高い。『行録』では行中送別偈の後半部が省略されている。これはおそらく偶然ではなく、「双林老尊者」明極楚俊に触れるこの箇所を引用することで、鄂隠に与えられた偈でないことが明らかになることを避けるための史料操作と考えるべきであろう。

三　行状編纂過程における情報の混乱

このように、行状の利用に当たっては、常に編纂の過程において典拠となった史料の節略・誤用の可能性を考える必要がある。これについて『行録』以外の事例をいくつか例示してみよう。

行中が日本僧に与えた送別偈として、『澹居稾』には奯上人に与えたものの他にもう一つ、「送㆔謙上人還㆓日本㆒、并簡㆓天龍石室和尚㆒」と題するものがある。

回㆓首扶桑㆒若箇辺　扶桑に回首すれば若箇《いずれ》の辺
春風万里上㆓帰船㆒　春風万里帰船に上る
神龍饋供雲迷㆑海　神龍饋供し雲海に迷い
仙女吹花月在㆑天　仙女吹花し月天に在り
密意西来端有㆑得　密意西来し端に得る有れば
新詩東去豈無㆑伝　新詩東去し豈に伝わる無からんや
若逢㆓石室㆒煩通問　若し石室に逢わば煩しくも通問し
歳晩南湖学㆑種㆑蓮　歳晩南湖にて蓮を種《たねま》くを学ばん

師蛮は『本朝高僧伝』巻三二で、これを無礙妙謙に与えた偈として引用している。しかしここに見える謙上人は、無礙ではあり得ない。無礙は帰国後清拙正澄に会っているから、清拙没の一三三九年以前の帰国である。[19] 一方行中が謙上人の帰国に託して手紙を送った天龍寺の石室善玖は入元経験があり、[20] 行中とも知合いだったのであろうが、石室の天龍寺住持就任は一三六一―六三年頃であり、(21) この偈は一三六一年以降のものということになる。無礙が天龍寺の石室宛ての手紙を受け取ることは不可能である。

ではこの謙上人は誰か。私見では以亨得謙と考える。彼は在元数十年にして一三六五年に帰国し、三年後に建長寺にて石室と会っている。(22) また行中は以亨の師である見心来復と交友があるし、(23) 同じく行中と道交のあった仲銘も、以亨に送別偈を送っている。(24) 行中が以亨を見送ることは、人脈の上でも不自然ではない。以上の人物比定が当たっているかどうかはしばらく措くにしても、ともかく『澹居稿』に現れる二人の日本僧に関する従来の説が誤りであることは疑いがない。

史料操作が必ずしも誤解に基づくものだけとは限らず、時に意図的に行なわれることは、すでに指摘した。これについて、著名な東福寺開山円爾の行状『聖一国師年譜』を見てみよう。円爾の遺命を受けた門弟の鉄牛円心が、円爾没の四ヶ月後、一二八一年二月に編纂したもので、現存のものは一四一七年に岐陽方秀が増訂したものであることが、その跋文から知られる。一三二四年に虎関師錬の手によりなった『元亨釈書』巻七、弁円（円爾）伝は、『年譜』と共通する内容を持つ。両者の関係については、すでに葉貫磨哉氏が論じたところであり、『年譜』増訂に当たり『釈書』弁円伝が多く参照されたことはすでに指摘されている〔葉貫 一九九三年 第三章第四節（初出 一九七九年）〕。ここでは葉貫氏が指摘していない『年譜』記事の誤りを見てみたい。文永五年（一二六八）条である。

崛河大相国源基具、問二三教大旨一。師（円爾）述二三教要略一呈レ之。菅諫議為長、時為二儒宗一。嘗曰、「唐土三教、更相陟降。本朝儒学、不レ及二釈氏一何哉」。意毎銜《ふくむ》レ之。聞二師道化一、願二其一戦一、以決二雌雄一。一日偶会二荘厳蔵院一。
師曰……

一二六八年に円爾が堀川基具や菅原為長と問答をしたという。この時堀川基具はまだ権大納言のはずであるが、最終的には太政大臣まで昇ったから、後の編纂に当たり彼を「大相国」と表現したのであろう。問題は菅原為長である。彼は一二四六年没であり、(25)一二六八年に円爾と会うことは不可能である。

ではなぜこの記事が『年譜』で一二六八年に懸けられているのか。それは『釈書』弁円伝の次の箇所に拠ったためと考えられる。

堀河源太師、詢二三教大旨一。爾（円爾）述二三教要略一呈レ之。菅諫議為長、世業偉才、為二時儒宗一。嘗曰、「三教之於二震旦一也、随時陟降。此土儒学、不レ及レ釈之遠矣、是搢紳之恥也」。常奮レ之。聞三爾之粋二於釈門一、頗志二抗衡一。大相国聴二菅之言一、欲レ見二其能為一。異日与レ爾道二話荘厳蔵院一、諫議来謁、大相国為レ地也。寒温已、大相国曰、「菅公本朝大儒、常銜二釈圧一レ儒。今両雄相遇、輸贏可レ占耳」。爾曰……

『釈書』弁円伝は『年譜』のように編年体になっていない。初めに円爾の出生、遍歴、入宋帰朝、上京と続き、公家・武家・寺家との接触が列挙され、その後円爾の住持歴等の経歴を記すという構造を採る。ここで掲げた部分は公家との接触を記した部分であり、一見すれば分かるように年代も記されていない。ところが『年譜』は基具・為長の記事を、両方続けて文永五年条に懸けている。おそらく岐陽はこの記事を採用するに当たり、『年譜』の体裁に合わせるため、なんらかの根拠で堀川基具の記事を文永五年に懸け、これに連続する年代不明の菅原為長の記事も続けて収録したのではないか。

さらに言えば、岐陽はこの時つじつまを合わせるために『釈書』の記事に操作を加えている。それは「大相国」に関する記述（傍線部）の削除である。『釈書』弁円伝の「大相国」は九条道家を指す。道家は一二五二年没であり、そのことは『年譜』建長四年条にも明記される。もしこの記事をそのまま文永五年条に収録すると、没後一六年目に道家が登場するという矛盾が生まれてしまう。これを回避するために、岐陽はこのような操作を行なったのである。編纂に当たりいかに史料に手が加えられてしまうかを如実に表わす例といえよう。

おわりに

行状は編纂史料ということで一級史料とはいえないが、特に中央の日記に現れない僧侶のことを調べる場合は、これに頼らざるを得ない場合も多い。しかし本章で見た通り、その材料となった典拠を突き止めることで、編纂に当たり切り捨てられた情報、あるいは典拠史料の誤用を明らかにすることができる。もちろんそれは地道な作業を要求し、またそれにもかかわらず成果が得られない場合が多いのであるが、それでも出来る限りの努力をすることが、行状の史料的可能性を高めることにつながっていくに違いない。

註

（1）林榴岡（「林氏伝家図書」）・述斎（「林氏蔵書」）の蔵書印が押されている。

（2）『中国叢書綜録』に拠れば、『海南叢書』所収『瓊臺会稿』一〇巻、『四庫全書』所収『重編瓊臺会稿』二四巻、及びその抜粋である『丘海二公文集合編』所収『丘文荘公集』一〇巻がある。『四庫全書提要』に拠れば、丘濬には門人がまとめた詩集として『吟稿』があり、記・序・表・奏をまとめたものとして『類稿』があった。嘉靖年間（一五二二―六六年）、この二書所載の詩文に新たに得た写本を合わせ一二巻として、『会稿』と名付けた。天啓年間（一六二一―二七年）に『類稿』の一〇分の二、『会稿』の一〇分の三と『吟稿』を合刻した。これが『重編瓊臺会稿』である。現行の他のテキストと比べても、質・量ともに『類稿』の価値は高い。

（3）『類稿』には後筆で、「歳当㆑作㆑龕。天龍寺慧龕、字鄂隠、絶海之弟子也」と頭註が書き加えられている。従って良いだろう。なお林羅山（一五八三—一六五七年）も国立公文書館蔵『日本考略』巻一で、「瓊臺類稿巻四十七」を典拠にこれを引用しているが、そこでは「恵歳」を「恵龕」に作っており〔『鄰交徴書』初篇之一も同じ〕、最後に「恵龕、□龍寺恵龕、字鄂隠、絶海之弟子也……」と註を付けている。『類稿』頭註との文言の共通性、『類稿』が林家旧蔵本であることを考えれば、国立公文書館本の『類稿』が羅山の見た本そのものである可能性は高い。

（4）『日本考略』・『鄰交徴書』・『重編瓊臺会稿』巻二一は、すべて「屠」に作る。

（5）『明史』巻九〇、兵志二、衛所。そもそも万全に都指揮司が設置されたのは宣徳年間の一四三〇年であり〔『明史』巻四〇、地理志一、万全都指揮使司〕、永楽年間には存在しない。

（6）『正徳瓊臺志』巻二一、海防・鄭若曾『籌海図編』巻三、広東兵防官考。

（7）『旧唐書』巻四一、地理志四、万安州。

（8）旧稿〔榎本渉 二〇〇二年b〕では北直隷の万全と考えたが、川越泰博氏から私信にてご訂正を賜った。万全を瓊州府万州に当てるのは、川越氏のご提案に拠る。

（9）『正徳瓊臺志』巻二一、海防・海寇。

（10）『明太宗実録』永楽九年二月丁巳条・『正徳瓊臺志』巻二一、海寇。

（11）『正徳瓊臺志』巻二一、海寇。

（12）なお永楽年間、すなわち一四〇三年以降、鄂隠没の一四二五年以前に、蔡秉常の日本拉致と明への送還があったとすれば、送還可能な時期は一四一〇年以前に限られ（これ以降義教期の一四三二年まで日明交通は断絶する）、蔡秉常の日本滞在期間はかなりの短期間ということになる。上京が認められず帰国した明使の事例もある（一四一一・一八・一九年）が、これに便乗し帰国することが可能だったかは、検討を要する。あるいは「永楽中」というのは、日本にいたのが永楽頃だったという程度の意味で、あまり厳密に考えるべきではないのかもしれない。むしろ洪武年間に万州を襲った倭寇（一三八二・九二年）による被虜人が永楽初年に送還されたと考えた方が、時間の経過としては自然である。

（13）東京文化財研究所本は、以下の URL で全画像が公開されている。

http://www.tobunken.go.jp/~joho/japanese/collection/tankyokoh/index_tkk.html

(14) 明極楚俊『明極和尚語録』付収、明極俊大和尚塔銘［『大日本史料』六―三、七六八―七一頁］。

(15) 行中は一三一五年に江州報恩寺の真牧□純のもとで得度、杭州径山の元叟行端（一三二三―四一年住持）に参じた［『増集続伝灯録』巻四］が、明極は来日（一三二九年）以前、径山の首座であった［竺仙梵僊『竺仙和尚語録』巻上、住南禅寺語録、明極和尚七周忌普説法語］。行中は若年時代に径山で明極と同門だったと考えられる。

(16) 『行録』には入明前に絶海中津に師事したとあるが、当然絶海帰国の一三七七年春以降である。『行録』はその時期を弱歳（二〇歳＝一三七六年頃）としており、絶海帰国直後と見て良いだろう。その後に入明し、一〇年後に一三八二年没の行中から送別偈を与えられることは不可能である。

なお絶海帰国の時期は、義堂周信『空華日用工夫略集』付収、夢窓国師碑銘跋などから一三七八年とされることがあるが、おそらく典拠は『空華日用工夫略集』永和四年（一三七八）四月二三日条の、「津絶海有レ書。帰朝達レ京」という記事である。しかしこれは絶海の京都到来の時期であって、その前に九州に滞在した期間があったらしい。絶海中津『蕉堅藁』縈金牛送輪山上人帰関西詩序には、一三七七年春に帰国して筑前筥崎の広厳寺にいたことが明記されている。

(17) たとえば仲銘は、一三五七年に「行中禅師、与レ予同生二番易一、而長レ予十三歳。……近又聞レ遷二紹興崇報一。予以二睽違之久一、而喜下其屡鎮二名山一、為中吾宗底拄上。於レ是詩以慶レ之、且求レ教也」という序を持つ偈を行中に送っており［『雪廬藁』奉寄崇報仁禅師幷序］、一三六四年には『澹居藁』に序を寄せている。逆に行中は、仲銘編『金玉編』に序を寄せている。また『澹居藁』には、仲銘との交友を示す偈が数首収録される。

(18) たとえば、惟肖得巌『東海璚華集』巻二、鄂隠和尚。

(19) 清拙正澄『清拙和尚語録』日本四、題謙無礙奥境菴。

(20) 友山士偲『友山録』巻上付収、友山和尚行状・『延宝伝灯録』巻五。

(21) 石室善玖『石室玖禅師語録』に拠れば、一三六一年万寿寺住持。月林道皎『月林語録』石室善玖序に拠れば、一三六三年には天龍寺住持になっている。

（22）佐賀県万歳寺蔵『見心来復像』の自賛及び楊彝賛は、以亨の帰国に当たり一三六五年に著されたもの［井手誠之輔 一九八六年］。また石室善玖『石室玖禅師語録』に、「西都以亨（「亨」カ）蔵主、蚤年鋭志南詢、已経二数十之寒暑一、依二棲有道之名師一、東帰。応安戊申（一三六八年）之秋、予偶自二吉備田斎一来、補二巨峯（建長寺）之席一。以亨斟《くみ》二定水清冷一、董二雪隠遺職一。一衆所二感激一、予豈容黙哉。謾述二短章一、以賀二山中美事一云」という序を持つ偈が見える。

（23）『澹居稾』送楠上人帰定水幷簡見心禅師。

（24）『鄰交徴書』二篇之一所引、仲銘克新『雪廬集』送謙上人序に、「上人、字以亨」とある。『雪廬稾』では確認できず、『雪廬集』は『雪廬稾』とは別系統の仲銘の詩文集らしい。また江戸初期には、仲銘が与えた「以亨」二大字が伝来していた［『墨蹟之写』元和六年上］。

（25）近衛兼経『岡屋関白記』寛元四年三月二八日条。

終章　今後の展望

本書では三部七章を以って、日宋・日元関係を貿易と人的交流の側面から見てきた。本書の目的や内容のまとめは序章で行なったので繰り返しは省く。最後に本書の内容を踏まえた上で、今後どのような方向での研究が求められるか述べておきたい。

序章で強調したように、東シナ海海域（さらには、おそらく同時代のアジア海域全体）においてもっとも詳細かつ具体的なデータを有するのが日本である。本書で明らかにした日宋・日元関係の諸様相は、アジア海域史を考える上で重要な基礎データとなるものである。

しかし第二部で示したように、特に元代の海域世界において日本は特殊な位置にあり、日宋・日元関係のみを以って宋元代海域世界の一般的なあり方を論じることはできない。日宋・日元関係のどの点が特殊でどの点が一般的なのかを明らかにするためには、宋元と高麗・東南アジア（あるいは陸路を通じた内陸アジア）との関係と比較することが、もっとも有効な手段であろう。そこには史料的な困難さも伴うが、宋代中国が海上貿易において経済的に重視したのが、東シナ海方面よりはむしろ南シナ海方面だったと考えられることからしても[1]、必要な作業であるといえる。

また本書では、日本と中国（特に江南）との交流に主眼を置いたが、海域全体を俯瞰する場合は、中国と周辺諸地域の関係だけではなく、諸地域間の交流のあり方についても考察しなくてはならない。日本の場合は高麗・琉球（東シナ海という枠を取り払えば、蝦夷地も）がその対象となろう。高麗の場合も、日本・女真の他、近年は琉球との交流の可能性も指摘されている［下地安広 一九九七年・吉岡康暢 二〇〇二年］。

ただしこうした諸地域間の交流は、ともすれば並列で論じられがちであるが、それぞれがどのような人びとによってどのような形態で行なわれたのか、留意して論じる必要があるだろう。たとえば少なくとも一三世紀初頭においては、日麗関係は海商の自由な来航を受け入れるというものではなく、進奉という政治的関係を背景として、対馬・大宰府から金海府へ一年に二艘のみ派船が許可されるというものであり、(2) 貿易の規模や日本経済への影響としては、日宋・日元貿易とは比較にならないと考える。朝琉関係にしても、現状では琉球陶器に高麗の影響が見えるというだけであり、これのみを根拠に恒常的なネットワークが存在したとはいい難い。国境を超えた自由な海上世界という理想的なイメージだけが、現実の裏付けなく一人歩きしないためにも、それぞれの交流のレベルを見据えた上で評価が行なわれるべきである。ただし交流の頻度や規模が、文化史的な意義の大きさに必ずしも比例しないことは、もちろんである。

地域だけでなく、分析の場も広げることが求められる。本書では分析の場として、主に国家による管理貿易港（市舶司設置港）を扱った。本書の視点である国家の貿易管理という問題を考える場合、それがもっとも妥当と考えたからである。しかしいうまでもなく、海域交流の場は港だけではない。寄港地たる島嶼・沿海地域では、漁民・海賊などとの間でより民衆レベルの交流が存在した。近年多くの研究が注目するこうした海民世界も含め、海域世界全体の秩序がどの程度実現していたのかを明らかにすることは必要だろう。具体的な検討対象としては、たとえば海賊などによる暴力に対して国家や地域権力・地域社会がどの程度の抑止力を持ったのか、商船や漂流民の安全はいかに確保されたのかなどを挙げることができるだろう。

ただし東シナ海海域は、一国家で管理されているわけではない。たとえば南宋期東シナ海の場合は、宋・金・高麗・日本という四つの国家が存在した。また国家が自らの領土と認識していても、現実には直接的な影響力を及ぼしえない地域、現地の有力者を介して間接的に支配を及ぼすに過ぎない地域も少なくない。琉球のようにいずれの国家の支配も及んでいない地域もあった。人や船が海に出て一たび海賊や風難に遭えば、どの国家領域・地域へ連れて行かれるかは未知数であり、海域世界の秩序実現においては、海賊取締りや漂流民送還などの処置に関する各国家・地域間の広域的な連絡・了解も重要な問題であった。たとえば一〇世紀後半から一二世紀前半においては、日本から高麗への漂流民送還は日本各地→大宰府→対馬島→金海→東南海船兵都部署というルートで、ある程度システマティックに行なわれた［山内晋次 二〇〇三年 第一部第三章：八〇―八九頁（初出 一九九〇年）］が、このような問題を他の時期や地域についても究明し比較することで、二国間関係に限定されない宋元代の海域秩序の特徴を明らかにすることが可能になると思われる。

特に元代に関しては、モンゴルの支配下でユーラシア規模での通商圏が形成されたことが強調される［杉山正明 一九九五年：二三一―四一頁］が、日本に関して具体的な検証がされたわけではない。もちろん日本はモンゴルの政治的影響下に入らなかったから、「ユーラシア通商圏」の議論には直接絡まないのかもしれないが、それならば元代東シナ海海域の政治的分裂（元―高麗↔日本）の海域秩序に与えた影響が考えられなければならないだろう。

もちろん如上の作業は、結論を急いだところで、具体性の乏しい空虚な理論に陥りかねない。本書で世界システムの如き議論に言及しないのも、現状では必ずしも意味があるとは考えないからである。当面必要なのは、基礎作業として個別の地域・時代を取り上げ、交流の具体相を明らかにすることである。明清代と比較して、宋元代海域世界はこうした基礎的研究があまりにも希薄である。

そしてその具体性を増すための作業として、人の交流や文化伝播の問題などについて、より多くの研究が蓄積されることが望まれる。従来いわゆる文化交流史は、それぞれの分野で着実に成果を上げてきたが、海域史・対外関係史研究との接点は希薄で、相互に参照されることも稀であった。だが貿易活動そのものに関する史料の僅少さも考えれば、こうした分野の成果を積極的に取り入れることは必須である。これについては本書の第二部第二章や第三部で扱い、他にもいくつかの研究を発表している［榎本渉 二〇〇三ｂｃ・二〇〇四ａｃ・二〇〇六年ｂｃ］が、今後もこの方向での研究を追究していきたい。そもそも序章で述べたように、日宋・日元関係史研究の新展開は考古学の新成果によるものだった。今後もいかに他分野に越境してその成果を利用できるかが、研究進展の要となるはずである。

註

（1）たとえば南宋期紹興年間（一一三一―六二年）には広州・泉州市舶司の収入が年間二〇〇万緡と言われている一方で、同時期の三路市舶司（広州・泉州・両浙）の収入も二〇〇万緡とされている［桑原隲蔵 一九八九年：二七〇―七一頁（初出一九三五年）］。南方向けの港である広州・泉州市舶司と比べ、高麗・日本向けの明州・杭州など両浙路の市舶司・市舶務の収入は、微々たるものだったのであろう。一一六六年に両浙市舶司が廃止されたのも、広州・泉州は市舶物貨が浩瀚で、市舶司を置くだけの意味があるが、両浙に置くのは無駄であるというのが、理由の一つであった［『宋会要輯稿』巻八六―二八、乾道二年六月三日条］。

（2）進奉船の評価については先行研究の中で微妙な食い違いがある。これについては山内晋次氏のまとめを参照［山内 二〇〇三年 第一部第三章：九〇―九三頁（初出 一九九〇年）］。詳述はしないが、私見では当初は対馬―高麗、後に大宰府―高麗の関係になったと考える。

あとがき

本書は二〇〇六年二月に学位を授与された博士論文『日宋・日元貿易と人的交流』の一部に手を加え、まとめなおしたものである（主査村井章介先生、副査五味文彦・石井正敏・小島毅・西尾賢隆先生）。本書と同様の三部構成である。内容のまとまりを考えれば、本書には一部・二部のみ、または三部のみを収載した方が妥当かとも思われたが、今回は過去に発表した後で訂正すべき点が多く見つかったものを特に選んで収載することにした。

私の論文では史料も日中朝に渡っており、しかも必ずしも基本史料ばかりでなく、非専門分野の研究者にはアクセスしずらいものも含まれるため、誤植・誤釈があっても気付かれず、そのまま利用されてしまう危険性が高い。今回の論文選定基準は、このことも考慮してのことである。本書では史料の引用について万全を期したが、なお誤りが皆無とは言い切れないので、本書所引史料の利用に当たっては、是非末尾の引用史料目録で典拠を確認されたい。また字数の都合で具体的に示すことはできないが、所載の論文は史料の翻刻に止まらず、内容についても大きく修正・追加した部分が少なくない。今後参照するに当たっては、必ず旧稿ではなく本書に拠っていただきたい。

なお私は処女論文以来、様々な先生方から、史料の読み方や研究論文などについて貴重なご教示を賜ってきた。特に川添昭二先生や西尾賢隆先生には、毎回のように懇切丁寧なご指導を賜っている。本書の訂正の一部は、こうしたご教示を元に考え直したものである。大きな訂正に関しては文中に明記してあるので繰り返さないが、旧稿の誤りを訂正できたのはこれら諸先生方のお陰であり、ここに心から感謝申し上げたいと思う。

収載論文についての思い出、私の研究の背景や本書出版の経緯、論文濫造を強要する成果主義への不満なども書こうと思っていたのだが、字数が許さないようだ。ただ恩師村井章介先生のことだけは、触れておきたい。自分が九―一四世紀の東シナ海交流史というテーマを研究しようと思ったのは、東京大学文学部日本史学研究室に進学して、先生の『朝鮮王朝実録』ゼミに出席したことが最大のきっかけで、それ以来大学院まで先生の下で勉強することになった。先生は研究に関しては学生を信頼して下さった。卒業論文（本書収載の「宋代の『日本商人』の再検討」を含む）は、『大日本古記録』も『鎌倉遺文』もほとんど使わない、日本中世史としてははなはだしく畸形の論文であったにもかかわらず、そのこと自体には口を挟まれなかった。それどころか「『日本商人』は中国人だ」という学部生の突飛な結論を笑い飛ばさず、興味深く聞いて下さった。大学院進学後も好きなように研究をさせていただき、博士論文執筆時まで一度として、先生から「〇〇をしろ」「〇〇はやめろ」とは言われなかった。もしかすると私は先生の下でなければ、今までの論文を書くことは出来なかったかもしれない。

先生は論文に関しては、大学院生であっても一研究者として扱われ、結論を押し付けるようなことはされない。もちろん史料解釈や論旨の展開については厳しいご意見を下さるが、それは上からの指導というよりは、研究者としての議論に近いものだった。自説に対する意見に対しても寛容であり、むしろ待っているようなところがあった。ゼミでも先生の論文を引くだけの報告にはご不満だったが、自説への意見などがあると、一研究者として熱心な議論を交わそうとされた。これは論文に関しても同様で、批判があるなら喜んで受けるという度量の大きさだった。拙論を読めば、村井説に対する批判が散見する（多くは重箱の隅をつっつく様な内容だが）ことはすぐに気付かれると思うが、これは必ずや議論を受け入れて下さるという甘い確信の下で、精一杯先生に挑戦状を叩きつけようとした奮闘の跡である（挑戦状になっているかどうかは甚だ心許ないが）。このような先生を持った自分は、大変な幸運者である。

幸運といえば、身の回りの諸先生方・先輩方にも恵まれた。特に博士論文を審査していただいた五人の先生方や、諸研究会・科研関係者の方々には、いつも刺激をいただいている。個別の名前を挙げる字数の余裕のないことが悔やまれるが、学部の頃からご指導いただいた五味文彦先生と、卒論の時からお世話になってきた橋本雄氏の名前は特に挙げておきたい。東京大学東洋文化研究所にも、約三年間の助手期間中に、多大な研究の便宜を与えられた。この恵まれた環境がなければ、博士論文を書き上げることはかなわなかった。

また吉川弘文館の永田伸氏には、昨今の厳しい出版情勢の中、私の研究をまとめて出版するというありがたいお話を持ってきて下さったにもかかわらず、多くのご迷惑をかけ続けた。様々な仕打ちに耐えて本書を出版して下さったことについて、お詫びとお礼を申し上げたい。最後に普段は申し上げることができないが、いまだに常勤の職に就かない未熟者の自分を、なお暖かく見守って下さっている両親にも感謝している。早く安定して安心させたいという気持ちがありながら、いまだに果たせずにいるが、これが自分の成果ですと見せられるものが、ここにやっと上梓できた。今まで受けてきた莫大な恩に対してはあまりに些少であるけれども、お礼として本書を捧げたいと思う。

二〇〇七年三月三十一日

榎本　渉

初出一覧

序章　研究の現状と問題関心（新稿）
第一部　日宋貿易と宋代東シナ海海域
第一章　明州市舶司と東シナ海海域（原題「明州市舶司と東シナ海交易圏」『歴史学研究』七五六、二〇〇一年一一月）
第二章　宋代の「日本商人」の再検討（『史学雑誌』一一〇―二、二〇〇一年二月）
第二部　日元交通の展開
第一章　元朝の倭船対策と日元貿易（「順帝朝前半期における日元交通―杜絶から復活へ」『日本歴史』六四〇、二〇〇一年九月〕、「日本遠征以後における元朝の倭船対策」〔『日本史研究』四七〇、二〇〇一年一〇月〕、「日元関係史料としての『抜質神道碑』」〔国際シンポジウム「古代東亜海域的文化交流：以11～16世紀寧波―博多関係為中心」報告、二〇〇七年一一月、浙江工商大学〕から成る）
第二章　元末内乱期の日元交通（『東洋学報』八四―一、二〇〇二年六月）
第三部　元明交替と人的交流
第一章　一四世紀後半、日本に渡来した人々（『遙かなる中世』二〇、二〇〇三年五月）
第二章　陸仁と道元文信をめぐって（原題「一四世紀後半、日本に渡来した人々」『遙かなる中世』二〇、二〇〇三年五月）
第三章　『鄂隠和尚行録』を読む（『日本歴史』六五一、二〇〇二年八月）
終章　今後の展望（新稿）

引用史料目録

〔凡　例〕

＊　配列は史料名に従い、アイウエオ順で配列する。個人の著作に関しては、撰者名が明らかな場合には撰者名を付す。個人の著述ではない史書（正史・実録など）、史料集、地方志、詩文総集の編者名などは略す。

＊　日本の史料に関しては、参照に便利なように、可能な限り活字本を挙げてあるが、引用に当たっては必要に応じて写本・写真で校訂した場合がある。

＊　特に日本禅僧の伝記については、『続群書類従』九に多く収めるが、校訂に問題が多い。同じものが語録・詩文集などに収められている場合には、テキストとしてはそちらを挙げ、『続群書類従』を挙げた場合も、『名僧行録』『禅林僧伝』など、元となった史料と対校した上で使用している。

＊　史料略号は以下の通り

『記』＝『大日本古記録』岩波書店
『庫』＝『景印文淵閣四庫全書』台湾商務印書館（影印本）
『公』＝国立公文書館所蔵史料
『国』＝『新訂増補国史大系』吉川弘文館
『纂』＝『史料纂集』続群書類従完成会
『史』＝東京大学史料編纂所所蔵史料
『新』＝『五山文学新集』東京大学出版会
『全』＝『五山文学全集』思文閣出版
『禅』＝『卍続選輯』禅宗部、新文豊出版社（『卍続蔵経』にも収録）
『曹』＝『曹洞宗全書』曹洞宗全書刊行会（別巻拾遺は仏教社発行）
『叢初』＝『叢書集成初編』上海商務印書館
『叢続』＝『叢書集成続編』芸文印書館（影印本）
『叢三』＝『叢書集成三編』芸文印書館（影印本）
『蔵』＝『大正新修大蔵経』大正新修大蔵経刊行会
『続』＝『続群書類従』続群書類従完成会
『大』＝『増補史料大成』臨川書店
『天正』＝『天一閣蔵明代方志選刊』上海古籍書店（影印本）
『天続』＝『天一閣蔵明代方志選刊続編』上海書店（影印本）
『百』＝『百部叢書集成』芸文印書館（影印本）
『部初』＝『四部叢刊』上海商務印書館（影印本）

『部三』＝『四部叢刊三編』台湾商務印書館（影印本）
『仏』＝『大日本仏教全書』名著普及会
『方』＝『宋元方志叢刊』中華書局（影印本）
『卍』＝『卍続蔵経』新文豊出版公司
『明』＝『四明叢書』新文豊出版公司（影印本）

『阿育王山志』（『中国仏寺史志彙刊』第一輯一一・一二、明文書局〔影印本〕）
『青方文書』（『纂』）
『吾妻鏡』（『国』三二・三三）
洪邁『夷堅志』（明文書局）
程端礼『畏斎集』（『明』）
『異称日本伝』（国書刊行会〔影印本〕）
『一代要記』（『改定史籍集覧』一、近藤活版所）
金沢文庫蔵『一切経供養表白』（『唐物と宋版一切経』金沢文庫）
一山一寧『一山国師語録』（『蔵』八〇）
一峰通玄『一峰知蔵海滴集』（『新』五）
陳基『夷白斎藁』（『部三』）
『宇治拾遺物語』（『新日本古典文学大系』岩波書店）
劉仁本『羽庭集』（『庫』一二一六）
奝然『優塡王所造栴檀釈迦瑞像歴記』（『仏』一一四）

南渓宗建？『雲巣集』（『新』四）
趙彦衛『雲麓漫鈔』（『百』）
亨菴宗元『栄尊大和尚年譜』（『続』九上）
『易経』（『全釈漢文大系』九・一〇、集英社）
呉莱『淵潁呉先生文集』（『部初』）
洞院公賢『園太暦』（『纂』）
三善清行『円珍伝』（『続』八下）
南浦紹明『円通大応国師語録』（『蔵』八〇）
卍元師蛮『延宝伝灯録』（『仏』一〇九）
『延祐四明志』（『方』六）
『延暦寺護国縁起』（『仏』一二六）
王彝『王常宗集』（『庫』一二二九）
王褘『王忠文公集』（『百』）
龍山徳見『黄龍《おうりよう》十世録』（『新』三）
近衛兼経『岡屋関白記』（『記』）
『園城寺文書』（『園城寺文書』一、智証大師文書、講談社〔写真〕）
朱熹『晦庵先生朱文公文集』（『部初』）
『開慶四明続志』（『方』六）
龍泉令淬『海蔵和尚紀年録』（『続』九下）
丁復『桧亭集』（『庫』一二〇八）

瑞渓周鳳『臥雲日件録抜尤』（『記』）
姚桐寿『楽郊私語』（『歴代筆記小説集成』元代筆記小説一、河
北教育出版社〔影印本〕）
『春日大社文書』（吉川弘文館）
『嘉靖江陰県志』（『天正』一三）
『嘉靖太倉州志』（『天続』二〇）
雷庵正受『嘉泰普灯録』（『卍』一三七）
『嘉定赤城志』（『方』七）
袁華『可伝集』（『庫』一二三二）
『金沢文庫古文書』（金沢文庫）
太白真玄『峨眉鵶臭集』（『全』三）
『鎌倉遺文』（東京堂出版）
菅原道真『菅家文草』（『日本古典文学大系』七二、岩波書店）
貢師泰『玩斎集』（『庫』一二一五）
叡尊『感身学正記』（『西大寺叡尊伝記集成』大谷出版社）
『観念寺文書』（『伊予史料集成』四、伊予史料集成刊行会）
夢巌祖応『旱霖集』（『全』一）
周密『癸辛雑識』（『唐宋史料筆記叢刊』中華書局）
謝応芳『亀巣稿』（『部三』）
希叟紹曇『希叟紹曇禅師語録』（『禅』一六）
鄭元祐『僑呉集』（『元代珍本文集彙刊』九、国立中央図書館
〔影印本〕）
殷奎『強斎集』（『庫』一二三二）
顧徳輝『玉山逸稿』（『叢初』）
『玉山紀遊』（『庫』一三六九）
顧徳輝『玉山璞稿』（『叢初』）
『玉山名勝集』（『庫』一三六九）
九条兼実『玉葉』（国書刊行会）
呉潜『許国公奏議』（『叢初』）
成廷珪『居竹軒詩集』（『庫』一二一六）
『御選宋金元明四朝詩』（『庫』一四三七—一四四四）
黄溍『金華黄先生文集』（『部初』）
『金玉編』（『和刻本漢詩集成』総集篇五、汲古書院）
周伯琦『近光集』（『庫』一二一四）
『金史』（中華書局）
義堂周信『空華集』（『全』二）
義堂周信『空華日用工夫略集』（大洋社）
『宮事縁事抄』（『神道大系』神社編七、石清水、神道大系編纂
会）
張雨『句曲外史貞居先生詩集』（『部初』）
愚中周及『愚中和尚語録』（『蔵』八〇）
一笑禅慶『愚中周及年譜抄』（『史』影写本〔黒田太久馬原蔵〕）

『旧唐書』（中華書局）
古林清茂『古林清茂《くりんせいむ》禅師拾遺偈頌』（『禅』一八）
『慶元条法事類』（新文豊出版公司〔影印本〕）
欧陽玄『圭斎文集』（『部初』）
丘濬『瓊臺類稿』（『公』刊本〔弘治五年版〕）
掲傒斯『掲文安公全集』（『部初』）
惟忠通恕『繋驢橛』（『新』別巻二）
月江正印『月江正印禅師語録』（『禅』一八）
袁燮『絜斎集』（『叢初』）
月庵宗光『月庵《げったん》和尚語録』（駒沢大学蔵刊本〔寛文一一年版〕）
月林道皎『月林語録』（『史』謄写本〔京都府長福寺原蔵〕）
月舟寿桂『幻雲文集』（『続』一三上）
李心伝『建炎以来繋年要録』（中華書局）
虎関師錬『元亨釈書』（『国』三一）
『乾坤清気』（『庫』一三七〇）
『元史』（中華書局）
『元詩紀事』（『歴代詩史長編』鼎文書局）
『元詩選』初集・二集・三集・癸集・補遺（中華書局）
『元詩体要』（『庫』一三七二）
『元人十種詩』（中国書店〔影印本〕）
『元代農民戦争史料彙編』（中華書局）

『乾道四明図経』（『方』五）
『源平盛衰記』（『中世の文学』三弥井書店）
乾峰士曇『乾峰和尚語録』（『新』別巻一）
『乾隆興化府莆田県志』（『中国方志叢書』成文出版社〔影印本〕）
日野角坊文庫蔵『蹇驢嘶餘』（川瀬一馬 一九八〇年：四八〇頁）
『広園開山行録』（『史』謄写本〔上村観光原蔵〕）
楼鑰『攻媿集』（『叢初』）
『康熙重修崇明県志』（『稀見中国地方志匯刊』一、中国書店〔影印本〕）
楚石梵琦『高山照禅師塔銘』（『続』九下）
明庵栄西『興禅護国論』（『蔵』八〇）
慧皎『高僧伝』（『蔵』五〇）
劉克荘『後村先生大全集』（『部初』）
高啟『高太史鳧藻集』（『部初』）
『弘治温州府志』（『天続』三二）
『弘治太倉州志』（東京大学東洋文化研究所蔵『彙刻太倉旧志五種』〔宣統元年版〕）
鄭若曾『江南経略』（『庫』七二八）
『皇明経世文編』（中華書局〔影印本〕）
空海『高野雑筆集』巻下附録（高木訷元 一九八一年）
『高麗史』（亜細亜文化社〔影印本〕）

『高麗史節要』（学習院大学東洋文化研究所〔影印本〕）
建仁寺両足院蔵『刻楮』（玉村竹二 一九七九年：四一―五九頁〔初出 一九三九年〕）
『国朝文類』（『国学基本叢書』元文類、商務印書館）
『呉郡志』（『方』一）
王逢『梧渓集』（『叢初』）
『古源和尚伝』（『続』九下）
『古今小説』（『珍本宋明話本叢刊』龍門書店）
『古今禅藻集』（『庫』一四一六）
張国維『呉中水利全書』（『庫』五七八）
大川普済『五灯会元』（『卍』一三七・一三八）
『呉都文粋続集』（『庫』一三八五・一三八六）
『許斐《このみ》氏家系』（『神道大系』神社編四九、宗像、神道大系編纂会）
呉師道『呉礼部文集』（『叢三』）
虎関師錬『済北集』（『全』一）
『珊瑚木難』（『叢続』）
『珊瑚網』（成都古籍書店）
成尋『参天台五臺山記』（『東洋文庫叢刊』七、東洋文庫〔複製本〕）
『山王絵詞』（『古典文庫』九九、古典文庫）
『式古堂書画彙考』（『中国書画全書』上海書画出版社）
竺仙梵僊『竺仙和尚語録』（『蔵』八〇）
司馬光『資治通鑑』（中華書局）
『至正崑山郡志』（『方』一）
『至正四明続志』（『方』七）
許有壬『至正集』（『庫』一二一一）
幻輪『釈氏稽古略続集』（『卍』一三三）
寂室元光『寂室和尚語録』（『蔵』八一）
季弘大叔『蔗軒日録』（『記』）
祖渓大智『拾遺大智禅師逸偈行録』（『続曹洞宗全書』九、法語・歌偈、曹洞宗全書刊行会）
蔵山良機『重続日域洞上諸祖伝』（『曹』史伝上）
丘濬『重編瓊臺会稿』（『庫』一二四八）
『集古録』呑碧楼詩軸（「詩軸集成」『新』別巻一）
陸容『菽園雑記』（『元明史料筆記叢刊』中華書局）
藤原資房『春記』（『大』）
『荀子』（『全釈漢文大系』七・八、集英社）
烏斯道『春草斎集』（『明』）
円爾『聖一《しょういち》国師語録』（『仏』九五）
鉄牛円心〔岐陽方秀増補〕『聖一国師年譜』（『仏』九五）
性海霊見『性海《しょうかい》和尚遺稿』（『全』二）

絶海中津『蕉堅藁』（蔭木英雄『蕉堅藁全注』清文堂）
朱緒曾『昌国典詠』（『明』）
龍泉令淬『松山集』（『全』一・『史』写真帳〔京都府東福寺霊
源庵原蔵〕）
藤原実資『小右記』（『記』）
『諸嶽開山二祖禅師行録』（『曹』史伝上）
『続日本紀』（『国』二）
『続日本後紀』（『国』三）
陶宗儀『書史会要』（上海書店〔影印本〕）
『諸祖行実』（『史』謄写本〔彰考館原蔵〕）
『諸師疏語集』（『史』謄写本〔京都府建仁寺両足院原蔵〕）
恕中無慍『恕中無慍禅師語録』（『禅』一九）
趙汝适『諸蕃志』（『中外交通史籍叢刊』中華書局）
心華元棣『心華詩藁』（『新』別巻二）
石屛子介『真悟禅師語録』（大東急文庫蔵写本）
『新唐書』（中華書局）
『新編相模国風土記稿』（『大日本地誌大系』雄山閣）
源俊房『水左記』（『大』）
『成化寧波郡志』（『北京図書館古籍珍本叢刊』二八、書目文献
出版社〔影印本〕）
姚寛『西渓叢語』（『百』）

貝瓊『清江貝先生文集』（『部初』）
『西湖竹枝集』（『武林掌故叢編』三、台湾国風出版社・華文書
局〔影印本〕）
清拙正澄『清拙和尚語録』（『史』謄写本〔上村観光原蔵〕）
『正徳瓊臺志』（『天正』六〇・六一）
周煇『清波雑志』（『唐宋史料筆記叢刊』中華書局）
倪瓚『清閟閣文集』（『叢三』）
袁桷『清容居士集』（『部初』）
『石渠宝笈』（『秘殿珠林　石渠寶笈』国立故宮博物院〔影印本〕）
石室善玖『石室玖禅師語録』（平林寺〔複製本〕）
紹宙性宗『石城遺宝』（文献出版）
絶海中津『絶海和尚語録』（『蔵』八〇）
大有有諸『雪村大和尚行道記』（『新』三）
仲銘克新『雪廬稾』（『公』刊本〔五山版〕）
千巖元長『千巖和尚語録』（『明版嘉興大蔵経』三二、新文豊出
版公司〔影印本〕）
『禅居附録』（『史』謄写本〔上村観光原蔵〕）
文珦『潜山集』（『庫』一一八六）
信瑞『泉涌寺《せんにゅうじ》不可棄法師伝』（『仏』一一五）
瑞渓周鳳『善隣国宝記』（『訳注日本史料』善隣国宝記・新訂続
善隣国宝記、集英社）

『禅林僧伝』（『公』写本）
『禅林墨蹟』（思文閣〔写真〕）
『禅林墨蹟拾遺』（禅林墨蹟刊行会〔写真〕）
徐兢『宣和奉使高麗図経』（弘益斎〔影印本〕）
『滄海遺珠』（『庫』一三七二）
『宋会要輯稿』（中華書局〔影印本〕）
宋濂『宋学士文集』（『宋濂全集』一―三、浙江古籍出版社）
『宋元詩会』（『庫』一四六三・一四六四）
『宋史』（中華書局）
『宋史全文』（文海出版社〔影印本〕）
南石文琇『増集続伝灯録』（『卍』一三四）
『草堂雅集』（『庫』一三六九）
双峰宗源『双峰国師語録』（『公』写本）
葉子奇『草木子』（『元明史料筆記叢刊』中華書局）
李燾『続資治通鑑長編』（中華書局）
『続書画題跋記』（『庫』八一六）
『続禅林墨蹟』（思文閣〔写真〕）
『続編両朝綱目備用』（中華書局）
蘇軾『蘇軾文集』（『中国古典文学基本叢書』中華書局）
楚石梵琦『楚石梵琦禅師語録』（『禅』一九）
源経信『帥記』（『大』）
希世霊彦『村庵藁』（『新』二）
大慧宗杲『大慧《だいえ》普覚禅師宗門武庫』（『蔵』四七）
蘭渓道隆『大覚禅師語録』（『蔵』八〇）
『大元聖政国朝典章』（『善本叢書』国立故宮博物院）
復庵宗己『大光禅師語録』（『史』謄写本〔茨城県法雲寺原蔵〕・静嘉堂文庫蔵写本）
尋尊『大乗院寺社雑事記』（三教書院）
『大乗院日記目録』（『大乗院寺社雑事記』一二、三教書院）
『大日本史料』（東京大学出版会）
楽史『太平寰宇記』（『宋代地理書四種』文海出版社〔影印本〕）
巌宝明投『大明国師行状』（『史』謄写本〔京都府南禅師天授庵原蔵〕）
伊藤常足『太宰管内志』（日本歴史地理学会）
『大宰府・太宰府天満宮史料』（太宰府天満宮）
北川正五『竹田雄誉光英法印寿像賛幷序』（『続』八上）
行中至仁『澹居藁』（『公』刊本〔寛文四年版〕）
『澹游集』（『公』刊本〔至徳元年版〕）
春屋妙葩『智覚普明国師語録』（『蔵』八〇）
王冕『竹斎詩集』（『歴代書家詩文集』竹斎詩集・陸包山遺稿、台湾学生書局〔影印本〕）
鄭若曾『籌海図編』（『中国兵書集成』一五・一六、解放軍出版

社・遼沈書社）
中巌円月『中巌月和尚自暦譜』（『新』四）
『中国古代書畫図目』（文物出版社〔写真〕）
『朝鮮金石総覧』（朝鮮総督府）
『朝鮮実録』（『中国・朝鮮の史籍における日本史料集成』李朝実録之部、国書刊行会）
『朝野群載』（『国』二九上）
正稟『勅諡正眼智鑑禅師年譜』（『続』九下）
栢州宗貞『陳外郎家譜』（藤原重雄　一九九八年：七七―七九頁）
『通制条格』（『通制条格校注』中華書局）
程鉅夫『程雪楼文集』（『元代珍本文集彙刊』三、国立中央図書館〔影印本〕）
鉄庵道生『鉄庵和尚語録』（『史』謄写本〔京都府建仁寺原蔵〕）
楊維楨『鉄崖逸編』（『両浙作家文叢』楊維楨詩集、浙江古籍出版社）
楊維楨『鉄崖先生古楽府』（『部初』）
『鉄網珊瑚』（『芸術賞鑑選珍』国立中央図書館〔影印本〕）
道元『典座《てんぞ》教訓』（『道元禅師全集』下、筑摩書房）
『天台座主記』（『校訂増補天台座主記』第一書房）
『天童寺志』（『中国仏寺史志彙刊』第一輯一三・一四、明文書局〔影印本〕）
春屋妙葩『天龍寺造営記録』（大本山天龍寺編　一九七八年）
虞集『道園学古録』（『部初』）
虞集『道園類稿』（『元人文集珍本叢刊』五、新文豊出版公司〔影印本〕）
中巌円月『東海一漚集』（『新』四）
中巌円月『東海一漚別集』（『新』四）
惟肖得巌『東海璚華集』（『新』二）
『唐会要』（『叢初』）
『東巌安禅師行実』（『続』九上）
天岸慧広『東帰集』（『全』一）
別源円旨『東帰集』（『全』一）
『東京国立博物館図版目録』（東京国立博物館）
道元『道元和尚広録』（『道元禅師全集』下、筑摩書房）
『東大寺造立供養記』（『新校群書類従』一九、内外書籍）
『東大寺続要録』（『続々群書類従』一一、続群書類従完成会）
正宗龍統『禿尾長柄帚』（『新』四）
章潢『図書編』（『庫』九六八―七二）
戒覚『渡宋記』（『僧慶政関係資料』八木書店〔複製本〕）
重源『南無阿弥陀仏作善集』（『美術研究』三〇）
中叟良鑑『南海和尚伝』（『続』九下）
玉村竹二『南窓先生荷菱文庫蒐集史料』（『史』写真帳〔玉村竹

二原蔵〕）
玄奘『南都白毫寺一切経縁起』（『大和古寺大観』四、岩波書店）
『南北朝遺文』（東京堂出版）
鄂隠慧奯『南游稿』（『全』三）
円仁『入唐求法巡礼行記』（『仏』一一三）
『入唐五家伝』（『仏』一一三）
鄭舜功『日本一鑑』（発行者不明〔民国二八年刊影印本〕）
『日本紀略』（『国』一一）
『日本後紀』（『国』三）
薛俊『日本考略』（『叢初』）
横川景三〔林羅山増補〕『日本考略』（『公』写本）
『日本三代実録』（『国』四）
嶺南秀恕『日本洞上聯灯録』（『曹』史伝上）
『日本名僧伝』（『続』八下）
智顗『仁王護国般若経疏』（『蔵』三三）
『筥崎宮史料』（筥崎宮）
抜隊得勝『抜隊和尚語録』（『蔵』八〇）
彦龍周興『半陶文集』（『新』四）
『日吉《ひえ》山王利生記』（『続』二下）
『肥後国誌』（青潮社）
慶政『漂到流球国記』（宮内庁書陵部〔複製本〕）

平石如砥『平石如砥《ひんしいによし》禅師語録』（『禅』一七）
無準師範『無《ぶ》準師範《しゅんしばん》禅師語録』（『禅』一六）
高泉性潡『扶桑禅林僧宝伝』（『仏』一〇九）
皇円『扶桑略記』（『国』一二）
無学祖元『仏光国師語録』（『蔵』八〇）
『仏祖正伝宗派図』（『史』レクチグラフ〔京都大学付属図書館原蔵〕）
志磐『仏祖統記』（『蔵』四九）
約翁徳倹『仏灯禅師語録』（『公』刊本〔近世〕）
馬端臨『文献通考』（台湾商務印書館）
『平安遺文』（東京堂出版）
延慶本『平家物語』（『延慶本平家物語』本文篇上、勉誠社）
覚一本『平家物語』（『日本古典文学大系』三二・三三、岩波書店）
朱彧『萍洲可談』（『宋元筆記叢書』上海古籍出版社）
包恢『敝帚藁略』（『庫』一一七八）
『平田寺文書』（『静岡県史料』四、静岡県）
如心中恕『碧雲稿』（『続』一二上）
『偏界一覧亭記』（「詩軸集成」『新』別巻一）
峰翁祖一『峰翁和尚語録』（松ヶ岡文庫蔵写本）
陸游『放翁家訓』（『百』）

雪村友梅『宝覚真空禅師録』（『新』三）
『宝慶寺《ほうきょうじ》文書』（『曹洞宗古文書』下、曹洞宗古文書刊行会）
『宝慶四明志』（『方』五）
密雲彦契『豊鐘善鳴録』（『曹』別巻拾遺）
『防長風土注進案』（山口県立山口図書館）
姚燧『牧庵集』（『叢初』）
李穡『牧隠文藁』（『高麗名賢集』三、成均館大學校大東文化研究院〈影印本〉）
張邦基『墨荘漫録』（『唐宋史料筆記叢刊』中華書局）
江月宗玩『墨蹟之写』（竹内尚次　一九七六年〈写真〉・東京文化財研究所蔵写真帳〈福岡県崇福寺原蔵〉）
明河『補続高僧伝』（『卍』一三四）
慶政『法華山寺縁起』（『僧慶政関係資料』八木書店〈複製本〉）
了円『法華霊験伝』（『卍』一三四）
覚勇〈子晋明魏・徳馨有鄰改訂〉『法灯《ほっとう》円明国師之縁起』（『由良町誌』史〈資〉料篇、由良町、二八九―三〇九頁）
文徴明『甫田集』（『庫』一四一六）
卍元師蛮『本朝高僧伝』（『仏』一〇二・一〇三）
『明恵《みょうえ》上人行状』（『高山寺資料叢書』一、明恵上人資料第一、東京大学出版会〈仮名行状＝喜海撰、漢文行状＝隆澄撰・高信増訂〉）

雪村友梅『岷峨集』（『新』三）
明極楚俊『明極《みんき》和尚語録』（『史』謄写本〈兵庫県広厳寺原蔵〉）
『民国定海県志』（『中国方志叢書』成文出版社〈影印本〉）
『明史』（中華書局）
『明実録』（中央研究院歴史語言研究所〈影印本〉・『中国・朝鮮の史籍における日本史料集成』明実録之部、国書刊行会・『明実録朝鮮資料輯録』四川出版集団巴蜀書社）
無涯仁浩『無涯仁浩禅師語録』（『史』謄写本〈上村観光原蔵〉）
無我省吾『無我集』（『大徳寺禅語録集成』一、法蔵館〈影印本〉）
椿庭海寿『無関和尚塔銘』（『続』九上）
恒白大圭『夢観集』（『庫』一二一五・『公』刊本〈崇禎九年版〉）
天境霊致『無規矩』（『新』三）
天章澄彧『無極和尚伝』（『続』九下）
無象静照『無象和尚語録』（『新』六）
夢窓疎石『夢窓国師語録』（『蔵』八〇）
『宗像大社文書』（宗像大社復興期成会）
和歌山県興国寺蔵『無本覚心像』胎内骨蔵器外筒銘（『由良町誌』史〈資〉料篇、由良町、二二一―二二三頁）
『無文禅師行業』（『続』九下）
無文元選『無文禅師語録』（『蔵』八〇）
呉自牧『夢粱録』（『叢初』）

『名僧行録』（『史』謄写本〔塙忠韶原蔵〕）
中原師守『師守記』（『纂』）
友山士偲『友山録』（『新』二）
『雍正広東通志』（東京大学東洋文化研究所蔵刊本〔雍正九年版〕）
『雍正寧波府志』（『四明方志叢刊』中華叢書委員会〔影印本〕）
吉田兼敦『吉田家日次記』応永七年一一月二二日条・二九日条
（小川剛生 二〇〇〇年）
王象之『輿地紀勝』（『宋代地理書四種』文海出版社〔影印本〕）
東陵永璵『璵東陵日本録』（『新』別巻二）
呂誠『来鶴亭集』（『庫』一二二〇）
竺仙梵僊『来来禅子集』（『仏』九六）
慧堅『律苑僧宝伝』（『仏』一〇五）
『栗棘庵文書』（『史』写真帳〔京都府東福寺栗棘庵原蔵〕）
了庵清欲『了庵清欲禅師語録』（『禅』一九）
古剣妙快『了幻集』（『全』三）
『遼史』（中華書局）
『両足院文書』（『史』影写本〔京都府建仁寺両足院原蔵〕）
郭翼『林外野言』（『庫』一二一六）
『鄰交徴書』（国書刊行会〔影印本〕）
『類聚三代格』（『国』二五）
『蓮成院記録』（『多聞院日記』五、三教書院）

申叔舟『老松堂日本行録』（『岩波文庫』岩波書店）

引用文献目録

青木直己　一九九七年「近世老舗商家にみる名跡の継承と由緒」『立正史学』八一

青木正児　一九七〇年『青木正児全集』七、春秋社

青山定雄　一九六三年『唐宋時代の交通と地誌地図の研究』吉川弘文館

青山　亨　二〇〇一年「東ジャワの統一王権―アイルランガ政権からクディリ王国へ」『岩波講座東南アジア史』2、東南アジア古代国家の成立と展開、岩波書店

足立啓二　一九九一年「中国から見た日本貨幣史の二・三の問題」『新しい歴史学のために』二〇三

一九九二年「東アジアにおける銭貨の流通」『アジアのなかの日本史』Ⅲ、海上の道、東京大学出版会

網野善彦　二〇〇一年「中世の『異邦人』」『史友』三三

荒野泰典・石井正敏・村井章介　一九九二年「時期区分論」『アジアのなかの日本史』Ⅰ、アジアと日本、東京大学出版会

有井智徳　一九八五年『高麗李朝史の研究』国書刊行会

家入敏光訳　一九七九年『東洋旅行記』桃源社

池内　宏　一九三一年『元寇の新研究』東洋文庫

石井　進　一九七〇年『日本中世国家史の研究』吉川弘文館

石井正敏　一九八七年「八・九世紀の日羅関係」『日本前近代の国家と対外関係』吉川弘文館

一九八八年「九世紀の日本・唐・新羅三国間貿易について」『歴史と地理』三九四

一九九三年「入宋巡礼僧」『アジアのなかの日本史』Ⅴ、自意識と相互理解、東京大学出版会

一九九八年「肥前国神崎荘と日宋貿易」『古代中世史料学研究』下、吉川弘文館

二〇〇一年『日本渤海関係史の研究』吉川弘文館

石井米雄　二〇〇一年「前期アユタヤとアヨードヤ」『岩波講座東南アジア史』2、東南アジア古代国家の成立と展開、岩波書店

石上英一　一九八二年「日本古代一〇世紀の外交」『東アジア世界における日本古代史講座』7、東アジアの変貌と日本律令国家、学生社
石原道博　一九五三年「中国における畏悪的日本観の形成」『茨城大学文学部紀要（人文科学）』三
井手誠之輔　一九八六年「万歳寺の見心来復像」『美術史』一一九
二〇〇〇年「見心来復編『澹游集』編目一覧」『美術研究』三六七
二〇〇五年「頂相における像主の表象—見心来復像の場合—」『仏教芸術』二八二
伊藤幸司　二〇〇二年a『中世日本の外交と禅宗』吉川弘文館
二〇〇二年b「中世後期における対馬宗氏の外交僧」『年報朝鮮学』八
伊藤東慎　一九五七年『黄龍遺韻』両足院
稲川やよい　一九九一年「「渡海制」と「唐物使」の検討」『史論』四四
井上泰也　二〇〇二年「成尋の『日記』を読む」『立命館文学』五七七
二〇〇四年「続・成尋の『日記』を読む」『立命館文学』五八四
伊原　弘　二〇〇〇年「宋代の道路建設と寄進額—寧波発見の博多在住宋人の碑文に関して—」『日本歴史』六二六
今泉淑夫　二〇〇〇年「天神信仰と渡唐天神伝説の成立」『禅と天神』吉川弘文館
上田純一　二〇〇〇年『九州中世禅宗史の研究』文献出版
植松　正　一九九七年『元代江南政治社会史研究』汲古書院
二〇〇四年「元代の海運万戸府と海運世家」『京都女子大学大学院文学研究科研究紀要』史学編三
上村観光　一九七三年『五山文学全集［復刻版］』別巻所収、『禅林文芸史譚』、思文閣
宇検村教育委員会編　一九九八年『倉木崎遺跡海底遺跡発掘調査概報』宇検村教育委員会
榎本淳一　一九九一年「『小右記』に見える「渡海制」について」『摂関時代と古記録』吉川弘文館
一九九六年「『太平寰宇記』の日本記事について」『工学院大学共通課程研究論叢』三四
一九九八年「広橋家本「養老衛禁律」の脱落条文の存否再論」『古代中世史料学研究』上、吉川弘文館
二〇〇二年「北京図書館李氏旧蔵『唐会要』の倭国・日本国条について」『工学院大学共通課程研究論叢』三九—二

榎本　渉　二〇〇一年ａ「宋代の『日本商人』の再検討」『史学雑誌』一一〇―二

二〇〇一年ｂ「順帝朝前半期における日元交通」『日本歴史』六四〇

二〇〇一年ｃ「日本遠征以後における元朝の倭船対策」『日本史研究』四七〇

二〇〇一年ｄ「明州市舶司と東シナ海交易圏」『歴史学研究』七五六

二〇〇二年ａ「元末内乱期の日元交通」『東洋学報』八四―一

二〇〇二年ｂ「『鄂隠和尚行録』を読む」『日本歴史』六五一

二〇〇二年ｃ「日本史研究における南宋・元代」『史滴』二四

二〇〇三年ａ「一四世紀後半、日本に渡来した人々」『遥かなる中世』二〇

二〇〇三年ｂ「中世の日本僧と中国語」『歴史と地理』五六七

二〇〇三年ｃ「ある一人の入宋僧」『明日の東洋学』一〇　＊以下のURLでも公開　http://ricas.ioc.u-tokyo.ac.jp/pdf/nl010.pdf

二〇〇四年ａ「中国史料に見える中世日本の度牒」『禅学研究』八二

二〇〇四年ｂ“Updates on Song History Studies in Japan : The History of Japan-Song Relations”, *Journal of Song-Yuan Studies vol. 33*

二〇〇四年ｃ「日中・日朝僧侶往来年表（一一二七―一二五〇）」『8―17世紀の東アジア海域における人・物・情報の交流―海域と港市の形成、民族・地域間の相互認識を中心に』上、平成12年度～平成15年度科学研究費補助金基盤研究(A)(1)研究成果報告書

二〇〇四年ｄ「北宋後期の日宋間交渉」『アジア遊学』六四

二〇〇五年「『栄西入唐縁起』から見た博多」『中世都市研究』一一、交流・物流・越境、新人物往来社

二〇〇六年ａ「宋代市舶司貿易にたずさわる人々」『シリーズ港町の世界史』3、港町に生きる、青木書店

二〇〇六年ｂ「元僧無夢曇噩と日本」『禅文化研究所紀要』二八

二〇〇六年ｃ「初期日元貿易と人的交流」『宋代の長江流域―社会経済史の視点から―』汲古書院

海老根聡郎　一九七五年「寧波の文人と日本人」『東京国立博物館紀要』一一
一九八一年「頂雲霊峰について」鈴木敬先生還暦記念『中国絵画史論集』吉川弘文館
王　文　楚　一九八一年「両宋和高麗海上航路初探」『文史』一二
大木　昌　二〇〇〇年「東南アジアと『交易の時代』」『岩波講座世界歴史』一五、商人と市場、岩波書店
大島立子　二〇〇二年「元朝福建地方の行省」『愛大史学』一一
大隅晶子　一九九〇年「明代洪武帝の海禁政策と海外貿易」山根幸夫教授退休記念『明代史論叢』上、汲古書院
太田彌一郎　一九九五年「石刻史料『賛皇復県記』にみえる南宋密使瓊林について」『東北大学東洋史論集』六
大田由紀夫　一九九五年「一二―一五世紀初頭東アジアにおける銅銭の流布」『社会経済史学』六一―二
大塚紀弘　二〇〇三年「中世『禅律』仏教と『禅教律』十宗観」『史学雑誌』一一二―九
大庭康時　一九九四年「博多綱首殺人事件」『法哈噠』三
一九九五年「大陸に開かれた都市　博多」『中世の風景を読む』7、東シナ海を囲む中世世界、新人物往来社
一九九八年「中世都市博多の成立―博多遺跡群の発掘調査から―」『福岡平野の古環境と遺跡立地』九州大学出版会
一九九九年「集散地遺跡としての博多」『日本史研究』四四八
二〇〇一年「博多綱首の時代」『歴史学研究』七五六
二〇〇三年「博多遺跡群の発掘調査と持躰松遺跡」『古代文化』五五―二
岡　元司　一九九六年「南宋期温州の地方行政をめぐる人的結合―永嘉学派との関連を中心に―」『史学研究』二一二
一九九八年a「南宋期浙東海港都市の停滞と森林環境」『史学研究』二二〇
一九九八年b「南宋期科挙の試官をめぐる地域性」『宋代社会のネットワーク』汲古書院
岡内三真　一九八六年「新安沈船を通じてみた東アジアの貿易」『朝鮮史研究会論文集』二三
岡崎譲治　一九五八年「宋人大工陳和卿」『美術史』三〇
小川剛生　二〇〇〇年「為右の最期」『日本古典文学会会報』

一三二
小川光彦　二〇〇二年「水中考古学と宋元代史研究」『史滴』二四
奥崎裕司　一九九〇年「方国珍の乱と倭寇」山根幸夫教授退休記念『明代史論叢』上、汲古書院
長　節子　二〇〇二年『中世　国境海域の倭と朝鮮』吉川弘文館
愛宕松男　一九八八年『愛宕松男東洋史論集』四、元朝史、三一書房
愛宕松男訳注　一九七一年『東方見聞録』2、平凡社
小野勝年　一九八二年『雪村友梅と画僧周及』明文舎
楽　承耀　一九九五年『寧波古代史綱』寧波出版社
景浦　勉　一九六八年「観念寺文書　解説篇」『伊予史料集成』四、観念寺文書、伊予史料集成刊行会
蔭木英雄　一九八七年『中世禅者の軌跡　中巌円月』法蔵館
加藤正俊編　一九八七年『剛中玄柔禅師語要』即宗院
金子眞也　一九九三年「釈善住とその交友関係について」『龍谷紀要』一五―一
上川通夫　一九九九年「一切経と中世の仏教」『年報中世史研究』二四
二〇〇二年「奝然入宋の歴史的意義」『愛知県立大学文学部論集』五〇
二〇〇六年a「『覚禅鈔』「六字経法」について」『愛知県立大学文学部論集』五四
二〇〇六年b「日本中世仏教の成立」『日本史研究』五二二
亀井明徳　一九八六年『日本貿易陶磁史の研究』同朋舎
一九九二年「唐代の陶磁貿易の展開と商人」『アジアのなかの日本史』Ⅲ、海上の道、東京大学出版会
一九九五年「日宋貿易関係の展開」『岩波講座日本通史』6、古代5、岩波書店
一九九七年「東シナ海をめぐる交易の構図」『考古学による日本歴史』10、対外交渉、雄山閣
蒲生京子　一九七九年「新羅末期の張保皐の抬頭と反乱」『朝鮮史研究会論文集』一六
カール＝ポランニー　一九八〇年（玉野井芳郎・中野忠訳）『人間の経済』Ⅱ、岩波書店
川越泰博　一九七五年「汎海小録の弘安の役記事について」『軍事史学』一一―一
川島英子　一九九六年『塩瀬六百五十年のあゆみ』塩瀬総本家
川瀬一馬　一九四三年『日本書誌学之研究』大日本雄弁会講談社

一九七〇年『五山版の研究』上、The Antiquarian Booksellers Association of Japan
一九八〇年『続日本書誌学之研究』雄松堂
川添昭二　一九八七年「鎌倉中期の対外関係と博多」『九州史学』八八・八九・九〇
一九八八年ａ「鎌倉初期の対外交流と博多」『鎖国日本と国際交流』吉川弘文館
一九八八年ｂ「海にひらかれた都市　古代・中世の博多」『よみがえる中世』1、東アジアの国際都市博多、平凡社
一九九〇年ａ「南北朝期博多文化の展開と対外関係」『地域における国際化の歴史的展開に関する総合研究―九州地域における―』平成元年度科学研究費補助金研究果報告書
一九九〇年ｂ「宗像氏の対外貿易と志賀島の海人」『海と列島文化』3、玄界灘の島々、小学館
一九九三年「鎌倉末期の対外関係と博多」『鎌倉時代文化伝播の研究』吉川弘文館
一九九四年『九州の中世世界』海鳥社
一九九六年『対外関係の史的展開』文献出版
一九九九年『日蓮とその時代』山喜房
川添昭二編　一九八八年『よみがえる中世』1、東アジアの国際都市　博多、平凡社
魏　栄吉　一九八五年『元・日関係史の研究』教育出版センター
木宮泰彦　一九三二年『日本古印刷文化史』冨山房
一九五五年『日華文化交流史』冨山房
木良八洲雄　一九九五年「南宋海港としての臨安府」『アジアの文化と社会』法律文化社
金峰町教育委員会　一九九八年『金峰町埋蔵文化財発掘調査報告書（10）持躰松遺跡　第1次調査』金峰町教育委員会
桑原隲蔵　一九八九年『蒲寿庚の事蹟』平凡社
高　栄盛　一九八三年「元代海運試析」『元史及北方民族史研究集刊』七
一九九八年『元代海外貿易研究』四川人民出版社
二〇〇四年「元代〝倭寇〟論」『元史及民族史研究集刊』一七
黄　純艶　二〇〇三年『宋代海外貿易』社会科学文献出版社
江　静　二〇〇〇年「元代赴日中国商船鋭減原因初探」『中日文化論叢』一九九八
二〇〇一年「試論元朝政府対来華日商之管理」『四天王寺国際仏教大学紀要』人文社会学部三二・短期大

学部四一
　二〇〇二年「元代中日通商考略」『中日関係史料与研究』一
河内春人　二〇〇〇年「宋商曾令文と唐物使」『古代史研究』一七
　二〇〇五年「遣隋・遣唐使の名のり」『律令制国家と古代社会』塙書房
黄　約瑟　一九九三年「〝大唐商人〟李延孝与九世紀中日関係」『歴史研究』一九九三―四
小島　毅　二〇〇五年『中国の歴史』07、中国思想と宗教の奔流　宋朝、講談社
後藤秀穂　一九一四年a「予が観たる倭寇（中）」『歴史地理』二三―六
　一九一四年b「膠州湾を中心としたる山東の倭寇」『史学雑誌』二五―一二
顧文璧・林士民　一九八五年「寧波現存日本国大宰府博多津華僑刻石之研究」『文物』一九八五―七
五味文彦　一九八七年『平家物語、史と説話』平凡社
　一九八八年a「日宋貿易と奥州の世界」『歴史と地理』三九七
　一九八八年b「日宋貿易の社会構造」今井林太郎先生喜寿記念『国史学論集』今井林太郎先生喜寿記念論文集刊行会
近藤一成　二〇〇一年「文人官僚蘇軾の対高麗政策」『史滴』二三
近藤喜博　一九五六年「山王霊験記とその成立年代」『国華』六五―六
蔡　垂功　一九九九年「中世における渡来人の役割」『歴史研究』三六
佐伯弘次　一九八八年「大陸貿易と外国人の居留」『よみがえる中世』1、東アジアの国際都市　博多、平凡社
　一九九四年「博多」『岩波講座日本通史』10、中世4、岩波書店
　二〇〇五年「十五世紀後半以降の博多貿易商人の動向」『東アジアと日本―交流と変容―』二
佐伯好郎　一九四三年『支那基督教の研究』2、春秋社
佐久間重男　一九九二年『日明関係史の研究』吉川弘文館
佐藤圭四郎　一九八一年『イスラーム商業史の研究』同朋舎
佐藤秀孝　一九八四年「曹洞禅者の日中往来」『宗学研究』二六
　一九九三年「元代曹洞禅僧列伝（中）」『駒沢大学仏教学部研究紀要』五一

一九九七年「入明僧無初徳始の活動とその功績」『駒沢大学仏教学部研究紀要』五五
二〇〇五年「玉山玄提の入元帰国と日向大慈寺の創建」『禅とその周辺学の研究』永田文昌堂
澤田瑞穂　二〇〇〇年『中国史談集』早稲田大学出版部
柴謙太郎　一九三一年「鎌倉幕府の遣外建長寺船について」『歴史地理』五九―四
斯波義信　一九六八年『宋代商業史研究』風間書房
一九八八年『宋代江南経済史の研究』汲古書院
一九九二年「港市論」『アジアのなかの日本史』Ⅲ、海上の道、東京大学出版会
下地安広　一九九七年「朝鮮と琉球」『考古学による日本歴史』10、対外交渉、雄山閣
周　紹泉　一九九三年「明清徽州契約与合同異同探求」『中国史学』三
周　振鶴　一九八八年「宋代江陰軍市舶務小史」『海交史研究』一九八八―一
白石晶子　一九六四年「三仏斉の宋に対する朝貢関係について」『お茶の水史学』七
白石虎月編　一九三〇年『東福寺誌』：東福禅寺
沈　福偉　一九八八年「蘇州劉家港的歴史変遷」『海交史研究』一九八八―一
末松保和　一九九六年『高麗朝史と朝鮮朝史』吉川弘文館
須川英徳　一九九七年「高麗後期における商業政策の展開」『朝鮮文化研究』四
杉山正明　一九九五年『クビライの挑戦』朝日新聞社
一九九六年『モンゴル帝国の興亡（下）』講談社
一九九七年「はるかなる大モンゴル帝国」『世界の歴史』9、大モンゴルの時代、中央公論社
二〇〇〇年『世界史を変貌させたモンゴル―時代史のデッサン―』角川書店
二〇〇三年「モンゴル時代のアフロ・ユーラシアと日本」『日本の時代史』9、モンゴルの襲来、吉川弘文館
関　周一　一九九四年「中世『対外関係史』研究の動向と課題」『史境』二八
一九九五年「中世後期における『唐人』をめぐる意識」『前近代の日本と東アジア』吉川弘文館
二〇〇二年ａ『中世日朝海域史の研究』吉川弘文館
二〇〇二年ｂ「日本列島・朝鮮半島の異民族―被虜朝鮮人・中国人と倭人―」『エスニシティ・ジェンダーからみる日本の歴史』吉川弘文館

二〇〇五年「渡航記からみた交通史研究の課題」『交通史研究』五六
石　文済　一九六八年「宋代市舶司的設置与職権」『史学彙刊』一
瀬野精一郎　一九七五年「鎌倉時代における渡唐船の遭難にみる得宗家貿易独占の一形態」『神奈川県史研究』二八
曹　永和　一九八四年「試論明太祖的海洋交通政策」『中国海洋発展史論文集（一）』中央研究院三民主義研究所
曾我部静雄　一九四九年『日宋金貨幣流通史』宝文館
対外関係史総合年表編集委員会編　一九九九年『対外関係史総合年表』吉川弘文館
大本山天龍寺編　一九七八年『天龍寺』東洋文化社
高木訷元　一九八一年「唐僧義空の来朝をめぐる諸問題」『高野山大学論叢』一六
高倉洋彰　一九九八年「寧波市現存の太宰府博多津宋人石刻について」『福岡平野の古環境と遺跡立地』九州大学出版会
高橋公明　一九八七年「中世東アジア海域における海民と交流―済州島を中心として―」『名古屋大学文学部研究論集』史学三三
二〇〇一年「海域世界の交流と境界人」『日本の歴史』14、周縁から見た中世日本、講談社
高橋弘臣　二〇〇〇年『元朝貨幣政策成立過程の研究』東洋書院
竹内尚次　一九七六年『江月宗玩墨蹟之写―禅林墨蹟鑑定日録―の研究』国書刊行会
田島　公　一九九三年「日本、中国・朝鮮対外交流史年表」『貿易陶磁』臨川書店
一九九五年「大宰府鴻臚館の終焉」『日本史研究』三八九
田名眞之　一九九一年「古琉球の久米村」『新琉球史』古琉球編、琉球新報社
田中健夫　一九五九年『中世海外交渉史の研究』東京大学出版会
一九八二年『倭寇』ニュートンプレス
一九九七年『東アジア通交圏と国際認識』吉川弘文館
玉村竹二　一九五八年『夢窓国師』平楽寺書店
一九六八年『五山文学新集』二、東京大学出版会
一九七六年『日本禅宗史論集』上、思文閣
一九七九年『日本禅宗史論集』下之一、思文閣
一九八一年『日本禅宗史論集』下之二、思文閣

一九八三年『五山禅僧伝記集成』講談社
田村実造　一九七一年『中国征服王朝の研究』中、東洋史研究会
檀上　寛　一九九七年「明初の海禁と朝貢―明朝専制支配の理解に寄せて―」『明清時代史の基本問題』汲古書院
二〇〇〇年「明初の対日外交と林賢事件」『史窓』五七
二〇〇一年「元末の海運と劉仁本」『史窓』五八
二〇〇三年「方国珍海上勢力と元末明初の江浙沿海地域社会」『東アジア海洋圏の史的研究』京都女子大学
二〇〇四年「明代海禁概念の成立とその背景―違禁下海から下海通番へ―」『東洋史研究』六三―三
二〇〇六年「総論―元・明代の海洋統制と沿海地域社会―」『元明時代の海禁と沿海地域社会に関する総合的研究』平成15年度〜平成17年度科学研究費補助金（基盤研究（C））研究成果報告書
張　東翼　一九九七年『元代麗史資料集録』ソウル大学校出版部
二〇〇〇年『宋代麗史資料集録』ソウル大学校出版部
陳　高華　一九八三年「十四世紀来中国的日本僧人」『文史』一八
一九九一年『元史研究論稿』中華書局
一九九七年「宋元：海外交通的鼎盛」『中国海外交通史』文津出版
二〇〇五年『元史研究新論』上海社会科学院出版社
陳高華・呉泰　一九八一年『宋元時期的海外貿易』天津人民出版社
辻善之助　一九四七年『日本仏教史』二、中世篇之一、岩波書店
一九四九年『日本仏教史』三、中世篇之二、岩波書店
鄭　広南　一九九八年『中国海盗史』華東理工大学出版社
鄭　樑生　一九八五年『明・日関係史の研究』雄山閣
一九八七年「中国地方志の倭寇史料」『日本歴史』四六五
一九八七―九七年『明代倭寇史料』一―五、文史哲出版社
手島崇裕　二〇〇四年ａ「入宋僧の性格変遷と平安中後期朝廷」『8―17世紀の東アジア海域における人・物・情報の交流―海域と港市の形成、民族・地域間の相互認識を

中心に』上、平成12年度〜平成15年度科学研究費補助金基盤研究(A)(1)研究成果報告書

二〇〇四年b「平安中期国家の対外交渉と摂関家」『超域文化学紀要』九

寺地　遵　一九九九年「方国珍政権の性格」『史学研究』二二三

東野治之　一九九二年『遣唐使と正倉院』岩波書店

藤間生大　一九六六年『東アジア世界の形成』春秋社

豊田　武　一九八三年『豊田武著作集』三、中世の商人と交通、吉川弘文館

内藤雋輔　一九六一年『朝鮮史研究』東洋史研究会

中島楽章　二〇〇二年『明代郷村の紛争と秩序—徽州文書を史料として—』汲古書院

中島楽章・四日市康博　二〇〇四年（郭万平訳）「元朝的征日戦船与原南宋水軍—関于日本鷹島海底遺迹出土的南宋殿前司文字資料」『海交史研究』二〇〇四—一

中村治兵衛　一九九〇年「宋代明州市舶司（務）の運用について」『人文研紀要』一一

中村栄孝　一九六五年『日鮮関係史の研究』上、吉川弘文館

南　基鶴　一九九六年『蒙古襲来と鎌倉幕府』臨川書店

西尾賢隆　一九九九年『中世の日中交流と禅宗』吉川弘文館

二〇〇〇年「正木美術館蔵道旧疏」『禅学研究』七八

二〇〇一年「墨蹟にみる日中の交流」『京都産業大学日本文化研究所紀要』六

二〇〇三年「徳敷の墨蹟」『日本歴史』六五九

西村　貞　一九五五年「鎌倉期の宋人石工とその石彫遺品について」『重源上人の研究』東大寺

納富常天　一九七〇年「泉州久米多寺について」『金沢文庫研究紀要』七

橋本　雄　一九九八年a「室町幕府外交の成立と中世王権」『歴史評論』五八三

一九九八年b「遣明船と遣朝鮮船の経営構造」『遙かなる中世』一七

一九九八年c「撰銭令と列島内外の銭貨流通—〝銭の道〟古琉球を位置づける試み—」『出土銭貨』九

二〇〇二年「遣明船の派遣契機」『日本史研究』四七九

二〇〇五年『中世日本の国際関係—東アジア通交圏と偽使問題—』吉川弘文館

服部英雄　二〇〇三年『歴史を読み解く　さまざまな史料と視角』青史出版

二〇〇四年「旦過と唐房」『中世都市研究』一〇

二〇〇五年「日宋貿易の実態」『東アジアと日本—交流と変容』二

浜中　昇　一九九六年「高麗末期倭寇集団の民族構成」『歴史学研究』六八五

林　文理　一九九八年「博多綱首の歴史的位置—博多における権門貿易—」『古代中世の社会と国家』清文堂

原美和子　一九九二年「成尋の入宋と宋商人—入宋船孫忠説について—」『古代文化』四四—一

一九九九年「宋代東アジアにおける海商の仲間意識と情報網」『歴史評論』五九二

二〇〇六年「宋代海商の活動に関する一試論」『中世の対外交流』高志書院

日野開三郎　一九八四年a『日野開三郎東洋史学論集』九、北東アジア国際交流史の研究（上）、三一書房

一九八四年b『日野開三郎東洋史学論集』十、北東アジア国際交流史の研究（下）、三一書房

広渡正利　二〇〇一年『無隠元晦和尚伝』文献出版

広渡正利編　一九七七年『博多承天寺史』文献出版

フィリップ＝カーティン　二〇〇二年（田中愛理・中堂幸政・山影進訳）『異文化間交易の世界史』NTT出版

深澤貴之　二〇〇三年「南宋沿海地域における海船政策—孝宗朝を中心として—」『史観』一四八

深見純生　一九八七年「三仏斉の再検討—マラッカ海峡古代史研究の視座転換—」『東南アジア研究』二五—一

福島金治　一九九七年『金沢北条氏と称名寺』吉川弘文館

藤田明良　一九九六年「中世『東アジア』の島嶼観と海域交流」『新しい歴史学のために』二二二

一九九七年「蘭秀山の乱と東アジアの海域世界」『歴史学研究』六九八

一九九八年a「東アジアにおける『海域』と国家—一四～一五世紀の朝鮮半島を中心に」『歴史評論』五七五

一九九八年b「鎌倉後期の大阪湾岸—治天の君と関所—」『ヒストリア』一六二

二〇〇〇年「南都の唐人」『奈良歴史研究』五四

藤田豊八　一九三二年『東西交渉史の研究　南海篇』岡書院

藤本勝次訳注　一九七六年『シナ・インド物語』関西大学出版広報部

藤善眞澄　二〇〇六年『参天台五臺山記の研究』関西大学出版部

藤善眞澄訳注　一九九一年『諸蕃志』関西大学出版部

藤原重雄　一九九八年「陳外郎関係史料集（稿）・解題」『東京大学日本史学研究室紀要』二
古田紹欽　一九八一年『古田紹欽著作集』二、禅宗史研究、講談社
　一九八八年『日本禅宗史の諸問題』大東出版社
古畑　徹　一九八九年「『唐会要』の諸テキストについて」『東方学』七八
降矢哲男　二〇〇二年「韓半島産陶磁器の流通―高麗時代の青磁を中心に―」『貿易陶磁研究』二二
文化公報部・文化財管理局編　一九八八年『新安海底遺物』綜合篇
星　斌夫　一九六一年「元代海運運営の実態」『歴史の研究』七
保立道久　二〇〇四年『黄金国家』青木書店
　二〇〇五年『歴史学をみつめ直す』校倉書房
堀　敏一　一九九八年『東アジアのなかの古代日本』研文出版
堀池春峰　一九八〇年『南都仏教史の研究』上、東大寺篇、法蔵館
前嶋信次　一九七一年『東西文化交流の諸相』誠文堂新光社
前田元重　一九七八年「金沢文庫古文書にみえる日元交通史料―称名寺僧俊如房の渡唐をめぐって―」『金沢文庫研究』二四九・二五〇
正木喜三郎　二〇〇四年『古代・中世宗像の歴史と伝承』岩田書院
松原弘宣　一九九八年「陳泰信の書状と唐物交易使の成立」『続日本紀研究』三一七
　一九九九年「九世紀代における対外交易とその流通」『愛媛大学法文学部論集』人文学科編六
三浦周行　一九二二年『日本史の研究』第一輯下、岩波書店
水原　一　一九七三年「小松寺の記―平家物語周辺伝説をさぐる―」『駒沢短大国文』三
宮崎貴夫　一九九八年「長崎県地域の貿易陶磁の様相―肥前西部・壱岐・対馬―」『貿易陶磁研究』一八
村井章介　一九八五年「日元の文化交流」『日本歴史体系』2、中世、山川出版社
　一九八八年『アジアのなかの中世日本』校倉書房
　一九九三年『中世倭人伝』岩波書店
　一九九五年『東アジア往還』朝日新聞社
　一九九七年『国境を超えて』校倉書房
　一九九八年「〈地域〉と国家の視点」『新しい歴史学のために』二三〇・二三一
　二〇〇三「日元交通と禅律文化」『日本の時代史』

10、南北朝の動乱、吉川弘文館
森　克己　一九七五年a『新訂日宋貿易の研究』国書刊行会
一九七五年b『続日宋貿易の研究』国書刊行会
一九七五年c『続々日宋貿易の研究』国書刊行会
一九七五年d『増補日宋文化交流の諸問題』国書刊行会
森　公章　一九九八年『古代日本の対外認識と通交』吉川弘文館
二〇〇二年「劉琨と陳詠」『白山史学』三八
森田恭二　一九九七年『大乗院寺社雑事記の研究』和泉書院
森田　勉　一九八五年「北部九州出土の高麗陶磁器―編年試案」『貿易陶磁研究』五
森山恒雄　一九八七年「中世の政治・社会と菊池川」『熊本県歴史の道調査』熊本県教育委員会
家島彦一　一九九三年『海が創る文明　インド洋海域世界の歴史』朝日新聞社
二〇〇六年『海域から見た歴史　インド洋と地中海を結ぶ交流史』名古屋大学出版会
柳原敏昭　一九九九年a「中世前期南薩摩の湊・川・道」『中世のみちと物流』山川出版社
一九九九年b「中世前期南九州の港と宋人居留地に関する一試論」『日本史研究』四四八
二〇〇二年「唐坊についての補説」『旧記雑録月報』二三
山内晋次　一九八八年「古代における渡海禁制の再検討」『待兼山論叢』史学篇二二
二〇〇三年『奈良平安期の日本とアジア』吉川弘文館
山崎覚士　二〇〇二年「未完の海上帝国―呉越国の試み―」『古代文化』五四―二
山田安栄編　一八九一年『伏敵編』吉川半七
Yamamoto Tatsuo　1989, "Thailand as it is referred to in the Da-de Nan-hai zhi（大徳南海志）at the beginning of the fourteenth century", *Journal of East-West Maritime Relations vol. 1*
山本信夫　一九九七年「新安海底遺物」『考古学による日本歴史』10、対外交渉、雄山閣
山本光朗　二〇〇一年「元使趙良弼について」『史流』四〇
湯谷　稔　一九八三年『日明勘合貿易史料』国書刊行会
楊渭生等編著　一九九九―二〇〇二年『十至十四世紀中韓関係史料彙編』上下、学苑出版社
横内裕人　二〇〇六年「自己認識としての顕密体制と『東アジ

ア」『日本史研究』五二二
横田輝俊　一九七五年「明人文人結社の研究」『広島大学文学部紀要』特輯号三
吉岡康暢　二〇〇二年「南島の中世須恵器　中世初期環東アジア海域の陶芸交流」『国立歴史民俗博物館研究報告』九四
四日市康博　二〇〇六年「元朝南海交易経営考―文書行政と銭貨の流れから―」『九州大学東洋史論集』三四
米谷　均　一九九七年a「16世紀日朝関係における偽使派遣の構造と実態」『歴史学研究』六九七
　一九九七年b「漂流民送還と情報伝達からみた一六世紀の日朝関係」『歴史評論』五七二
李　領　一九九九年『倭寇と日麗関係史』東京大学出版会
劉　永智　一九九四年「山東省文登市昆嵛山无染寺（院）係新羅人金清資助所建造」『東北亜研究』中州古籍出版社
林　士民　一九九〇年『海上絲綢之路的著名海港―明州』海洋出版社
鹿王院文書研究会編　二〇〇〇年『鹿王院文書の研究』思文閣出版
和田久徳　一九八一年「十五世紀のジャワにおける中国人の通商活動」『論集近代中国研究』山川出版社
和田久徳訳注　一九八九年『真臘風土記　アンコール期のカンボジア』平凡社
渡邊　誠　二〇〇二年「平安中期、公貿易下の取引形態と唐物使」『史学研究』二三七
　二〇〇三年a「承和・貞観期の貿易政策と大宰府」『ヒストリア』一八四
　二〇〇三年b「平安中期貿易管理の基本構造」『日本史研究』四八九
　二〇〇五年「平安期の貿易決済をめぐる陸奥と大宰府」『九州史学』一四〇
　二〇〇六年「大宰府の「唐坊」と地名の「トウボウ」」『史学研究』二五一

索　　引

1. 人名に関しては全て，地名，件名については重要なものに限り採録した．表の項目は採録対象から除外した．
2. 禅宗に縁の深い人名は，禅寺での読みを採用した．
3. 唐～明代中国の地名は変遷が著しい（別掲地図参照）が，代表的な地名で立項した．

I　人名（非仏僧）

あ

か

さ

た

な・は

ま〜ら

II　人名（仏僧）

あ

か

さ

た

な・は

ま

や～わ

Ⅲ　地　　名

あ

な〜ま

や・ら

Ⅳ　事　項